頭山満思想集成

頭山満思想集成

増補新版

頭山満 著

書肆心水

本書は書肆心水既刊『頭山満言志録』と『頭山満直話集』を合冊化したものです

頭山満思想集成　目次

詳細目次

大西郷遺訓を読む

直話集 I

人物評

時評・訓話

直話集Ⅱ　一代回顧談

内田良平氏談

ボース氏の談を綜合して

頭山満思想集成

凡例

一、本書は、書肆心水既刊『頭山満言志録』と『頭山満直話集』の収録内容を合冊化したものである。合冊化にあたり判型を四六判からA5判に改変し、若干の補訂を施して新たな版とした（二〇一一年版）。その後さらに「写真集」を附録し増補新版とした（二〇一六年版）。

表記について

一、『頭山満言志録』では底本どおりに旧仮名遣いを使用したが、合冊化にあたり新仮名遣いに改めた。どの底本も漢字は旧字体表記であるが、本書では新字体で表記した（「龍」のみ例外として旧字体を使用）。送り仮名も現代風に加減按配し、読みやすいように読点を加えたところもある（「にさん」と読む「二三」を「二、三」とするなど）。踊り字の使用も現今一般に使用される「々」のみとした（一六八頁のみ例外）。西郷隆盛遺訓他の引用文もそのように表記を現代化したが、一部の詩歌等の引用文において古い表記法のままのほうが望ましいと判断したところは底本表記のままとした。

一、表記現代化の一環として、現今一般に漢字表記しないものを仮名表記に変更した。現在では不使用傾向にある漢字の指示詞・副詞・当て字等、例えば次のようなものである。其、之、是、此、斯、亦、稍、猶、兎角、印度。

一、読み仮名ルビは、底本にあるものを選択的に採用し、適宜補足した。ママのルビ（原文のママの意）と、（　）括りのルビ、および行内の（　）括り二行割注は本書刊行所が参考までに附したものである。

一、その他、改行個所やレイアウト、鉤括弧の使い方など、適宜統一的に整理して表記した。

底本について

一、本書に収録した文章の底本は次の通り（本書の章立てと章題は本書刊行所によるものである）。

＊『頭山満言志録』収録分

大西郷遺訓を読む

立雲頭山満先生講評、鹿野雑賀博愛筆記（政教社編）、『改訂増補　大西郷遺訓』、政教社、昭和十六年十二月五日二十一版刊行（大正十四年三月十日初版刊行）の全文。「大西郷遺訓」の部分は写真版で収録した。

直話集Ⅰ「人物評」のうち「大西郷と自分」「征韓論の真相」「故山における大西郷」の三篇
頭山満述、吉田鞆明記、『英雄ヲ語ル』、時代社、昭和十七年九月十九日刊行。「西郷南洲」の章より（小見出しの文言は一部変更した）。

直話集Ⅰのうち右項三篇以外の全て
柴田徳次郎編、『頭山翁清話』、大民倶楽部、大正十二年五月十日五版刊行（大正十二年四月二十日初版刊行）および、同編者同書名（大民文庫版）、大民社出版部刊、昭和十五年十二月二十八日初版刊行。右記の二書との話題重複を避け、かつ、頭山満が自身を語っているもの、頭山満の考えがとりわけよく表れていると感じられるものを選択し抄録した。「自己を語る」「人物評」「時評・訓話」の括りは本書刊行所が設け、これにより談話の配列も按配した。小見出しの文言はこの括りとの兼ね合い等から変更したものがある。昭和十五年刊の文庫版は増補改訂版であるが、その版より採用した談話は冒頭の二篇のみである。

＊『頭山満直話集』収録分

直話集Ⅱ　一代回顧談
頭山満翁直話、編者薄田斬雲筆録、『頭山満翁の真面目』、平凡社、昭和七年六月十八日刊行。その本篇全文（直話部分）を収録。同書併録の「最近頭山翁に対する諸家の感想」と編者のエッセイ「双柿舎から常盤松へ（逍遥翁から立雲翁へ）」は収録していない。

＊以上、『頭山満言志録』収録分と『頭山満直話集』収録分とで話題が重なるところがあるが、そのうち、ほとんど全て同じ話といえる場合には、『頭山満直話集』のほう（本書直話集Ⅱ）を省いた。

附録　頭山満先生（**夢野久作著**）
夢野久作著、西原和海編、『夢野久作著作集5』、葦書房、平成七年二月二十五日初版刊行所収、「頭山満先生」の全文（初出は『日本少年』昭和十一年一月号〜四月号の四回連載。これは夢野久作歿年の作品である）。

附記

一、大正時代から昭和十年代にかけて頭山満の談話を編んだ書物は右記以外にも少なくないが、重複する話題が多く、また基本的に同じ本と言えるものもある。（例えば、『胆もつ玉』大正六年、『西郷南洲先生』昭和三年、『胆つ玉英雄風雲録』昭和四年、『重大国事の秘密を語る』昭和十一年、『胆つ玉』昭和十三年、『日本精神と腹』昭和十四年、『頭山翁警世百話』昭和十五年、『頭山満翁語録』昭和十八年、等。これら、および同名書物の別版においては、同じ談話でも細部の違いや時局を反映したようなニュアンスの違いが見られる）。右記『頭山満翁の真面目』編者の後年著書（昭和十二年刊）に、『頭山満翁の真面目』収録の直話をもとに通俗読み物風に仕立てた『頭山満翁一代記』がある。

一、『大西郷遺訓』については、底本の「改定《ママ》増補版凡例」（本書二十二頁）に記されているように、西郷隆盛の遺訓は初版と改訂増補版では別のものが収録・引用されている（初版は山路愛山編『南洲全集』の写出で、改訂増補版は荘内藩士の筆録原本の写出）。本書において『大西郷遺訓』の底本は改訂増補版としたが、頭山満が講評した西郷隆盛の遺訓は山路愛山編『南洲全集』の写出であることから、西郷隆盛の遺訓については初版収録のそれを使用すべきかと検討したが、改訂増補版において頭山満の講評文に手が入っていることもあり、西郷隆盛の遺訓も改訂増補版収録のものを使用した。

本文中の誤植らしきもののうち、初版に照らした結果、全篇新組の改訂版における誤植と判断されたものは初版によって訂正した。

一、「直話集Ⅱ　一代回顧談」の筆録編者薄田斬雲の略歴等は次の通り。一八七七年生、一九五六年歿。本名貞敬。小説家、伝記作家。東京専門学校（早稲田大学前身）文学科選科卒。京成日報記者、早稲田大学出版部編集委員を経て、小説・戯曲等を自然主義的時流の中で発表。後年、歴史や国家社会への関心を深め、人物伝等を著す。

大西郷遺訓を読む

改定《ママ》増補版凡例

一、本書（政教社刊行『大西郷遺訓』）刊行は巻末附記「大西郷遺訓と講評」に明らかなる如く大正十四年三月、初版刊行爾来《じらい》版を重ねること廿三《ママ》回に及べるものなるが今や我日本帝国は日支事変より大東亜戦争へと進展せる際、ここに内容に根本的改定《ママ》増補（奥付表記は「改訂増補」）を加え、非常時局の現代人士に必読の修養書として改めて刊行するものである。（初版との異同において、戦時性を鑑みての「根本的」改定増補と感じられるほどの多量の変更は見られなかった）

一、本書初刊に引用したる南洲翁遺訓全文は、山路愛山編『南洲全集』より写出して立雲翁に提示したるものであったが、今改定《ママ》版を出すに当り、荘内藩士の筆録にかかる原本に照応して全文をこれに改めた。

一、荘内本以外、南洲翁が子弟に訓話せられたるものや、遺訓として誦記するに足る数篇をも新たに添加した。

一、殊に南洲翁が自ら記して子弟に与えられた「死生の説」は、翁の人生観の根義を示されたるものとして、不朽の文字であるので、新たに立雲翁の講評を請い、本書に附加して置いた。吉田松陰先生がその弟子品川弥二郎に与えられた「死生の説」を読んでも、維新勤皇志士の活動の根柢に横たわれる一大基本精神が、この「死生観」に徹しありたることを思えば、鍋嶋論語と称せらるる『葉隠』が、武士道の根義を教えて「死ぬことと見つけたり」といえるも、故ある哉《かな》と思わしむるのである。

一、この書世に出《い》でて既に十七年。年と共に世に愛読せらるるのは、大西郷の人格の千古に朽ちざるものあると、これを講ずる頭山立雲翁の至評の、適として肯綮《こうけい》に中《あた》るものあるが為である。遠く南洲翁の英魂に謝し、近く立雲翁のいよいよ健在ならんことを祈り、ここに改定《ママ》増補版を世に問わんとするものである。

昭和十六年九月

大西郷遺訓

一、廟堂に立ちて大政を爲すは、天道を行ふものなれば、些とも私を挾みては濟まぬもの也。いかにも心を公平に操り正道を蹈み、廣く賢人を撰擧し、能く其の職に任ふる人を擧けて政柄を執らしむるは、即ち天意也。夫れ故眞に賢人と認る以上は、直に我か職を譲る程ならては叶はぬものぞ。故に何程國家に勳勞有るとも、其の職に任へぬ人を官職を以て賞するは、善からぬことの第一也。官は其の人を撰びて之れを授け、功有る者には俸祿を以て賞し、之れを愛し置くものぞと申さるるに付き、然らば尙書仲虺之誥に、德懋んなるは官を懋んにし、功懋んなるは賞を懋んにすると之れ有り、德と官と相ひ配し、功と賞と相ひ對するは此の義にて候ひしやと請問せしに、翁欣然として、其の通りぞと申されき。

一、賢人百官を總へ、政權一途に歸し、一格の國體定制無ければ縱令人材を登用し、言路を開き、衆說を容るるとも、取舍方向無く、事業雜駁にして成功有るべからず。昨日出てし命令の、今日忽ち引易ふると云ふ樣なるも、皆統轄する所一ならずして、施政の方針一定せざるの致す所也。

一、政の大體は、文を興し、武を振ひ、農を勵ますの三つに在り。其の他百般の事務は、皆此の三つの物を助るの具也。此の三つの物の中に於て、時に從ひ勢に因り、施行先後の順序は有れど、此の三つの物を後にして、他を先にする更に無し。

一、萬民の上に位する者、己れを愼み、品行を正くし、驕奢を戒め、節儉を勉め、職事に勤勞して人民の標準となり、下民其の勤勞を氣の毒に思ふ樣ならでは、政令は行はれ難し。然るに草創の始に立ちながら、家屋を飾り、衣服を文り、美妾を抱へ、蓄財を謀りなば、維新の功業は遂げられ間敷也。今となりては戊辰の義戰も、偏へに私を營みたる姿に成り行き、天下に對し、戰死者に對して面目無きぞとて、頻りに涙を催されける。

一、或る時、幾歷辛酸志始堅、丈夫玉碎愧甎全、一家遺事人知否、不爲兒孫買美田、との七絶を示されて、若し此の言に違ひなば、西郷は言行反したるとて見限られよと申されける。

一、人材を採用するに、君子小人の辨、酷に過ぐる時は、却て害を引き起すもの也。其の故は、開闢以來、世上一般、十に七八は小人なれば、能く小人の情を察し、其の長所を取り、之れを小職に用ゐ、其の材藝を盡さしむる也。東湖先生申されしは、小人程才藝有りて用便なれば、用ゐざればならぬもの也。去りとて長官に居ゑ、重職を授くれば、必ず邦家を覆すものゆゑ、決して上には立てられぬものぞと也。

一、事大小と無く、正道を蹈み、至誠を推し、一事の詐謀を用う可からず。人多くは事の指支ふる時に臨み、作略を用て一旦其の指支を通せば、跡は時宜次第工夫の出來る様に思へども、作略の煩ひ屹度生じ、事必ず敗るるものぞ。正道を以てこれを行へば、目前には迂遠なる様なれども、先きに行けば、成功は早きもの也。

一、廣く各國の制度を採り、開明に進まんとならば、先づ我が國の本體を居ゑ、風教を張り、然して後、徐かに彼の長所を斟酌するものぞ。否らずして、猥りに彼れに效ひなば、國體は衰頽し、風教は萎靡して匡救す可からず。終に彼の制を受くるに至らんとす。

一、忠孝仁愛教化の道は、政事の大本にして、萬世に亙り、宇宙に彌り、易ふ可からざるの要道也。道は天地自然の物なれば、西洋と雖も決して別無し。
一、人智を開發するとは、愛國忠孝の心を開くなり。國に盡し、家に勤むるの道明かならば、百般の事業は、從て進歩す可し。或は耳目を開發せんとて、電信を懸け、鐵道を敷き、蒸氣仕掛けの器械を造立し、人の耳目を聳動すれども、何故電信鐵道の無くて叶はぬぞ、缺くべからざるものぞと云ふ處に目を注かず、猥りに外國の盛大を羨み、利害得失を論せず、家屋の構造より玩弄物に至る迄、一一外國を仰ぎ、奢侈の風を長じ、財用を浪費せば、國力疲弊し、人心浮薄に流れ、結局、日本身代限りの外有る間敷也。

一、文明とは、道の普く行はるるを賛稱せる言にして、宮室の壯嚴、衣服の美麗、外觀の浮華を言ふには非ず。世人の唱ふる所何が文明やら、何が野蠻やら、些とも分らぬぞ。予嘗て、或人と議論せしこと有り、西洋は野蠻ぢやと云ひしかば、否な文明ぞと爭ふ。否な否な野蠻ぢやと疊みかけしに、何とて夫れ程に申すにやと推せしゆゑ、實に文明ならば、未開の國に對しなば、慈愛を本とし、懇懇說喩して開明に導く可きに、左は無くして、未開曚昧の國に對する程、むごく殘忍の事を致し、己れを利するは野蠻ぢやと申せしかば、其の人口を莟めて、言無かりきとて笑はれける。

一、西洋の刑法は、專ら懲戒を主として苛酷を戒め、人を善良に導くに注意深し。故に囚獄中の罪人をも、如何にも緩るやかにして、鑑戒となる可き書籍を與へ、事に因りては親族朋友の面會をも許すと聞けり。尤も聖人の刑を設けられしも、忠孝仁愛の心より、鰥寡孤獨を愍み、人の罪に陷いるを恤ひ給ひしは深けれども、實地手の屆きたる、今の西洋の如く有りしにや、書籍の上には見え渡らず、實に文明ぢやと感ずる也。

一、租税を薄くして民を裕にするは、即ち國力を養成する也。故に國家多端にして、財用の足らざるを苦むとも、租税の定制を確守し、上を損して下を虐たげぬもの也。能く古今の事迹を見よ。道の明かならざる世にして、財用の不足を苦む時は、必ず曲知小慧の俗吏を用ゐ、巧みに聚斂して一時の缺乏に給するを、理財に長ぜる良臣となし、手段を以て苛酷に民を虐たげるゆゑ、人民は苦惱に堪へ兼ね聚斂を逃んと、自然譎詐狡猾に趣き、上下互に欺き、官民敵讐と成り、終に分崩離拆に至るにあらずや。

一、會計出納は制度の由て立つ所ろ、百般の事業皆是れより生じ、經綸中の樞要なれば、愼まずばならぬ也。其の大體を申さば、入るを量りて出るを制するの外、更に他の術數無し。一歳の入るを以て百般の制限を定め、會計を總理する者、身を以て制を守り、定制を超過せしむ可からず。否らずして時勢に制せられ、制限を慢にし、出るを見て入るを計りなば、民の膏血を絞るの外有る間敷也。然らば假令事業は一旦進歩する如く見ゆるとも、國力疲弊して濟救す可からず。

一、常備の兵數も亦、會計の制限に由る。決して無根の虚勢を張る可からず。兵氣を鼓舞して、精兵を仕立てなば、兵數は寡くとも、折衝禦侮共に事缺く間敷也。

一、節義廉恥を失ひて、國を維持するの道決して有らず、西洋各國同然なり。上に立つ者下に臨みて利を爭ひ、義を忘るる時は、下皆之れに倣ひ、人心忽ち財利に趨り、卑吝の情日日長じ、節義廉恥の志操を失ひ、父子兄弟の間も錢財を爭ひ、相ひ讐視するに至る也。此の如く成り行かば、何を以て國家を維持す可きぞ。德川氏は將士の猛き心を殺ぎて、世を治めしかとも、今は昔時戰國の猛士より、猶一層猛き心を振ひ起さずは、萬國對峙は成る間敷也。普佛の戰、佛國三十萬の兵、三个月の糧食有て降伏せしは、餘り算盤に精しき故なりと笑はれき。

一、正道を踏み、國を以て斃るるの精神無くは、外國交際は全かる可からず。彼の强大に畏縮し、圓滑を主として、曲けて彼の意に順從する時は輕侮を招き、好親却て破れ、終に彼の制を受るに至らん。

一、談國事に及びし時、慨然として申されけるは、國の凌辱せらるる當りては、縱令國を以て斃るるとも、正道を踐み、義を盡すは政府の本務也。然るに平日金穀理財の事を議するを聞けば、如何なる英雄豪傑かと見ゆれども、血の出る事に臨めば、頭を一處に集め、唯目前の苟安を謀るのみ。戰の一字を恐れ、政府の本務を墜しなば、商法支配所と申すものにて、更に政府には非ざる也。

一、古より君臣共に己れを足れりとする世に、治功の上りたるはあらず。自分を足れりとせざるより、下下の言も聽き入るるもの也。己れを足れりとすれば、人己れの非を言へば、忽ち怒るゆゑ、賢人君子は之れを助けぬなり。

一、何程制度方法を論ずるとも、其の人に非ざれは行はれ難し。人有りて後ち方法の行はるるものなれば、人は第一の寳にして、己れ其の人に成るの心懸け肝要なり。

一、道は天地自然の道なるゆゑ、講學の道は敬天愛人を目的とし、身を脩するに、克己を以て終始せよ。己れに克つの極功は、毋意毋必毋固毋我と云へり、總して人は己れに克つを以て成り、自ら愛するを以て敗るるぞ。能く古今の人物を見よ、事業を創起する人、其の事大抵十に七八迄は能く成し得れども、殘り二つを終り迄成し得る人の希れなるは、始は能く己れを愼み、事をも敬する故、功も立ち名も顯はるるなり。功立ち名顯はるるに隨ひ、いつしか自ら愛する心起り、恐懼戒愼の意弛み、驕矜の氣漸く長じ、其の成し得たる事業を負み、苟も我が事を仕遂んとて、まづき仕事に陷いり、終に敗るるものにて、皆な自ら招く也。故に己れに克ちて、睹ず聞かざる所に戒愼するもの也。

一、己れに克つに、事事物物時に臨みて克つ様にては、克ち得られぬなり。兼て氣象を以て克ち居れよと也。

一、學に志す者、規模を宏大にせずはある可からず。去りとて、唯ここにのみ偏倚すれば、或は身を脩するに疎に成り行くゆゑ、終始己れに克ちて身を脩する也。規模を宏大にして己れに克ち、男子は人を容れ、人に容れられては濟まぬものと思へよと、古語を書て授けらる。

恢宏其志氣者。人之患。莫大乎自私自吝安於卑俗。而不以古人自期。

古人を期するの意を請問せしに、堯舜を以て手本とし、孔夫子を教師とせよとぞ。

一、道は天地自然の物にして、人は之れを行ふものなれば、天を敬するを目的とす。天は人も我も同一に愛し給ふゆゑ、我を愛する心を以て人を愛する也。

一、人を相手にせず、天を相手にせよ。天を相手にして己れを盡し、人を咎めず、我が誠の足らざるを尋ぬ可し。

一、己れを愛するは、善からぬことの第一也。脩業の出來ぬも、事の成らぬも、過を改むることの出來ぬも、功に伐り驕謾の生ずるも、皆自ら愛するが爲なれば、決して己れを愛せぬもの也。

一、過ちを改むるに、自ら過つたとさへ思ひ付かば、夫れにて善し。其の事をば棄て顧みず、直に一歩踏み出す可し。過を悔しく思ひ、取り繕はんとて心配するは、譬へば茶碗を割り、其の缺けを集め合せ見るも同にて、詮も無きこと也。

一、道を行ふには、尊卑貴賤の差別無し、摘んで言へば、堯舜は天下に王として、萬機の政事を執り給へども、其の職とする所は教師也。孔夫子は魯國を始め何方へも用ゐられず、屢々困厄に逢ひ、匹夫にて世を終へ給ひしかども、三千の徒皆な道を行ひし也。

一、道を行ふ者は、固より困厄に逢ふものなれば、如何なる艱難の地に立つとも、事の成否、身の死生抔に少しも關係せぬもの也。事には上手下手有り、物には出來る人出來ざる人有るより、自然心を動す人も有れども、人は道を行ふものゆゑ、道を踏むには、上手下手も無く、出來ざる人も無し。故に只管ら道を行ひ道を樂み、若し艱難に逢ふて之れを凌がんとならば、彌々道を行ひ道を樂む可し。予壯年より艱難と云ふ艱難に罹りしゆゑ、今はどんな事に出會ふとも、動搖は致すまじ、夫れだけは仕合せ也。

一、命ちもいらず、名もいらず、官位も金もいらぬ人は、仕抹に困るもの也。此の仕抹に困る人ならでは、艱難を共にして、國家の大業は成し得られぬなり。去れども今樣の人は凡俗の眼には見得られぬぞと申さるるに付き、孟子に、天下の廣居に居り、天下の正位に立ち、天下の大道を行ふ。志を得れば、民と之れに由り、志を得ざれば、獨り其の道を行ふ。富貴も淫すること能はず、貧賤も移すこと能はず、威武も屈すること能はずと云ひしは、今仰せられし如きの人物にやと問ひしかば、いかにも其の通り、道に立ちたる人ならでは、彼の氣象は出ぬ也。

一、道を行ふ者は、天下擧て毀るも足らざるとせず、天下擧て譽るも足れりとせざるは、自ら信ずるの厚きが故也。其の工夫は韓文公が伯夷の頌を熟讀して會得せよ。

一、道に志す者は、偉業を貴ばぬもの也。司馬溫公は閨中にて語りし言も、人に對して言ふべからざる事無しと申されたり。獨を愼むの學、推て知る可し。人の意表に出て、一時の快適を好むは未熟の事なり。戒む可し。

一、平日道を踏まざる人は、事に臨みて狼狽し、處分の出來ぬもの也。譬へば近隣に出火有らんに、平生處分有る者は、動搖せずして取仕抹も能く出來るなり。平日處分無き者は、唯狼狽して、なかなか取仕抹どころには之れ無きぞ。夫れも同じにて、平生道を踏み居る者に非れば、事に臨みて策は出來ぬもの也。予先年出陣の日兵士に向ひ、我が備への整不整を、唯味方の目を以て見ず、敵の心に成りて一つ衝て見よ、夫れは第一の備ぞと申せしとぞ。

一、作略は平日致さぬものぞ。作略を以てやりたる事は、其の迹を見れば、善からざること判然にして、必したり之れ有る也。唯戰に臨みて、作略無くはあるべからず。併し平日作略を用れば、戰に臨みて作略は出來ぬものぞ。孔明は平日作略を致さぬゆゑ、あの通り奇計を行はれたるぞ。予嘗て東京を引きし時弟へ向ひ、是迄少しも作略をやりたる事有らぬゆゑ、跡は聊か濁るまじ、夫れ丈けは見れと申せしとぞ。

一、人を籠絡して、陰に事を謀る者は、好し其の事を成し得るとも、慧眼より之れを見れは、醜狀著るしきぞ。人に推すに公平至誠を以てせよ、公平ならざれば、英雄の心は決して攬られぬもの也。

一、聖賢に成らんと欲する志無く、古人の事跡を見、迚も企て及ばぬと云ふ樣なる心ならば、戰に臨みて逃れるより猶ほ卑怯なり。朱子も白刃を見て逃る者は、どうもならぬと云はれたり。誠意を以て聖賢の書を讀み、其の處分せられたる心を身に體し、心に驗する修行致さず、唯个樣の言、个樣の事と云ふのみを知りたるとも、何の詮無きもの也。予今日人の論を聞くに、何程尤もに論ずるとも、處分に心行き渡らず、唯口舌の上のみならば、少しも感ずる心之れ無し。眞に其の處分有る人を見れば、實に感じ入る也。聖賢の書を空く讀むのみならば、譬へば人の劒術を傍觀するも同じにて、少しも自分に得心出來ず、自分に得心出來ずは萬一立ち合へと申されし時、逃るより外有る間敷也。

一、天下後世迄も信仰悅服せらるるものは、只是れ一箇の眞誠也。古へより父の仇を討ちし人、其の麗《か》ず擧て數へ難き中に、獨り曾我の兄弟のみ今に至りて、兒童婦女子迄も知らざる者の有らざるは、衆に秀でて誠の篤き故也。誠ならずして世に譽らるるは、僥倖の譽也。誠篤ければ縱令、當時知る人無くとも、後世必ず知己有るもの也。

一、世人の唱ふる機會とは、多くは僥倖の仕當てたるを言ふ。眞の機會は、理を盡くして行ひ、勢を審かにして動くと云ふに在り。平日國天下を憂ふる誠心厚からずして、只時のはづみに乘じて成し得たる事業は、決して永續せぬものぞ。

一、今の人、才識有れば事業は心次第に成さるるものと思へども、才に任せて爲す事は、危くして見て居られぬものぞ。體有りてこそ、用は行はるるなり。肥後の長岡先生の如き君子は、今は似たる人をも、見ることならぬ樣になりたるとて、嘆息され、古語を書て授けらる。

夫天下非誠不動。非才不治。誠之至者其動也速。才之周者其治也廣。才與誠合然後事可成。

120

一、翁に從て犬を驅り、兎を追ひ、山谷を跋渉して、終日獵り暮し、一田家に投宿し、浴終りて心神いと爽快に見えさせ給ひ、悠然として申されけるは、君子の心は常に斯の如くにこそ有らんと思ふなりと。

一、身を脩し己れを正して、君子の體を具ふるとも、處分の出來ぬ人ならば、木偶人も同然なり。譬へば數十人の客、不意に入り來んに、假令何程饗應したく思ふとも、兼て器具調度の備無ければ、唯心配するのみにて、取賄ふ可き様有間敷ぞ。常に備あれば幾人なりとも、數に應じて賄はるる也。夫れ故平日の用意は肝腎ぞとて、古語を書て賜りき。

文非鉛槧也。必有處事之才。武非劍楯也。必有料敵之智。才智之所在一焉而已。

一、事に當り、思慮の乏しきを憂ふること勿れ。凡そ思慮は、平生默坐靜思の際に於てすべし。有事の時に至り、十に八九は履行せらるるものなり。事に當り卒爾に思慮することは、譬へば臥床夢寐の中、

122

奇策妙案を得るが如きも、翌朝起床の時に至れば、無用の妄想に類すること多し。

一、漢學を成せる者は、彌漢籍に就て道を學ぶべし。道は天地自然の物、東西の別なし。苟も當時萬國對峙の形勢を知らんと欲せば、春秋左氏傳を熟讀し、助くるに孫子を以てすべし。當時の形勢と略ぼ大差なかるべし。

一、誠はふかく厚からざれば、自ら支障も出來るべし。如何ぞ、慈悲を以て失を取る事あるべきか、決して無き筈なり。いづれ誠の受用においては、見ざる所において恐懼する所において戒愼し、聞かざる所において恐懼する所より手を下すべし。次第に其功積て、至誠の地位に至るべきなり。是を名づけて君子と云ふ。是非天地を證據にいたすべし。是を以て事物に向へば、隱すものなかるべきなり。司馬溫公曰、我胸中人に向て云れざるものなしと。この處に至つては、天地を證據といたすところにてはこれなく、即ち天地と同體なるものなり。障礙する慈悲は姑息にあらずや。嗚呼大丈夫姑息に陥るべけんや、何ぞ分別を待たん。事の輕重難易を能く知らば、かたをちする氣づかひ更にあるべからず。

一、剛膽なる處を學ばんと欲せば、先づ英雄の爲す處の跡を觀察し、且事業を翫味し、必ず身を以て其事に處し、安心の地を得べし。然らざれば只英雄の資のみあつて、爲す所を知らざれば、眞の英雄と云ふべからず。是故に英雄の其事に處する時、如何なる膽略かある、又我の事に處するところ、如何なる膽力ありと試較し、其及ばざるもの、足らざる處を研究精勵すべし。思ひ設けざる事に當り一點動搖せず、安然として其事を斷ずるところにおいて、平日やしなふ處の膽力を長ずべし。常に夢寐の間において、我膽を探討すべきなり。夢は念ひの發動する處なれば、聖人も深く心を用るなり。周公の德を慕ふ一念旦暮止まず、夢に發する程に、厚からん事を希ふなるべし。寤寐の中我の膽動搖せざれば、必驚懼の夢を發すべからず。是を以て試み且明むべし。

一、若し英雄を誤らん事を懼れ、古人の語を取り是を證す。

譎詐無方術略横出智者之能也。去譎詐而示之以大義。置術略而臨之以正兵。此英雄之事而智者之所不能爲矣。

英雄の事業如此、豈奇妙不思議のものならんや。學て而して至らざるべけんや。

一、猶豫狐疑は第一毒病にて、害をなす事甚多し。

何ぞ憂國志情の厚薄に關からんや。義を以て事を斷ずれば、其宜に適ふべし、何ぞ狐疑を容るゝに暇あらんや。狐疑猶豫は義心の不足より發るものなり。

一、至誠の域は、先づ愼獨より手を下すべし。間居即愼獨の場所なり。小人は此處萬惡の淵藪なれば、放肆柔惰の念慮起さるを、愼獨とは云なり。是善惡の分るゝ處なれば、心を用ゆべし。古人云、主靜立人極と、是其至誠の地位なればなり。不愼べけんや、人極を立ざるべけんや。

128
一、知と能とは天然固有のものなれば、無知之知不慮而知、無能之能不學而能と。是何物なるぞや、其惟心之所爲なればなり。故に心明なれば、知又明なる處に發すべし。

129
一、勇は必ず養ふ處あるものなり。孟子云はずや、浩然之氣を養ふと。此氣養はずんばあるべからず。

129
一、事の上は理と勢との二つ必あるべし。歴史の上にては、能見分つべけれ共、現事にかかりては甚見分けがたし。理勢は離れざるものなれば、能々心を用ゆべし。譬へば賊ありて、討つべき罪あるは其理なればなり。規模術略吾胸中に定りて、是を發するに、千仭に坐而圓石を轉ずるが如く、勇決なる處は其勢ひといふべし。事に關かるものは、理勢を知らずんばあるべからず。只勢のみを知て、事を爲すものは必術に陷るべし。又理計を見て爲すものは、事々塞ひ到來してゆき迫るべし。いづれ當理而後進、審勢而後動ものにあらずんば、理勢を知るもののと云ふべからず。

一、事の上にて機會と唱るもの二あり。僥倖の機會あり、又設け起す機會あり、大丈夫僥倖を頼まむや。大事に臨ては、是非機會は引起さずんばあるべからず。豪傑のなしたる事を見るべし、設け起したる機會も跡より見れば僥倖のやうに見ゆ、氣を付味ふべし。

一、變事俄に出來し時動搖せず、從容として其變に應ずるものは、事の起らざる已前定まらずんばあるべからず。變起らば只それに應ずるのみなり。

古人曰、大丈夫胸中灑々落々、如光風霽月任其自然、何有一毫之動心哉と、是即標的なり。如此體のもの、變に逢て何ぞ動搖すべきものあらんや。

一、青年が先輩の所説を聞くに當りては、先ず自ら質問を起すべし。已れに疑あり、進んで長者に質さば、始めて其益を受くべきなり。

一、一家の親睦を計るには、世人は多く人倫五常の道をいふ。然れども是れは當然の看板のみにして、今日の用に益なく、怠惰に墮ち易し。速かに手を下すには、慾を離るゝこと第一なり。一つ美味あれば、一家擧て食し、衣服を製するにも、必ず良きを長に讓り、自己を顧みず、互に誠を盡す可し。只慾の一字より、親族の親しみも離るゝものなれば、其根據を絶つこと肝要なり。されば慈愛自然に離れざる様になるものなり。

一　孟子曰。殀壽不レ貳。修レ身以俟レ之。所二以立一レ命也。

殀壽は命の短きと、命の長きと云ふことなり。是が學者工夫上の肝要なる處、生死の間、落著出來ずしては、天性と云ふこと相分らず。生きてあるもの一度は是非死なでは叶はず。とりわけ合點の出來そうなものなれども、凡そ人、生を惜み死を惡む。是皆思慮分別を離れぬからのことなり。故に欲心と云ふもの、仰山起り來て、天理と云ふことを覺ることなし。天理と云ふことが慥に譯つたらば、壽夭何ぞ念とすることあらんや。只今生れたりと云ふことを知て來たものでないから、いつ死ぬと云ふことを知らう様がない。それぢやに因つて、生と死と云ふ譯がないぞ。さすれば生きてあるものでないから、思慮分別に渉ることがない。そこで生死の二つあるものでないと、合點の心が疑はぬと云ふものなり。この合點が出來れば、これが天理の在り處にて、爲すことも言ふことも、一つとして天理にはづることはなし。一身が直ぐ天理になりきるなれば、是が身修ると云ふものなり。そこで死ぬと云ふことがない故、天命の儘にして、天より授かりしまゝで復すのぢや。少しもかはることがない。ちようど、天と人と一體と云ふものにて、天理を全ふし終ふしたと云ふ譯なればなり。

（畢）

頭山満講評

立雲　頭山満翁講評

政教社　編

一、廟堂（朝廷。天下の大政を司る所）に立ちて大政を為《な》すは、天道を行うものなれば、些《ちっ》とも私を挟みては済まぬもの也。いかにも心を公平に操り、正道を踏み、広く賢人を撰挙し、能《よ》くその職に任《た》うる人を挙げて、政柄《せいへい》（権政）を執らしむるは、即ち天意也。それ故真に賢人と認むる以上は、直ちに我が職を譲る程ならでは叶わぬものぞ。故に何程国家に勲労有るとも、その職に任《た》えぬ人を、官職を以て賞するは、善からぬことの第一也。官はその人を撰びてこれを授け、功有る者には俸禄を以て賞し、これを愛し置くものぞと申さるるに付き、然《しか》らば尚書仲虺之誥《ちゅうきこう》に、徳懋《さか》んなるは官を懋《さか》んにし、功懋《さか》んなるは賞を懋《さか》んにするとこれ有り、徳と官と相い配し、功と賞と相対するは、この義にて候いしやと請問せしに、翁欣然としてその通りぞと申されき。

（註）尚書仲虺之誥《ちゅうきこう》云々引用の原文は次の如くである。『尚書』は『書経』、仲虺《ちゅうき》は湯王の左相である。

仲虺之誥（尚書巻之三商書）

惟王不レ迩二声色一。不レ殖二貨利一。徳懋懋レ官。功懋懋レ賞。

用レ人惟己。改過不レ吝。克寛克仁。彰信二兆民一。

◎立雲先生曰く―― 南洲翁に遺訓があるということは兼《か(=予て)》ねて耳にして居ったが、これを見るのは今が始めてである。一読して偉大なる翁の人格に面の当り接するような思いがする。ここに記されたのは、翁日常の片言隻句《せっく》に過ぎまいが実に大したものじゃ。これだけのことが完全に行われていたら、上に明治天皇の在《お》わすあり、今少し日本も立派なものになっていたであろうに、後年、政治家にその人を得ず、寔《まこと》に残念なことが多かった。この中の一箇条でも、完全に行おうとすれば、容易ならぬ努力と決心と練磨とが要るのじゃ。然《しか》るにこの全部が南洲翁の人格であったかと思うと、実にその偉大さが思いやられる。能《よ》く翁の申さるるところを熟読翫味《がんみ》して、君国の為に赤誠を捧げなければならぬのじゃ。

「真に賢人と認むる以上は、直ちに我が職を譲る程ならでは、叶わぬものぞ」といわれているが、ここが肝腎のところじゃ。私の心があるから、何処までも自分の我を張ろうとしたり、自己の勢力を維持したりしようとするのじゃ。見玉え、近時非常時国難というのに、見るに忍びない政争や行詰りは皆、賢人と認むれば、何時でも我が職を譲ろうとする誠心がないからじゃ。

「官はその人を撰びてこれを授けよ」というて居られるが、翁の深い用意のほどが、この辺でも察せられるのじゃ。これに就いて、丁度思い出すことがある。西郷従道さんが、或る時のお話に、

「隆盛がよく申して居りましたが、大隈重信には、教育のことを授けてはならぬ。又、井上馨《かおる》には、決して財政のことを任せてはならぬ、とかように申して居りました」

とのことじゃ。然《しか》るに大隈の一生を見ると、政治家というよりも教育家として有名になって居るし、又一方の井上は、明治の財政家として、自らも任じ、人も推すようになっている。ここに南洲翁が、人物を見らるるに、独特の眼光を持って居らるることがわかるのじゃ。南洲翁の意中を忖度《そんたく》して見たら、大隈は心に誠が足らぬ、誠の

足らない者に、天下風教の源であり、且《か》つ人倫の大本を教うる、教育家の任務を託すべきではないと思われたものと察せられる。井上には、南洲翁が或る時、

「井上さん、あんたは三菱の番頭になられてはどうでごわす」

といわれたことがあるそうじゃ。井上は金を溜めることは知って居ても、公私の別あることを知らぬ。公私の別を知らぬ人間に、苟《いやしく》も皇室の御財政、延《ひ》いては、国家財政の重任が委せらるるものではないというのが南洲翁の意中であったように思う。

財政家を以って任じている井上に、国家の財政を任じてはならぬといい、大教育家として許されている大隈に、教育のことは委せられぬといわれた南洲翁の眼光は、遥かに俗眼を抜いているものがあるヨ。

一、賢人百官を総《す》べ、政権一途に帰し、一格の国体定制無ければ、縦令《たとい》人材を登用し、言路を開き衆説を容るるとも、取舎(＝取捨)方向無く、事業雑駁にして成功有るべからず。昨日出《い》でし命令の、今日忽《たちま》ち引き易《か》うると云う様なるも、皆統轄する所一《ところひとつ》ならずして、施政の方針一定せざるの致す所也。

◎立雲先生曰く――　簡にして要を得、この上一言も加える必要はない。国の本体というものが、ちゃんと立って居らんければ、することなすこと、鶍《いすか》の嘴《くちばし》と喰い違ってしまうのじゃ。自分がよくいうことじゃが、政治家というものは、善い事をして飯を食っとるものじゃ。ところが近ごろザラにある政治家という手合いは、善い事どころか、悪い事をして飯を食う者のようになってしもうた。大へんな料簡違いじゃ。自分らが悪い事をするくらいなら、まだいいとしても、先に人がしておいた善い事までも、叩壊《たたきこわ》してしまうようなことをしよるテ。政党内閣なんていうものも、今では昔話になりかかっているが、一廉《いっかど》人民の為になるばしのごと吹聴して来たものだが、見玉え、誰が人民の為になることをしたか。皆んな党利党勢で、己れ等が党派の地盤ばかりしか考え

ては居らぬ。それで後から内閣を取ったものは、必ず前の内閣のやったことを覆してしまいよる。そしてそれを一廉《いっかど》の手柄ばなしのごと吹聴しよるテ。見られたものじゃありやせん。

南洲翁が「昨日出でし命令の、今日忽《たちま》ち引き易《か》うるという様なるも、皆統轄する所一《ところひとつ》ならずして施政の方針一定しないからじゃ」といわれたのは、今日の政弊に見事に適中しとる。何もクドクドいうことはいらんから、この頃の大臣に、この一条だけでも読ましてやるがいい。少しは赧《あか》い顔でもすりゃ、まだ脈のある方じゃ。これを読んでも痛うも痒《かゆ》うもないような奴は、国の進展の邪魔になるばかりじゃから、ドシドシ引込ましてしまう外《ほか》はない。

一、政《まつりごと》の大体は文を興し、武を振い、農を励ますの三つに在り。その他百般の事務は、皆この三つの物を助くるの具也。この三つの物の中に於て、時に従い勢に因り、施行先後の順序は有れど、この三つの物を後にして、他を先にする更に無し。

立雲先生曰く――　文武の両道ということは、昔から人がいっとるが、文武農の三道としたところは、流石に南洲先生じゃ。智、仁、勇の三徳に配したところじゃのウ。百姓は国の宝で、これを度外において、国の政治が成り立つものじゃない。昔から百姓を粗末にして栄えた政治家は一人もありはせぬ。

南洲翁の偉いところは、口でいうばかりでなく、苟《いや》しくも自分でいったことは、必ず自身で実行したところにあるのじゃ。常に徳を磨き、武を練り、用がなければ国へ帰って百姓をして居られた。知行合一の英雄とはこのことじゃ。お上への御奉公がすんだら、華族でも、大官でも、サッサと郷里へかえって、百姓をすることじゃョ。

南洲翁は、いつも口癖のように「百姓が一番正直でええ」といっていられたそうじゃ。

一、万民の上に位する者、己れを慎み、品行を正くし、驕奢を戒め、節倹を勉め、職事に勤労して人民の標準となり、下民その勤労を気の毒に思う様ならでは、政令は行われ難し。然《しか》るに草創の始に立ちながら、家屋を飾り、衣服を文《かざ》り、美妾を抱え、蓄財を謀《たばか》りなば、維新の功業は遂げられ間敷也、今となりては戊辰の義戦も、偏《ひと》えに私を営みたる姿に成り行き、天下に対し、戦死者に対して面目無きぞとて、頻《しき》りに涙を催されける。

◎立雲先生曰く――　この一項目は、特に政治家にとっての名教じゃ。「家屋を飾り、衣服を文《かざ》り、美妾を抱え、蓄財を謀《たばか》りなば……」とあるが、これを聞いては、穴に這入《はい》りたいどころか、鋭利な刀で腸《はらわた》をえぐられるような気がするものが多かろうテ。従道侯も随分これで兄さんから叱りつけられたものと見える。自分が丁度この文そっくりのことを従道さんにいって、責めつけたことがある。その時従道さんは頭を下げて、黙って聞いて居られたが、今から思えば、丁度兄さんから叱られてでもいるように感じられたものだろう。

従道さんばかりではない。近ごろの政治家で、堂々たる邸宅を飾らぬものが何処にあるか。それで思い出すのは長州の白井小介というお爺さんじゃ。このお爺さん、奇兵隊生残りの豪傑で、山県でも三浦でも、小僧のように叱り飛ばしたものじゃ。山県なぞが、先輩の高杉東行《とうぎょう》（晋作）や久阪（久坂。以下注記略）玄瑞のことを「高杉がどうしたの、久阪がどうの」と呼び捨てに話しをしていると、白井は真赤になって怒鳴りつける。

「貴様らが何ばし出来るごと、大ぎょうな口の利きようをするな。高杉先生や、久阪先生が死んでいられるからいいようなものの、もし先生がたが生きて居られたら、末席にも出られたものじゃないぞョ。貴様らとは元来人間の段が違うとるのじゃ。先生らのお蔭でからに少しばかり頭を持ち上げたからといって、偉そうに高杉が久阪がなどと、呼び捨てにするとは怪《け》しからぬ不心得じゃ。以後は気をつけて、高杉先生、久阪先生と、チャント先生をつけて話をしろ。小僧の癖をして、失礼な口の利きかたをするなよ」

とひどくきめつけたものじゃ。

その後、山県が立派な新邸を建築したと聞いた白井は、黙っては居らぬ。早速長州から飛び出して来て、綺麗に磨き立てた新邸へ下駄ばきのままで躍り込んだものじゃ。すると山県の女房が驚いて、

「白井さん、いくら何といっても、それはあんまり酷いではありませんか」

少々気色ばんで詰めよせると、白井はムッとしたと見えて、細君の顔を下駄の先で蹴りあげたもんだ。そしていうには、

「女なんぞの知ったこっちゃない。訳の分らんことをいうな。山県が少しばかり偉くなったからといって、こんな御殿のような家を建てるとは、何というこっちゃ。久阪先生や、高杉先生が、命を捨てて働かれたればこそ、今日のような身分にもなれたのじゃ。それを早や忘れてしもうてからに、お城のような家を建てて、殿様気取りをするとは、何という不心得なことじゃ。どだい考えが間違うてしもうとる。馬鹿者奴がこういう家に来るには、下駄ばきで通って丁度よい……」

乱暴な爺さんもあったもんじゃが、山県もこれには困ってしまい、こういう爺さんに来られては始末が悪いと思ったかして、幾らかの小遣を渡して、匆々《そうそう》長州へ追いかえしたという話がある。遣《や》り方は少々乱暴じゃが、一面の真理があるテ。南洲翁の「万民の上に位するもの、己れを慎み、品行を正くし、驕奢を戒め、節倹を勉め、職事に勤労して、人民の標準となり、下民その勤労を気の毒に思う様ならでは政令は行われ難し」と喝破して居られるのは、この辺のことを戒められたのであろう。

一、或る時、幾歴辛酸志始堅、丈夫玉砕愧甎全、一家遺事人知否、不為児孫買美田、（幾たびか辛酸を歴（へ）て志始めて堅し、丈夫玉砕して甎全（せんぜん＝無為に徒に身の安全を保つ）を愧（は）ず、一家の遺事人知るや否や、児孫の為に美田を買わず）との七絶を示されて、もしこの言に違《たが》いなば西郷は言行反したるとて見限られよと申されける。

◎立雲先生曰く――　この詩は、大久保利通が堂々たる西洋館の新邸を作ったときに、南洲翁がこれを諷せられたものであるとも聞いている。いずれにしても、「児孫の為に美田を買わず」とは、千古の名訓じゃ。誰でも、功成り名遂げた暁には、美しい衣を着け旨いものを食い、立派な邸宅に住まいたいというのが人情じゃ。あの人は偉いと人にはいわるるくらいの人傑でも、とかくこの辺の道には迷いたがるものじゃテ。

　こういう話がある。大久保甲東（利通）がある時、イギリスに軍刀を註文して、金色燦爛たるえらい立派なものをこしらえた。それが評判になって、つい南洲翁の耳にはいった。

　一日、翁はブラリと大久保を訪《と》われた。話の序《つい》でに翁がいわるるには、

「大久保どん、おはんこの頃えらい立派な軍刀をこしらえさっしゃったということじゃが、どれでごわすか」

　大久保は床の間に飾ってあったのをとって見せる。成程ピカピカしていて、大そうなものじゃ。つくづくと見とれていた西郷は、何と思ったか、

「おはん、これを一寸《ちょっと》おいどんに貸して呉れんか」との相談である。大久保も、妙なことをいい出しおったなとは思ったが、外《ほか》ならぬ西郷の頼みだ、厭《いや》だともいえないから貸してやったもんだ。ところが西郷がそれを借用に及んで、持ち帰ったはよいが、さて何時《いつ》まで経っても返さない。フト思い出して見ると随分長くなる。始めの間は大久保も、西郷のことだからその中《うち》に返すだろうと思って、催促するのもおかしな話だから、そのままにしていると、待てども待てども音沙汰がない。大礼服などを着用する場合などには差し当り必要に追られたりするので、そうそう黙ってもおれなくなり、或る時西郷に、

「おはんが借りて行ったあの軍刀は、早く返してくれんと、時々困ることがあるでのウ……」

　思い切って催促した。すると西郷は、

「ああ、あれでごわすか……」

忘れてしまって居ったといった調子で、

「あれは書生どもが来て、あんまり綺麗じゃ綺麗じゃというて、欲しそうな顔をするもんじゃから、いつぞや書生に呉れてしもうた」

と平気なものである。あの六《むつ》ヶしやの大久保のことだから、真赤になって怒ったというが、ここが南洲翁の考えの深いところじゃ。翁の心中を割って話をするならば大久保甲東ともいわれるものが、子供だましのような軍刀をこしらえて、金ピカを鼻にかけるのは見っともない話じゃないか。殊に軍刀なら、イギリスあたりに註文しなくても、日本の水で磨ぎ澄ました名刀がいくらもあろう。そんなことをしては人に笑われるぞヨ。塵溜《ごみため》にでも捨てるか、書生にでも呉れてやれ、と口でいえばそうなるところを、南洲翁は黙々として実行されたのじゃろう。

南洲翁は、自分でいったことは必ず実行して居られる。実行の出来ないことは、始めからいわれないのじゃ。「もしこの言に違《たが》いなば西郷は言行相反したると見限られよ」といわれているのは、一語千鈞《せんきん》の重みがある。

近頃では「見限られる」ぐらいのことでは、洒蛙《しゃあ》々としとる。法律に触れても、性根が直らんくらいだから、始末がわるい。

一、人材を採用するに、君子小人の弁（区別、りわけえ）、酷に過ぐる時は、却《かえっ》て害を引き起すもの也。その故は、開闢《かいびゃく》以来、世上一般、十に七、八は小人なれば、能《よ》く小人の情を察し、その長所を取り、これを小職に用い、その材芸を尽さしむる也。東湖先生申されしは、小人程才芸有りて用便なれば、用いざればならぬもの也。去りとて長官に居《す》え、重職を授くれば、必ず邦家を覆すものゆえ、決して上には立てられぬものぞと也。

◎立雲先生曰く――　小人が十の七、八であるところで見ると、その頃までは、まだ十の二、三は正直者が居ったと見えるのウ。この節では、十の十まで小人ばかりで、西を見ても東を見ても、一山百文で夜店のさらし物になるようなものばかりじゃ。十の十どころか、十の十二、十三と却《かえ》ってはみ出しとるかも知れんテ。「開闢《かいびゃく》以来」が面白いネ。小人は小人で、ちゃんと使って行かねばならんというのは親切なものじゃ。馬鹿と鋏《はさみ》は使いようで切れるというからネ。

藤田東湖先生の話が出とるが、南洲翁も東湖先生には敬服して居られたようじゃのウ。維新の元勲とか何とかいうので、御一新の後、西郷が大立物として持て囃《はや》されて、一世の尊敬を受けられるようになってから、よく人に、

「今俺が少しばかりの手柄があったからというて、皆にチヤホヤされるのは、冷汗が出るような気がする。もし東湖先生や、久阪《(坂)》玄瑞その他の諸先輩が生きて居られたなら、到底、その末席にも出られた訳のものじゃない。それをああいう先輩方が、早く死なれた為に、俺のようなものが豪《えら》そうにいわれるのは、恥ずかしゅうてならぬ」

と話されたそうじゃ。あれ程の地位にありながら、チットも自分を高ぶろうとしないのは、流石に南洲翁じゃ。この頃では、自分で謙遜するどころか、他人の功績を打ち潰してしもうて、自分独りでのさばり出ようとしよる。

一、事大小と無く、正道を踏み、至誠を推し、一事の詐謀を用うべからず。人多くは事の指支《(=差支)》うる時に臨み、作略《さりゃく》を用て一旦その指支《(=差支)》を通せば、跡は時宜次第工夫の出来る様に思えども、作略《さりゃく》の煩《わずら》い屹度《きっと》生じ、事必ず敗るるものぞ。正道を以てこれを行えば、目前には迂遠なる様なれども、先に行けば、成功は早きもの也。

◎立雲先生曰く――　この心が人を動かし、国を興す基となるのじゃ。実に立派なものじゃ。この心で御一新後の八十年を一貫していたならば、日の丸の旗を押し出しとるだけの実は挙がったろうに、小人、国を誤まるの

譬《たと》えの通り、とうとうこんなことになしてしまいよった。

俺どもが伊藤や井上に突っかかって行ったのも、日本を仁義の国、近ごろでいう理想道徳国家を作りあげんが為に外《ほか》ならなかったのじゃ。個人としては皆丁寧に交際はしたが、日本を西洋の真似見たような国にするのは断じて反対じゃ。

平野次郎（国臣）の歌に、

天つ風ふけや錦の旗の手に靡《なび》かぬ草はあらじとぞ思ふ

というのがあるが、国内のことばかりではない。仁義を以て靡《なび》かぬ国のあろう筈はないのじゃ。

平野で思い出したが、本当のことかどうか知らぬが、或る時、平野が西郷を面と向って擲《なぐ》りつけたことがあるそうじゃ。すると西郷はあのくらい練れた人で、決して喜怒色に露《あら》わさぬ人であったが、この時ばかりはサッと顔色が変って、気色ばんで見えたそうじゃ。すると平野がいうには、

「西郷さん、あんたは今日の時勢を何と思うてござるか。一天万乗の至尊は、九重の尊きにおわすとはいえ、実にそれは名のみで何とも申し上げようのない、おいたわしい御生活を遊ばされているのじゃ。『比叡の山見下ろす方ぞあはれなる今日九重の数し足らねば』と慨嘆した高山仲縄（彦九郎）の心と、今日と少しも変りはない。これ皆徳川幕府が上をないがしろにし、専権を逞しゅうするからのことではないか。これを倒して尊王の大義を明らかにし、下万民を皇化の民たらしむるのは西郷さん、実にあんたのような大人物の双肩にかかっとるのじゃ。雨につけ風につけ、身体を大事にして、皇国に尽して下さらんけりゃならぬ」

と誠を籠《こ》めて開陳したところが、西郷は一言もなく、両手をついて頭を下げ、一々平野の言に肯いていたが、その炬《たいまつ》の如き両眼には、玉のような涙の露が宿っていたと聞いている。ここが西郷先生ではないか。この寛大と誠実とがあったればこそ、薩南八千の子弟が先を争うて身を捨て、南洲翁の為に草上一片の露と化することを厭《いと》わなんだのであろう。実に千古の大人格じゃのウ……。

一、広く各国の制度を採り、開明に進まんとならば、先ず我が国の本体を居《す》え、風教を張り、然《しか》して後、徐《ゆるや》かに彼の長所を斟酌《しんしゃく》するものぞ。否《しか》らずして、猥《みだ》りに彼に效《なら》いなば、国体は衰頽《すいたい》し、風教は萎靡《いび》して匡救《きょうきゅう》すべからず。終に彼の制を受くるに至らんとす。

◎立雲先生曰く―― これが全く今では反対になっとる。彼を先にし、我を後にしているから、本体が行方不明になってしもうとる。途方もない不届者が出るというのも、本体を失うてしもうとるからじゃ。見てみやれ、我が家の宝物まで、この頃では、みんな毛唐にとられてしもうとるじゃないか。向うに掛っとる看板を見て、涎《よだれ》をたらして感心しとるけれども、それが実は我が家の宝物で、疾《とう》の昔に向うに取られてしもうていることさえ知らんでいるのじゃ。

国においては本体、人においては心、これが扇の要じゃ。ここに確《しか》と覚到せんければ、まるで浮草のようなもので、今日はこの岸、明日は向うの岸に咲くようになるのじゃ。最明寺時頼なんども、心の修業は随分と苦心したものと見えて、こんな歌がある。

幾たびか思ひ返して変るらん定めがたきは心なりけり

心を定めるほど、世の中に六《むつ》ヶしいことはないが、また、これ程大切なことはない。

一、忠孝仁愛教化の道は、政事の大本にして、万世に亘《わた》り、宇宙に弥り、易《か》うべからざるの要道也。道は天地自然の物なれば、西洋と雖《いえど》も決して別無し。

◎立雲先生曰く―― 恐るべき明徹の識見じゃ。ただただ感歎の外《ほか》はない。「忠孝・仁愛・教化」、ここが日本の本体じゃ。世界中で、一番この立派なものを持っているのは、日本を措《お》いて外《ほか》にはないのじゃ。日本がこれで立っておれば、世界の人類が何十億あろうと、旭日に輝く日の丸の旗の手に、靡《なび》かぬものはない筈じゃ。「道は天地自然のものなれば」とか「万世に亘り宇宙に弥《わた》り」、とかいうところになると、まるでお釈迦さまのような大きな心じゃのゥ。お釈迦さまは未来を説かれたが、南洲翁はこれを現世に行おうとした人じゃ。お釈迦さまの教えられたような、立派な道の行われる国家を、日本に作りあげようとしたのが、西郷の苦心の存するところじゃったろう。西洋も日本も、人間に変りはない筈じゃ。正義人道さえ踏んで行けば、世界万国、日本に帰服するにきまっている。西郷が鹿児島へ帰ったのも、実は御一新だけでは、日本が出来上がっておらんから、今一度練って置こうと考えたからじゃ。大風が吹き出してから、掌《てのひら》で禦《ふせ》ごうとしても、何の役にもたたぬヨ。今日のようになることを心配したればこそ、どっしりと土台石を築いて置こうとしたのであった。ここが、西郷の西郷たる面目じゃ。

一、人智を開発するとは、愛国忠孝の心を開くなり。国に尽し、家に勤むるの道明らかならば、百般の事業は、従て進歩すべし。或いは耳目を開発せんとて、電信を懸け、鉄道を敷き、蒸気仕掛けの器械を造立し、人の耳目を聳動《しょうどう》すれども、何故電信鉄道の無くて叶わぬぞ、欠くべからざるものぞと云う処に目を注がず、猥《みだ》りに外国の盛大を羨み、利害得失を論ぜず、家屋の構造より玩弄物に至る迄、一一《いちいち》外国を仰ぎ、奢侈の風を長じ、財用を浪費せば、国力疲弊し、人心浮薄に流れ、結局、日本身代限りの外《ほか》有る間敷也。

◎立雲先生曰く―― 明らかなものじゃ。正にこの通りになっとるわイ。達人の達観するところは、炳《へい》として日月のごときものがある。「忠孝は国の大本なり」で、これさえ立っていれば、後のことは枝葉の問題じゃ。東洋でも西洋でも、同じ人間に変りのあろう筈はない。明治天皇の仰《おお》せられたように、「これを古今に通じて謬《あやま》らず、これを中外に施して悖《もと》らず」というのは、この大本を指して人倫の大道をお示しになったものじゃ。西洋と云えば、何ぞ別の変った国かと心得、我を忘れて彼に随喜するから、南洲翁のいわれるように「奢移の風を長じ、財用を浪費せば、国力疲弊し、人心浮薄に流れ」るようなことになってしまうのじゃ。大分身代限りの方へ近よって来よる。伊勢音頭か何かで、日本の上下を挙げて、景気よく身代限りへ押し下って行きよるようじゃ。

それについて面白い話がある。地獄と極楽とは誰が考えても極楽道の方が坦々たる大道で、地獄道の方が険阻《けんそ》な山道であろうと思うが、或る人の解釈に、極楽道の方は、行き手が少ない。年に一人か、十年に一人かこの道にかかる者は極めて少ない。そこで草は生え、木は茂り、道なき道となってしもうとるそうじゃ。一方地獄道と来ると、大そうな繁昌で、千客万来、三味や太鼓の鳴物入りで、浅草奥山の賑《にぎわ》いのようじゃそうな。そこで草は踏み潰され、木は折られ、大石小石も踏み均《な》らされてしもうて、大道坦々、押すな押すなで通るのじゃそうな。成程一理ある考え方じゃのゥ。

とかく善道へは踏み入り難いもので、悪道の方へは教えられなくても入りたがるものじゃ。筑前聖福寺の仙崖和尚の書いた戯画を、自分は先年まで持って居った。後年、人の好むに委せて呉れてやったが、その画は伊勢参宮の画で、道が二筋に岐れているところ迄来て、一人のお伊勢参りが、三度笠を脇に置いて泣いているところが書いてある。そしてその上に讃がある。その文に、

「古の道は直にして塞り、今の道は険にして通ず。我れここを以て岐に泣く」

とある。何と寓意の深い画讃であろうがな。我々の祖先が血と涙とを以って築き上げた立派な道は、直にして塞ってしまい、近頃のダンスとかオペラとか、笑ったり踊ったりする方の道が押すな押すなで開けて行く。この結果が果して何となると思うか。国でいえば身代限り、人でいえばブランコ往生か、土左衛門か、生き恥ばかりか、死んでまで恥を晒さねばならぬのじゃ。

一、文明とは、道の普《あまね》く行わるるを賛称せる言にして、宮室の壮厳、衣服の美麗、外観の浮華を言うには非ず。世人の唱うる所何が文明やら、何が野蛮やら、些《ちっ》とも分らぬぞ。予嘗《かつ》て、或る人と議論せしこと有り、西洋は野蛮じゃと云いしかば、否文明ぞと争う。否な否な野蛮じゃと畳みかけしに、何とてそれ程に申すにやと推せしゆえ、実に文明ならば、未開の国に対しなば、慈愛を本とし、懇懇説喩して開明に導くべきに、左《さ》は無くして、未開蒙昧の国に対する程、むごく残忍の事を致し、己れを利するは野蛮じゃと申せしかば、その人口《ひと》を莟《つぼ》めて、言無かりきとて笑われける。

◎立雲先生曰く――　英米なんぞその世界に対する仕打ちはどうじゃ。我がまま勝手のことばかりして、未開後進国の為に、手を引いて教えてやるようなことは、塵一つでもして居らぬ。支那や、インドや、南洋なんぞの植民地にしたところが、「むごく残忍の事を致し、己れを利する野蛮」国の態度ではないか。

日露戦争からこっちは、そうでなくなったが、その以前の西洋人の、のふうぞう（横着）な態度といったらなかったよ。殊に英国大使のパークスなんぞと来たら、まるで日本人を玩弄物か何かのように見下げた風をしたものじゃ。それをハイカラ政治家どもが、まるで萎縮してしもうて、ペコペコ頭を下げて、御機嫌ばかりとって来たものじゃから、今だに西洋崇拝の癖が抜けぬのじゃ。

自由民権論の勃発時代、僕等が平岡浩太郎や進藤喜平太、箱田六輔の諸君と一緒に、筑前の一角に「玄洋社」を起したのも、精神は西郷先生の道義主義、日本主義と何等の変りはないのじゃ。当時「玄洋社」の憲法にも、その精神は出て居るつもりじゃ。

第一条　皇室ヲ敬戴スヘシ。

第二条　本国ヲ敬重（愛）スヘシ。

第三条　人民ノ権利ヲ固守スヘシ。

右ノ条々各自ノ安寧幸福ヲ保全スル基ナレハ熱望確護シ子々孫々ニ伝ヘ人類ノ此世界ニ絶エサル間ハ決シテ之ヲ換フル事ナカルヘシ若《モ》シ後世子孫之ニ背戻《ハイレイ》セハ粋然《スイゼン》タル日本人民ノ後昆《コウコン》ニ非ス矣。

これが当時玄洋社の憲則じゃが、今に至って改むるの必要を見ない。

一、西洋の刑法は、専ら懲戒を主として苛酷を戒め、人を善良に導くに注意深し。故に囚獄中の罪人をも、如何にも緩《ゆ》るやかにして、鑑戒《かんかい》（本手）となるべき書籍を与え、事に因りては親族朋友の面会をも許すと聞けり。尤《もっと》も、聖人の刑を設けられしも、忠孝仁愛の心より、鰥寡《かんか》（妻を失った男と夫を失った女）孤独を愍《あわれ》み、人の罪に陥いるを恤《うれ》い給いしは深けれども、実地手の届きたる、今の西洋の如く有りしにや、書籍の上には見え渡らず、実に文明じゃと感ずる也。

◎立雲先生曰く――　よいところはよいとして、感心していられるところは、大きな心じゃのゥ。罪は三族を亡ぼし、九族を滅すなぞということは、慈悲ある仕打ちじゃない。艱難《かんなん》に艱難を積み、その間に工夫を凝らした人でなければ、こういう広大無辺な心境に達することは出来まい。人間の修養ほど恐ろしいものはないよ。

お釈迦さまの後に、何千何万の仏僧が出来たかは知らぬが、結局お釈迦さまはお釈迦さまで、お釈迦さまの先に、お釈迦さまなく、お釈迦さまの後にお釈迦さまなしじゃ。衆愚凡人が何万人何億人出ようとて、またそれらを積み上げて見たところで、結局お釈迦さま一人の高さに及ばないのじゃ。即ち釈迦一人の人格は、幾千万人の人格を以ってしても及びもつかないのであって、一人にして多数に値するのはここのことである。

譬《たと》えていえば、衆愚というものは雪のようなもので、六花繽紛《ひんぷん》として地上に降るときには、積んで山を成すかとも思われるが、暖かくなれば、いつの間にやら消えて失くなってしまう。春風が吹いて青草が萌えるようになれば、何時何処に雪が降って居たやら、影も形もなくなってしまうのじゃ。人間始まって以来、幾万億の人類が雪のように降っては積り、積っては消えたかは知らぬが、後世にまで残るのは、やはり傑出した人格じゃ。「少数の多数」という意義をよく心得ておかねばならぬよ。

一、租税を薄くして民を裕にするは、即ち国力を養成する也。故に国家多端にして、財用の足らざるを苦しむとも租税の定制を確守し、上を損して下を虐《しい》たげぬもの也。能《よ》く古今の事迹《じせき》を見よ。道の明《あきら》かならざる世にして、財用の不足を苦しむ時は、必ず曲知小慧《しょうけい》の俗吏を用い、功みに聚斂《しゅうれん》（過重の租税取立て）して一時の欠乏に給するを、理財に長ぜる良臣となし、手段を以て苛酷に民を虐《しい》たげるゆえ、人民は苦悩に堪え兼ね聚斂《しゅうれん》を逃れんと、自然譎詐《けっさ》狡猾に趣き、上下互に欺き、官民敵讐《てきしゅう》と成り、終《つい》に分崩離拆《（析）》に至るにあらずや。

◎立雲先生曰く―― 何処までも親切な教え方じゃのウ。有るものを出させるぐらいならまだしも、政党の盛んな時には、人民の血も肉も絞り尽して、骨までしゃぶって居るような有様じゃった。

人民の幸福を目安とする政府が、人民怨嗟《えんさ》（うらみなげき）の府となっては、全く以って「分崩離拆《（析）》」（論語、季氏「邦分崩離析、而不能守也」）の外《ほか》はあるまい。命を捨ててこれを拯《すく》おうとするものも出て来ない。栗山大膳が、藩祖如水公の冑《かぶと》を出して、筑前（二）三代主黒田忠之公を直諫《ちょっかん》したようなことは、近頃トント耳にしない。忠之公は非常な剛愎《ごうふく》（強情で人に従わない）の人で、自分の気に入らないことでもいおうものなら、その場で切って捨てるぐらいのことは、平気の平左衛門であったから、大膳も固《もと》より一死を期して居たことに相違ない。彼の建白の一節に「身命を賭して君を諫《いさ》め、以って死に至るは臣下の大慶なり」とあるのに見ても、彼の心意気は察することが出来よう。

少し許《ばか》り本でも読んで知ったかぶりをする手合は、明治維新は薩長の大賭博で出来たもののようにいうものもあるそうじゃが、博変打ちの心で、どうしてあの御一新が出来よう。親に別れ妻子を捨て、命を鴻毛《こうもう》の軽きに比し、義を泰山の重きに置く鉄石の心腸《しんちょう》であったればこそ、あの大御代が打ち開かれたのじゃ。泥棒根性や、追剥《おいはぎ》心理で、皇政維新の大業が出来るものではない。中にも西郷南洲翁の如きは、国家の為、君皇の為、これを下にしては万民の為に、何時でも犠牲となる心掛けで、疾《とう》の昔に命などは捨てて居られたのじゃ。

翁が獄中の詩に、

朝蒙二恩遇一夕焚坑。人世浮沈似二晦明一。縦不レ回レ光葵向レ日。若無レ開レ運意推レ誠。
洛陽知己皆為レ鬼。南嶼俘囚独窃レ生。生死何疑天付与。願留二魂魄一護二皇城一。

（朝（あした）に恩遇をこうむって、夕べには焚坑せらる。人世の浮沈は晦明（夜と昼）に似たり。たとい光を回らさざるも、葵は日に向かい、もし運開くなきも、意は誠を推さん。洛陽の知己、みな鬼となり（死者となり）、南嶼の俘囚、独り生を窃（ぬす）む。生死何ぞ疑わん、天の付与なるを。願わくは魂魄を留めて、皇城を護らん。）

と詠ぜられたのでも、その心懐は察せられるのじゃ。

一、会計出納は制度の由りて立つ所、百般の事業皆これより生じ、経綸中の枢要なれば、慎まずはならぬ也。その大体を申さば、入るを量りて出るを制するの外《ほか》、更に他の術数無し。一歳の入るを以て百般の制限を定め、会計を総理する者、身を以て制を守り、定制を超過せしむべからず。否《しか》らずして時勢に制せられ、制限を慢にし、出るを見て入るを計りなば、民の膏血《こうけつ》を絞るの外《ほか》有る間敷也。然《しか》らば仮令《たとい》事業は一旦進歩する如く見ゆるとも、国力疲弊して済救すべからず。

◎立雲先生曰く―― 西郷は経済の解らん男じゃという者があるが所謂《いわゆる》経済の解らんところが、西郷の大きな経済じゃ。伊藤や井上や大隈なんどの算盤《ソロバン》のケタには掛らんかも知れんが、西郷の算盤《ソロバン》は伊藤らの算盤《ソロバン》とは、大ぶんケタが違うとる。

中江兆民という男は、なかなか鋭い頭の男じゃったが、或る時、ある人が中江に、

「伊藤と大隈との人物はどれ程違うかや」

と聞いた。すると中江がいうには、

「白紙一枚ほどの違いじゃ」というから、ある人解し兼ねてその訳を尋ねると、中江の返詞が面白い。

「伊藤は才子の中の才子で、才子の絶頂にある男だ。大隈は豪傑の中の一番尻の豪傑だ。才子の上等の人間と豪傑の下等な人間じゃから、その間白紙一枚の差じゃ」

といったそうだが、穿《うが》っとるテ。そこへ行くと西郷は豪傑の中の豪傑で、無策の大策で行く大豪傑じゃった。伊藤や大隈なんぞとは、まるで人間の位どりが違うとる。

同じ土佐の有志で島本仲道という男があった。流石に南海の産だけあって、才もあり、機略もある男じゃった。島本が司法省に居る頃、ヒドク西郷を面責したことがあった。丸山作楽か何かの事件の時であったと思うとるが、衆人稠座《ちゅうざ》の中で、島本は西郷に向って盛んに悪罵を試みた。

「西郷々々といって、世間では貴方のことを人間以上の人間のようにいうとるが、我輩にはトントその意味が分らぬ。同志の者が皆刑獄に繋がれ、具《つぶ》さに辛酸を嘗《な》めているのに、西郷のみ独り恬然《てんぜん》として大道を濶歩《かっぽ》し、維新の元勲じゃ何じゃと、肩で風を切っているのは、何たる非人情じゃ。同志の苦衷《くちゅう》を見殺しにするような西郷が、何が大人物じゃ。島本の眼から見れば、虫けら同然じゃ」

島本も利かぬ気の男じゃ。痛烈に遣《や》っつけたものと見える。一座は為に白け渡ってしまって、誰一人口を出す者がない。西郷はと見ると、頭を下げて黙然として聞いていたが、遂に一言もなかったという。すると島本が、

「それ見たことか、西郷一言の弁解もなるまい」

と追撃したが、西郷はとうとう黙して応えなかった。

するとその翌日、西郷の崇拝者やら追従者やらが、ゾロゾロ南洲翁に押しかけて、盛んに島本を罵《ののし》る。中には、

「アンナ不届な奴は生かして置けぬ」

「あゝいぅ奴を司法省に置く訳に行かぬ」

と口々に島本を悪罵した。それが西郷の気に入るとでも思ったらしい。すると西郷は徐《おも》ろに口を開いて、

「はア、あの人が島本さんでごわすか。偉い人じゃ。言われて見れば、西郷は一言もごわせん。あゝいぅ人が司法省に居られるので、オイドンも安心でごわす」

といったので、一同開いた口が塞がらなかったという話じゃ。

するとこのことを島本に通じたものがあると見えて、

「西郷はかくかくであった」

と聞いた時、島本は始めて、西郷の偉大さに感動した。

「これは大分ケタが違ぅとる」

といったそうじゃ。西郷に出逢ぅと、大ていの豪傑がこんな目に遭ぅとる。

一、常備の兵数もまた、会計の制限に由る。決して無根の虚勢を張るべからず。兵気を鼓舞して、精兵を仕立てなば、兵数は寡《すくな》くとも、折衝禦侮共に事欠く間敷也。

◎立雲先生曰く―― 南洲翁が常にいわれた言葉に、
「桐野を半隊長にして、樺山を分隊長にして、精兵を練ったなら、百万の大軍も畏《おそ》るに足らぬ」

といわれたというが、自分が先ず小隊長ぐらいの積《つも》りであったろう。西郷を小隊長にして桐野・樺山を従えて決死の戦《いく》さをしたら、それこそ鬼に鉄棒《かなぼう》じゃ。

樺山はなかなかの豪の者で、日清戦争の時に、ハシケ船に乗って、清国軍艦を分捕った先生じゃからネ、なかなか強いのサ。日清の国交がだんだん難しくなり、風雲暗澹《あんたん》というころに、時の海軍大臣西郷従道さんが、軍令

部長の中牟田に、

「一つおはんに遣《や》って貰《もら》わんければならん……」

といったところが、中牟田は、今の日本の現状で、清国と戦争なんぞが出来るもんじゃないというようなことをいった。すると従道さんは深くも問わず、すぐに樺山に相談して、

「あんたに一つ死んで貰《もら》おうと思うとるが……」

との話である。すると樺山は病気で引籠って居ったが、

「わしの命なんぞ、疾《とう》から陛下に献上してあるのじゃから、国家の為なら何時でも進呈するが、一体わしの命をどうするのじゃ」といったところが、従道さんは、

「海で死ぬか、山で死ぬか、どうせ一度は死ぬ命じゃが、今度は一つ海で死んで下さらんか」

という。樺山は、

「死ぬぐらいなんでもないことじゃが、一たい戦争をする気でごわすか」

と尋ねる。従道さんは頗《すこぶ》る気軽なもので、

「遣《や》りましょうよ」

と引受けたそうじゃ。樺山を軍令部長にしたのは、これが為で、日清戦争も実は西郷従道さんがやったようなものじゃ。

一、節義廉恥を失いて、国を維持するの道決して有らず、西洋各国同然なり。上に立つ者下に臨みて利を争い、義を忘るる時は、下皆これに倣《なら》い、人心忽《たちま》ち財利に趨《はし》り、卑吝の情日日長じ、節義廉恥の志操を失い、父子兄弟の間も銭財を争い、相い讐視するに至る也。かくの如く成り行かば、何を以て国家を維持すべきぞ、徳川氏は将士の猛き心を殺《そ》ぎて、世を治めしかども、今は昔時《せきじ》戦国の猛士より、

猶《なお》一層猛き心を振い起さずば、万国対峙は成る間敷也。普仏の戦、仏国三十万の兵、三个《か》月の糧食有りて降伏せしは、余り算盤《ソロバン》に精《くわ》しき故なりと笑われき。

◎立雲先生曰く――「余り算盤《ソロバン》に精《くわ》しき故」とは適評じゃのウ。人間には節義廉恥の心が肝腎要《かな》めのところじゃが、これがなくなるから、父子兄弟の間でさえも、銭財を争うことになる。

丁度今の日本がその通りじゃ。親爺さんが死んで、後に残った不良兄貴が不良弟を唆《そその》かし、相場に手を出したり芸者買いをしたり、何時《いつ》の間にやら父祖の財産を身代限りするようになるのじゃ。粒々《りゅうりゅう》辛苦の昔を忘れて、一攫《いっかく》千金なんどと、途方もない事に手を着けるから「売家と唐様で書く三代目」なんちゅうことになるのじゃ。算盤《ソロバン》が下手なのではなく、あまり算盤《ソロバン》に精《くわ》し過ぎて、遂には人の門に立って、一椀の食を乞わねばならなくなるのじゃ。

例の東方斎の荒尾精が、西郷さんのところにごろごろして「俺は日本一の玄関番だ」なぞと威張っていたころのことじゃ。荒尾が話して居ったが、西郷さんの家はボロボロの古家で、雨が降ると座敷が漏る、玄関が漏る、台所が漏る。ひどい家であった。すると或る日、奥さんがいわるるには、

「もう屋根ぐらいはお直しになっては如何でしょう」

ときかれたそうな。すると西郷さんは、

「まだお前には俺の心が解らんと見える」

とひどく不興気であったということじゃ。この頃の西郷さんは永世禄の二千石もあり、月給は五百円ぐらいもあったのであるから、屋根がえぐらいに不自由をされる身分ではなかった。それらは皆んな人にやってしまうて、自分では、いつでも冷飯草履に尻切れ羽織で、ああもし、こうもしと、朝から晩まで国家民生の為にのみ心を砕いて居られたのである。

弟の従道さんが、兄の南洲はとても自分では手をつけられる気遣いはないからというので、私《ひそ》かに兄さんの為に住宅を新築しようとしたことがあったが、その事が南洲翁の耳に入って、火の出るように叱りつけられたそうじゃ。

一、正道を踏み、国を以て斃《たお》るるの精神無くば、外国交際は全かるべからず。彼の強大に畏縮し、円滑を主として、曲げて彼の意に順従する時は軽侮を招き、好親却《かえっ》て破れ、終《つい》に彼の制を受くるに至らん。

●立雲先生曰く――日本は正義の国だという以上は、何処までもこれを推し通す力がなくてはならぬ。ワシントン会議や、ロンドン会議や、我が方に「国を以て斃《たお》るるの精神」さえあったなら、何も正道が通らぬ訳はない。

「彼の強大に畏縮し、円滑を主として、曲げて彼の意に順従」するから、いつも英米等からも軽蔑されるのだ。支那事変などでもそうだ。何も英米等に気兼ねをする必要はないから、日本は何処までも正義の国として押し進んだらよいではないか。単《ひと》り英米ばかりじゃない、独伊に対してだって同じ理窟だョ。日本は日本だ。正しい道をさえ踏んで行くならば、国を以て斃《たお》るるとも、決して恥ずべきことじゃない。

元来正義人道というのは弱者の声で、これを貫くには、強者を圧するだけの気魄《きはく》と力とがなければならぬのじゃ。強国にして正義、即ち南洲翁がいわれたように、広く弱小国を憫《あわれ》んで、それぞれ文化を進めしむるのが、これが国をなすの理想というものではないか。ただ人の国を征伐して、これを掠奪し、苛斂誅求《かれんちゅうきゅう》して他の弱小国民を苦しめるだけならば、何も国家を作っている必要はないのじゃ。山賊でも剽盗《ひょうとう》（おいはぎ）でも、何でも構わぬ。勝手放題に斬取強盗をすればよいのじゃ。苟《いやしく》も坤輿《こんよ》（大地地球）に国する以上、人間らしい道を踏み、天下後世に恥じない立派なものにしなければならぬ。西郷もここを覗《うかが》って居ったのであろうが、遂に十年の戦争で、惜しい大偉人を失ってしまった。それから以後の事はいうに忍びぬことばかりじゃ。

一、談、国事に及びし時、慨然として申されけるは、国の凌辱せらるるに当りては、縦令《たとい》国を以て斃《たお》るるとも、正道を践《ふ》み、義を尽すは政府の本務也。然《しか》るに平日金穀理財の事を議するを聞けば、如何なる英雄豪傑かと見ゆれども、血の出る事に臨めば、頭を一処に集め、唯目前の苟安《こうあん》（当座逃れ）を謀《たばか》るのみ。戦の一字を恐れ、政府の本務を墜しなば、商法支配所と申すものにて、更に政府には非《あら》ざる也。

◎立雲先生曰く―― 自分らの懐《ふところ》ろ勘定ばかりして、国家民生の為に尽すの心がなかったなら、それは政府でも何でもない。西郷さんが「商法支配所」といわれたのは適評じゃ。己れを空《むな》しゅうし、公に奉ずるの心がなければ、国家の政治が出来るものではない。蘇東坡の詩であったと思うが、

素紈不㆑画意悠哉。既著㆓丹青㆒二落来。（素紈＝純白の絹地。丹青＝絵具。）

無一物処無尽蔵。有㆑花有㆑月有㆓楼台㆒。


とある。己れを空《むな》しゅうすることが、即ち一切を得ることじゃ。坂本龍馬が、始めて南洲翁に逢った後に、その時の感想を叩かれた（問われた）とき、

「西郷という人は大鐘のような人で、大きく叩けば大きく響き、小さく叩けば小さく響く。憾《うら》むらくは龍馬の撞木《しゅもく》が小さかった」

と評したそうじゃ。よく西郷の大度量をいい現して居る。

勝海舟は幕臣中の切れ者であったが、御一新の前に、九州を遊歴した時のことじゃ。彼は先ず熊本の横井小楠を訪《と》うた。ところが、当時横井の名声は非常なもので、

「横井平四郎さんなア実学なさる」

と囃《はや》された時分だから、勝と対談すると、雄弁滔々数千万言、時勢を論じ人物を評し、盛んにまくし立てたので、勝はおしまいまで一言も吐くことが出来なかった。学問といい、識見といい、加うるに弁舌といい、聞きしに優る大先生だと、殆んど感服してしまった。それから鹿児島へ下って西郷南洲翁に逢って見ると、横井とはまるで正反対で、自分から一口もきかず、ただ勝のいうのを「ハアハア」と聞いているばかりである。仕方がないので、今度は勝の方が説法する役廻りとなった。流石に勝じゃ「これアとても段違いの人物だ」と覚って、

「説法するのと、説法させるのとでは、千里の違いがある」

と後《の》ちに人に語ったそうじゃ。ここになると天品と人品との相違じゃ。

一、古《いにしえ》より君臣共に己れを足れりとする世に、治功の上りたるはあらず。自分を足れりとせざるより、下下《しもじも》の言も聴き入るるもの也。己れを足れりとすれば、人己れの非を言えば、忽《たちま》ち怒るゆえ、賢人君子はこれを助けぬなり。

◎立雲先生曰く―― 自分の欠点を非難して呉れる人があるのは、有難いことと思わねばならぬ。直《す》ぐに怒ってしまえば、終いには諫《いさ》めてくれる人もなくなってしまうのじゃ。「賢人君子はこれを助けぬ」とあるネ。大塩中斎（平八郎）が「鏡に対して鬢髪《びんぱつ》の乱るるを憂えず、ただ一心の乱るるを懼《おそ》れよ」といっているが、南洲翁もやはりこの心があった。翁の詩に、

我有二千糸髪一。毿々黒二於漆一。我有二一片心一。（我に千糸の髪あり。毿々として漆よりも黒し。我に一片の心あり。）

皓々白二於雪一。我髪猶可レ断。我心不レ可レ截。（皓々として雪よりも白し。我が髪はなお断つべくも、我が心は截つべからず。）


というのがある。

南洲翁は大塩中斎に感服して居られたようで『洗心洞箚記《せんしんどうさっき》』のごときは、自ら書写して座右に備えられて居たそうじゃ。自分が十年戦争の後に、鹿児島に行ったときに、川口雪蓬という老人が、この本を持っていたので、暫《しばら》く借用して読んだことがある。

南洲翁が京都の医者の家に、大塩の書が掛けてあったのを見て、ひどく気に入ったと見えて、再三再四懇望したが、利かぬ気のお医者さんであったと見えて、いっかな遣《や》ろうとはいわぬ。度々出掛けて行って頼んだが、何としても譲ろうとはいわない。西郷も已《や》むを得ず、そのまま諦めていると、暫《しばら》く時が経ってから、その懸物に一本の書状を添えて、その医者の倅《せがれ》というのが、西郷の許《もと》に届けて来た。で、西郷は、あれほど頼んでも応じなかったものを、今ごろ送って来るとは、少々腑に落ちぬことだと思って、どうしたことじゃと尋ねると、倅《せがれ》のいうには、

「実は親爺はその後、病気で亡くなりました。その臨終の折に、この手紙をつけて懸物を西郷先生にお届け申してくれろと、申し残したので、実は今日お届け致しました訳で……」

との話であった。そこで西郷は手紙を開いて見ると、その中には、「自分が生存中は、この懸物を尊重すること、自分に越すものはないと思ったので、実はお譲り致さなかったが、今自分が死んでしまえば、向後はこの軸を愛する人は先生の外《ほか》はないと存じますから、ここにお届け申す次第である」との意味が記されてあった。そこで西郷も、ひどく医者の知言に感じて、その書を愛蔵されたという話である。

こういう交わりは実に清らかなもので、士君子の交際ともいうべきものじゃ。近時この道廃《すた》れて土の如しの感がある。孰《いず》れを見ても、山をなすものは馬の糞ばかりで、とんと鼻むけもならぬ。

一、何程制度方法を論ずるとも、その人に非《あら》ざれば行われ難し。人有りて後《の》ち方法の行わるるものなれば、人は第一の宝にして、己れその人に成るの心懸け肝要なり。

◎**立雲先生曰く**――「人は第一の宝」とは見事な金言じゃのゥ。こういう話がある。
種田が陸軍少将になった時に、南洲翁のところに出掛けて、さていうには、

「先生、私もどうやら少将という大任に進みましたが、一体どういう心掛けでいましたならば、陸軍少将の大役が勤まりましょう」

と尋ねた。すると西郷先生は、

「自分の為に命を捨てて呉れるものが、千人もあれば、先ず少将の役が勤まろう」

といわれたそうじゃ。千人も命を捨てるものがあれば大したものじゃ。それが少将ぐらいのところであって見れば、中将、大将となったら、三千、五千は愚かの事、一万人もなくてはならぬ比例になる。成るほど考えて見れば、南洲翁が、陸軍大将、近衛都督で、後にも先にも大将は南洲翁一人であったからのゥ。種田に千人の子弟が出来たかどうかは知らぬが、南洲翁の為には、とうとう薩南有為の青年をあげて、討ち死をしてしまった。熊本城に雲霞《うんか》のように押し寄せ、城山に枕をならべるまで、八ヶ月の間、官軍に抗した力は恐るべき力といわんければならぬ。あたら有為の青年を失ったことは、国家の為に惜しみてもなお余りあることであったが、誰一人不平をいうものもなく、皆西郷先生の為に血となり屍となっていった心は壮烈の極みではないか。南洲翁自《みず》から振い起《た》った戦争ではなく、西郷は寧《むし》ろ与り関しないことじゃった。話に聞くと最初は村田新八が、独りで出掛けて談判するところじゃったそうな。村田は精悍《せいかん》の気を眉宇《びう》の間に閃《ひら》めかしながら、

「何、俺一人行けば大丈夫だ。岩倉や大久保を引き出すぐらいのことなら、この俺の腹で沢山だ」

といいながら、肌押し抜いで、腹を叩いて見せたものじゃ。その後、村田もいいが一人じゃチト安心がならぬというので、永山弥一郎がついて行くことになった。すると河野主一郎も「己れも往こう」というので、結局三人で出掛けることに決っていたが、その中《うち》に桐野利秋を初め、気早の薩摩隼人が、

「ええ面倒臭い、皆んなで行け！」

ということになってしまって、遂々《とうとう》あの通りの始末となった。

私学校の生徒が、火薬庫を占領した時には、西郷は大隅山に兎狩に出掛けて行って居ったそうじゃが、子弟が息を切って山腹に駆け上って来て、このことを通ずると、西郷は天を仰いで大息して、そのまま黙然として山を下ったそうじゃが、その時已《すで》に南洲翁の胸中には「我事終る」の覚悟があったものじゃろう。爾《しか》りしより後、南洲翁は城山の一角にて殪《たお》るるまで、子弟のなすがままに委せてしまったのじゃ。西郷の腹の中を割って見たら、言うべきことも、諭《さと》したいこともあったであろう。それを一言も口にせず、我が平生愛する子弟と共に、枕をならべて死につくこと、実に帰するが如きものがあったのは、何といっても曠世《こうせい》の（世に稀な）偉人じゃ。

一、道は天地自然の道なるゆえ、講学の道は敬天愛人を目的とし、身を脩するに、克己を以て終始せよ。己れに克つの極功は、毋意毋必毋固毋我（意なく必なく固なく我なし『論語』）と云えり。総じて人は己れに克つを以て成り、自ら愛するを以て敗るるぞ。能《よ》く古今の人物を見よ、事業を創起する人、その事大抵十に七、八迄は能《よ》く成し得れども、残り二つを終り迄成し得る人の希《ま》れなるは、始は能《よ》く己れを慎み、事をも敬する故、功も立ち名も顕わるるなり。功立ち名顕わるるに随《したが》い、いつしか自ら愛する心起り、恐懼戒慎の意弛《ゆる》み、驕矜《きょうきょう》の気漸《ようや》く長じ、その成し得たる事業を負《たの》み、苟《いやし》くも我が事を仕遂《しと》げんとて、まずき仕事に陥り、終《つい》に敗るるものにて、皆自ら招く也。故に己れに克ちて、睹《み》ず聞かざる所に戒慎するもの也。

（朱子註。絶。無之尽者。毋。史記作レ無是也。意。私意也。必。期必也。固。執滞也。我。私己也。四者相二為終始一起レ於レ意。遂レ於レ必。留レ於レ固。而成レ於レ我也。蓋意必常在二事前一固我常在二事後一至レ於二我又生レ意。則物欲牽引。循環不レ窮矣○程子曰。此毋字非二禁止之辞一。聖人絶二比四者一。何用二禁止一。張子曰。四者有レ一焉。則与二天地一不二相似一。楊子曰。非下知足三以知二聖人一。詳視而黙識上レ之。不レ足二以記一レ之。）

◎立雲先生曰く――「天を敬し人を愛す」、ここが南洲翁の大眼目じゃろう。世の中を渡るの道はこの「敬愛」の二字で尽きとる。親子の間でも、夫婦の仲でも、兄弟同士でも、町内づきあいでも、広くは国際間の交際であろうと、別に変ったことではないのじゃ。自分より目上のものを敬い、幼いものを愛して行きさえすれば、一家は安穏、天下は泰平じゃ。

南洲先生が「敬天愛人」を教えられたのは、寔《まこと》に天下の大道で、この道さえ踏み違えなんだら、人に後ろ指をさされるようなことはあるまい。とかく世の中には「天を恨み人を憎む」という方が多くてのゥ。ともすると「天道是か非か」なんどといって天道さままで恨むことになるのじゃ。

兄さんが兄さんじゃから、弟の従道さんも「天」ということを能《よ》く書いたもので、「天に事《つか》う」とか「天を敬す」とか、従道さんの書の中で見たことがあるよ。従道さんはあのような人で、随分酒色にも達人じゃったが、偉人の血は争われんものじゃのゥ。やはり天を懼《おそ》ることは知って居ったようじゃ。

「身を修するに、克己を以て終始せよ」とあるが、これとて容易なことではない。

「睹《み》ず聞かざる所に戒慎するもの也」とあるように、先ず以って己れ独りから掃除してかからんければならぬ。随分と垢《あか》もつき、塵《ごみ》もついている身体じゃからのゥ。うっかりすると、心にまで苔《こけ》が生えよるけんネ。人の前ではキチンと坐っている人が、人がいなくなると直《す》ぐにゴロリと横になりたがるものじゃテ。「明暗一致」というて、明るいところでも、暗いところでも、行いに二《ふ》た道も四つ道もあってはならぬのじゃ。

自分に悪いことならば、人に対しては一層悪い筈でなくてはならぬ。ところがとかく人間は得手勝手なもので、自分の為に悪いことは、直《す》ぐに人になすりつけるようなことをする。自分の為にならぬことなら、人の為にならぬことであると考えて、人に迷惑のかからぬように心掛くべき筈じゃ。僅《わず》か白紙一枚の差じゃが、一枚の差が人の行いには大へんの差となって表われて来る。

一、己れに克つに、事事物物時に臨みて克つ様にては、克ち得られぬなり。兼《かね》て(＝予て)気象を以て克ち居れよと也。

◎立雲先生曰く―― 大風が吹いてから、両手で防ぐようなことをしても、もう間に合わぬ。平生から養うて居らねばならぬ。大塩平八郎がいったように、「一年を百年」と思う意気込みで、心に磨きをかけて置かねばならぬことじゃ。大塩の『洗心洞箚記』に「我れ常に一日を以て一年と為《な》し、光陰を歴度せり。近く古人の一日を以て百年と為《な》し、百年を以て一日と為《な》すの語を読むに因り、道に窮まりなくして、学に際《かぎ》りなきを悟れり」とあるのがそれじゃ。

ここのところを教えたものに長州の永富独嘯庵がある。永富が獄中で書いた『独嘯嚢語』の中に、

「尉繚子曰。将受レ命日。忘二其家一。張レ軍宿レ野。忘二其親一。援レ枹而鼓。忘二其身一。是非二能忘者之忘一。夫能忘者之忘。常忘二其身一。常忙二其身一。即乃情愛。乃智勇。宛然存而不レ存也。雖レ有二能者一不レ能レ来。雖レ有二智者一不レ能レ謀。謂二之文武之真一。古先之道也。」

文武の真道がどこにあるかというところを説いたものじゃが、人間万事、何処にでもこの道が行われねばならぬのじゃ。

「己れに克つ」の要《かなめ》は何といっても、心を金城鉄壁にせねば、所詮は物事に際して狂いを生じやすい。肉体は精神の奴隷じゃ。肉体は精神のいうがままになるのじゃ。ところが近頃の人ではそうは行かぬ。旨い物が食べたい、暖かいものが着たい、安楽がしたい、という皆んな肉体の命令するところに精神を引きずられて行きよる。これでは人は万物の霊長だと威張って居れぬ訳で、畜生と同じものじゃテ。肉体ぐらい自分の精神で使いきらないで

どうするものか。肉と慾との二筋に、思うままに猛進するから、魂のない抜け殻のような人間が出来、従って社会まで抜け殻となってしまうのじゃ。近頃の新聞を見玉え、非常時だというのに心得違いをする者の多いこと。これ皆、心なきもののたわれ業じゃ。

一、学に志す者、規模を宏大にせずばあるべからず。去りとて、唯ここにのみ偏倚《へんい》すれば、或いは身を脩するに疎に成り行くゆえ、終始己れに克ちて身を脩する也。規模を宏大にして己れに克ち、男子は人を容れ、人に容れられては済まぬものと思えよと、古語を書て授けらる。

恢宏其志気者。人之患。莫大乎自私自吝安於卑俗。而不以古人自期。

（其の志気を恢宏（かいこう＝おし広め）せんとする者、（その）人の患は、自ら私し、自ら吝にして、卑俗に安んじ、而して古人を以て自ら期せざるより大なるはなし。）

古人を期するの意を請問せしに、尭舜を以て手本とし、孔夫子を教師とせよとぞ。

◎立雲先生曰く——　男子は心と胸とを大きくして、人は容れても、人に容れられては相済まんとは、面白い言葉じゃ。小さいから人に容れられてしまうのじゃ。大きければ、容れようとしたとて、容れられるものではないのじゃ。とても大なれば、宜しく天下を容るるの大度量があって欲しいものじゃのゥ。

南洲翁が尭舜を手本とし、孔夫子を教師として居られたのは、成程先生が大きいのゥ。ところで南洲翁は尭舜、孔夫子をお師匠さまとして勉強されたが、そのお師匠さん達も、皆んな西郷さんの懐《ふところ》ろの中に容れてしもうてござる。成るほど南洲翁が、小さなことに、一々応えられなかった訳じゃのゥ。

一、道は天地自然の物にして、人はこれを行うものなれば、天を敬するを目的とす。天は人も我も同一に愛し給うゆえ、我を愛する心を以て人を愛する也。

◎立雲先生曰く――「誠は天の道なり。これを誠にするは人の道なり」と古聖人の教えにある、あそこのことじゃなア。世の中に自分より可愛いいものはない。と、そう合点がついたなら、それと同じように、人も可愛がってやらねばならぬのじゃ。ここは先にいった、自分の悪いことは、人にも悪いことと考えるところを反対にいったまでで、自分が欲しいものなら、人もやはり欲しいものじゃから、自分を愛する気持で、人も愛せよといわれたのじゃ。

人間には誰にでも、天から受けて来た使命がある。百千万人が百千万人とも、皆その顔が違っているように、皆千差万別の使命がある。それが人間の天職というもので、その天職を行うまでの話じゃ。食うて生きるということなんぞは、働いてから先の話じゃが、「禄その中にあり」といったのでは、間尺に合わんと思うものが多いのじゃ。そこで天職の遂行よりも、衣食が先になり勝ちとなる。立派な奥さん方が万引きなんかするようになるのも、一時の出来心といって済まされんのじゃ。心に曇りが掛かっているからのことで、「君子は睹《み》ざるに慎しみ、聞かざるに懼《おそ》る」る独慎の工夫が欠けているから、事々に迷いの雲だらけとなるのじゃ。

一、人を相手にせず、天を相手にせよ。天を相手にして己れを尽し、人を咎《とが》めず、我が誠の足らざるを尋ぬべし。

◎立雲先生曰く――「天を相手にせよ」といったとて一文にもならぬから、とかく人がやらぬのじゃテ。熊公や八公ばかりがそうなのじゃない、人の上に立って道義の模範とならなければならぬ大臣宰相という手合までが、この道では損得勘定ばかりしとる。

「廟堂に立ちて大政を為《な》すは天道を行うものなり」と南洲翁が喝破されて居らるるが、仁義、道徳、道の大本というようなことが、近ごろ閣議の席上で論じられたことを聞かぬ。仁義忠孝の道を立て、道の大本を不動の基礎に置くということを措《お》いて、他に政治のありようはないと思うのじゃが、どうなるものかのゥ。何千万円を幾らに減らすとか、給料を増すとか、やれ鉄道じゃ、港湾じゃ、口から泡を吹いているところは、如何なる大政治家と見ゆるが、道の大本なんていうことは、棚の上に放り上げて、塵だらけとなっとる。

議会でも同じことじゃろう。世道人心の為に自《みず》から範を示し、道義を天下に布《し》くものは一人も見当らぬ。議会で雄弁家と囃《はや》されるものはあるが、立国の大本、道義の根本を論じて、愛国の至誠を披瀝するような人は、悲しいかな、嘗《か》つて我々の耳に入らぬ。只《ただ》口先が上手というだけなら、寄席の高座芸人の話を聞いた方が面白く、声がいいというだけなら、デロレンざいもんを聞いた方がましじゃ。かくては国政をゆだね玉う至尊に対し奉り、自ら代表する国民の為に、何と申し訳のないことではないか。

南洲翁が「人を相手にせず、天を相手にせよ」といわれたのは、広大無辺、無量億劫の深意が含まっている。天とは何ぞや。さようサ、天は空々漠々、形のないものじゃ。天の形となって現れたものが、即ち人間じゃろうのゥ。人は天の代表者で、「天則人」「人則天」とわしは思う。小なれば地に這う虫よりも小に、大なれば蒼天碧落、大嶽巨海よりも大なることが出来る。則ち天と心と一体となるような広大無辺際の人格にも達することが出来るのじゃ。小なるも大なるも、達するも達せざるも、そこは心掛け一つじゃ。学んで怠らざれば匹夫も道にいたることが出来るが、学問が出来ても、智慧があっても、道に心掛けがなければ、畜生にも劣ろう。

「朝《あし》たに道を聞いて夕べに死すとも可なり」と孔夫子は申された。道を行わずしては生きても詮ない話じゃからのゥ。道を行わずして生きて居るものは、生きて死んでるものというべきじゃろう。腐った水の中で、浮いたり沈んだりしているものを憫《あわれ》み玉えばこそ、古来幾多の聖人君子が、道の尊むべき訳を説きさとされたのじゃ。

水は低きに従って流るで、低くて小さい方には行き易いから、大勢賑《にぎ》やかに繰り出さっしゃるが、高くて大きい方は楽でないからのゥ。お詣りが少ないテ。天を相手にしていれば、癇癪《かんしゃく》も起らぬが、すぐに人が相手になり勝ちでのゥ。家の中でも往来でも、とかく喧嘩の絶ゆる間がない。「天空海濶、鳶《とび》飛んで魚躍る」に委《まか》して置けば、気持のいいこと、心にかかるむら雲もないじゃテ。

「己れを尽し人を咎《とが》めず、我が誠の足らざるを尋ぬべし」といわれているが、天下の名訓じゃのウ。ここまで来ると聖人の心じゃ。いよいよ南洲翁の大なる姿に、ただ驚異するの外《ほか》はない。大塩平八郎が「人は鏡に対して、鬢髪《びんぱつ》の乱るるを憂えず、我が心の乱るるを見るべし」といっているが、この一心が天下の大道じゃテ……。

一、己れを愛するは、善からぬことの第一也、脩業の出来ぬも、事の成らぬも、過ちを改むることの出来ぬも、功に伐《ほこ》（＝誇）り驕謾の生ずるも、皆自ら愛するが為なれば、決して己れを愛せぬもの也。

◎立雲先生曰く――　今では一億の国民が、挙げて「善からぬことの第一」をしとる。「善きことの第一」をするのに比べると大変な相違じゃのウ。

「義を泰山の重きに比し、死を鴻毛《こうもう》の軽きに比す」る、武士道の精神が衰えたことが、何よりも今日の頽廃を来たした基となって居るようじゃ。それに就いて思い出すのは板垣さんの話じゃ。どういう訳で、板垣さんが自由民権論を唱えたか、それについて、板垣さん自身からこういう話を聞いた。

戊辰の戦争の時に官軍が東北征伐に行って、会津城を十重二十重《とえはたえ》に取り囲んだ。精悍《せいかん》無比を誇る会津武士も、流石に支えかねて、孤城落日の有様となった時のことじゃ。城外に、或る豪農があった。それが官軍の重囲を潜って、深夜ひそかに糧食を城内に運んで居った。今日は落ちるか、明日は落ちるかと思われたものが、これが為に数日を支えていたのじゃ。それが遂に官軍の発見するところとなって、農夫は捕えられたが、彼が官軍の将士に向っていうたことに、

「一椀の食、一杓《しゃく》の水を飲んでも恩は恩である。然《しか》るに自分が祖先代々からして安穏に暮すことが出来るのは、

山海の鴻恩《こうおん》（大恩）といわねばなりません。その藩主が今は朝敵の名を蒙《こうむ》っているとはいえ、今日のような悲境に陥られているのを見て、安閑として居ることは出来ません。身はしがなき百姓でも、主恩を蒙ることは士班の人々と変りはありません。今が御恩の報じどきと存じ、食を城中に送ったのでござります」

いささかの憚《はばか》るところもなく申し立てたのを聞いて、敵も味方も感じ合うたということであった。

それで板垣さんがいわれるには、

「私はこの百姓を見て深く感じました。その身は百姓でもその心は立派な士である。そこで私は考えました。四十万の士のみが優秀な人間であるばかりではない、国民全体が平等にならんければならぬ。教えさえすれば農工商といえども立派な人間になることが出来ると。そこで戦争が済んで皇化に服する御代となったので、自由民権の主張をいたしたのであります」

寔《まこと》に感心な話で、申し分はないが、しかし四民平等もやり方では大変な違いを生ずるのじゃ。板垣さんの発心《ほっしん》は立派なものじゃが、遺憾ながら農工商を士の程度に引き上げる平等ではなく、士を下に引き下げる平等であった。士のゆかがドサリと落ちて、百姓町人道に落ちてしもうたものじゃから、随《したが》って文化の程度も下ってしまったのじゃ。四民平等は寔《まこと》に結構でそれに越したことはないのじゃが、一番下の方へ平等にするのと、一番上の方へ平等にするのとでは、大した違いを生ずるのじゃ。惜しいことをしたものじゃと、今に遺憾千万に思うとる。

「向上」と「向下」では世の中の進歩に大へんな違いがあろう。

一、過ちを改むるに、自ら過ったとさえ思い付かば、それにて善し。その事をば棄て顧みず、直に一歩踏み出すべし。過ちを悔しく思い、取り繕わんとて心配するは、譬《たと》えば茶碗を割り、その欠けを集め合せ見るも同じにて、詮も無きこと也。

◎立雲先生曰く――　すべて譬《たと》えを引いて、誰にもかく合点のゆくように教えられたのは、何という親切じゃろう。悪いことをしたと思うたら、今度は善いことをするのが、一歩踏み出す所以じゃ。悪いことをして、又悪いことを繰り返すのは、悪い方へ一歩踏み出すのじゃ。一歩踏み出すのにも、善いのと悪いのがある。薩長の藩閥政治が悪いというので、そこで政党が起ったのじゃ。だから政党政治は、藩閥のような私曲をやらないで、公平に善いことをやらなければならぬのじゃ。またその為に政党が起ったのじゃからネ。ところがどうじゃろうか、藩閥を罵《ののし》って天下をとった政党が、藩閥よりも悪いことをしとるじゃないか。我が過ちを悔い改むるどころか、人を罵って自分は悪い方へ一歩も百歩も踏み出しとる。すばらしい踏み出し方じゃのゥ。藩閥に代って天下を取るとはいうけれども、少しも「天」は取らずに「下」だけとっとるのじゃ。「天」を取ることを忘れているのじゃない。取ろうともしないのじゃ。手に唾して取ってござるのは「下」だけで、上の方の澄んだところは顧みもせず、下の方の濁ったところで、我がままの仕放題をしとるのが、今日の議会政治、政党政治というものじゃ。「天」にはお手が届かんのか、取っても邪魔になって、金儲けにはならんと見てとって捨てたのか。孰《いず》れにしても、塵溜《ごみため》の方にばかり眼をつけて居る。

天と地とを併せて取る、真の「天下取り」には、一点の私、一塊の慾があってはならぬ。天をとる程のものは、心が天でなくてはならぬのじゃ。

自分が嘗《か》つて副島蒼海《そえじま》（臣種）伯に問うたことがある。

「西郷さんがこの頃の議会を御覧になったら、何といわれるじゃろうか」

蒼海伯は黙って聞いていられたが、

「さようさなア、西郷さんは何とも言われず、唯シッ!!といわれるじゃろう」

と答えられた。人の声なくして、唯畜生を追うの声あるのみじゃ。

一、道を行うには、尊卑貴賤の差別無し。摘《つま》んで言えば、尭舜は天下に王として、万機の政事を執り給えども、その職とする所は教師也。孔夫子は魯国を始め、何方へも用いられず、しばしば困厄《こんやく》に逢い、匹夫にて世を終え給いしかども、三千の徒皆道を行いし也。

◎立雲先生曰く――　孔夫子は唯の一人じゃが、孔子に教えを受けて、道を行うたものが三千人もあれば、大きなものじゃのゥ。直接孔子に教えを受けたものが三千人というのであって見れば、又この三千人から教えを受けたものが何千万人あるやら分らぬ。孔子の教えを受け継いで、道を学んだものは支那ばかりではない。日本にも儒教によって道に入ったものが幾千万人あるやら分らぬ。して見れば、孔子一人が道を説かれた為に、幾千万億の東洋人が人間らしい人間となったか、殆ど数うることが出来まい。自分が「少数の多数」というのはここのことじゃ。

一億人が「善からぬこと」を行うているのと、三千人が「善きこと」を行うているのとでは、大へんな相違じゃないかネ。三千人の中の一人が、一億人の値と匹敵するのじゃ。こう考えてくると、道を行うた三千人の値は、一億人の幾千倍となる訳で、自分どものような頭の悪いものには、とても勘定がしきれぬわイ。

自分がよくいうことじゃが、右の籠に西郷さんを入れ、左の籠に一億人を入れてそれを天秤棒で担ぎ上げたら、どちらが重かろうかネ。西郷さんの方が重く、一億人が軽くて、左の籠が天ビンにつかえて、とても荷にはなるまい。「偉大なる一人の力」というものほど恐ろしいものはないよ。

一、道を行う者は、固《もと》より困厄《こんやく》に逢うものなれば、如何なる艱難《かんなん》の地に立つとも、事の成否、身の死生などに少しも関係せぬもの也。事には上手下手有り、物には出来る人出来ざる人有るより、自然心を動かす人も有れども、人は道を行うものゆえ、道を踏むには、上手下手も無く、出来ざる人も無し。

故に只管《ひたす》ら道を行い道を楽しみ、もし艱難《かんなん》に逢うてこれを凌《しの》がんとならば、弥々《いよいよ》道を行い道を楽しむべし。予壮年より艱難《かんなん》と云う艱難《かんなん》に罹《かか》りしゆえ、今はどんな事に出会うとも、動揺は致すまじ、それだけは仕合せ也。

◎立雲先生曰く――「それだけは仕合せ也」とあるのは、流石は南洲翁の言葉で、どこまでも謙譲の心を失うて居られぬ。道を行う人の心ほど澄み渡って清らかなものはないネ。

自分が壮年のころから、いろいろと艱難《かんなん》を経て来たといえば、この辺で誰でも一寸《ちょっと》威張りたくなるもので、「事に迷わず」とか「心を動さず」とか、言って見たいところじゃがのウ。それを「それだけは仕合せ」じゃといわれたのは、流石に尭舜、孔夫子の大先生に仕《つか》えていられる心境じゃ。

筑前の野村望東尼は女ながらも大丈夫の心のあった婦人であったが、尼の詠まれた歌に、こんなのがある。

荒きもの心ふとげに思ひなす
心ぞ細きこゝろなりけり

口角沫を飛ばして天下国家を論じとるから、何ほど豪傑かと思わるるけれども、見る人から見れば、荒縄でよったように思うとるのが、糸よりも細く見ゆるのじゃ。僅《わず》かばかりの学問を鼻にかけて、利いた風のことをいわぬものじゃ。下を見ればすぐ底が見えるが、上には上のある世の中じゃからのウ。

一、命もいらず、名もいらず、官位も金もいらぬ人は、仕抹に困るもの也。この仕抹に困る人ならでは、艱難《かんなん》を共にして、国家の大業は成し得られぬなり。去れども个様《かよう》の人は凡俗の眼には見得られぬぞと申さるるに付き、孟子に、天下の広居に居り、天下の正位に立ち、天下の大道を行う。志を得れば、民とこれに由り、志を得ざれば、独りその道を行う。富貴も淫すること能《あた》わず、貧賤も移すこと能《あた》わず、威武も屈すること能《あた》わずと云いしは、今仰《おお》せられし如きの人物にやと問いしかば、いかにもその通り、道に立ちたる人ならでは、彼の気象は出《い》でぬ也。

◎立雲先生曰く―― 命も欲しい名も欲しい、官位も金も欲しいのが上から下まで一ぱいに押し寄せとる。大丈夫児は、人を容れんければならぬ、人に容れられては相済まんともあったが、人に容れられるどころか、命に容れられ、名に容れられ、官位に容れられ、金に容れられるのがウヨウヨしとるヨ。何にせよ、容れられるのは小さいに決まっとる。大きいのは股倉にもはさまらんよ。

地位を得れば永生きがしたい。金が出来れば官位が欲しい。どこまで行っても肉の奴隷、慾の奴隷となって、浅ましい人生を追いつめるのじゃ。聖人君子が不用物として捨てたものを、先を争って漁り廻って居る。金持なんぞは、金は有り余る程持っているから、大がいは官位を欲しがっとる。爵位のこととなると詰ばかりで顔の相好を崩してよろこんどるからね。見られたものじゃないよ。

孟子の大丈夫の語が引いてあるが、これで思い出すのは佐々友房じゃ。佐々が或る時、

「孟子も、富貴も淫すること能《あた》わず、貧賤も移すこと能《あた》わず、威武も屈すること能《あた》わず、これ、これを大丈夫というといっているが、頭山さん、一たいこの三つの中で何が一番やりにくいと思いますか。私もいろいろに努めて見たが威武、貧賤というところは、大がいには押しつけたつもりじゃが、どうもお恥ずかしいことじゃが、富貴というところで時々手古摺《てこず》りますよ。ここが一番難関じゃと思う」というから、自分は答えて、

「真に一を得れば、他は同じことじゃありませんか」

といった。事に難易はあろう。しかし三つが三つ別々のものじゃない。三つでも五つでも、挙げ来れば十も百も千も万もあるじゃろう。これを屈伏せしむる心の働きは一つじゃ。一つが出来れば、他は同じものに相違あるまい。

一《ひ》トころ自分が盛んに高利借りをしとる時分、佐々とは親密に往来しとった。佐々は正しい男で、四十ぐらいまで女を知らんという石部金吉《いしべきんきち》（石と金と硬い物を並べ人名めかしたもの）の方じゃったが、自分は無頓着でやってやってやりまくっていたもんだから、佐々なんどから見れば、とても始末にならぬ男と思われたに相違ない。その頃佐々の紹介で品川弥二郎さんに連れて行って貰《もろ》うたことがある。弥二さんは佐々とは違って放縦なんだから、自分も手放しで色ばなしなんどをした。佐々は脇で聞いていたが、苦虫を噛みつぶしたような顔をして、頗《すこぶ》る困ったといった風じゃった。帰りがけに品川が、

「お宿は当時どこですか」

と聞かれたので、

「宿といって別にきまりはないが、当分芝烏森の浜ノ家に寝起きをしとります」

といって門を出ると、佐々がひどく異見をした。

「頭山君、君にも困るネ。あんなところに泊っとるなんて、恥ずかしいことじゃないか。それを大ビラにサラケ出すもんがあるもんか。僕と君とは国事は一緒にやれるが、金と女のことは一緒にやれんよ」

とひどくねじ込んどった。

するとその翌日になって、佐々が荒尾精と二人づれでやって来て、苟《いやし》くも国士ともあるものが、こんなところに寝泊りしていてはいかん。直《す》ぐに宿をかえてくれというから、自分は、

「僕も何も好んで居る訳じゃないが、三、四千円ばかり尻が出とるけんネ。それさえ始末して呉れたら、お望みにまかせ、何時《いつ》でも出て見せる」

といった。ところが両人は、そのくらいの金なら後で何とかするから、とにかく出たまえというから、

「それはいかん。苟《いやし》くも国士が借金をして尻も拭かんで出るのは面目ないじゃないか。直《す》ぐに出ろというなら、直《す》ぐに金を出せ」とやったもんじゃ。佐々等は「貴様に直接金を渡すのは危険だ」というので、とうとう談判破

裂さ。佐々が帰りがけに捨て台詞を残して行った。

「頭山さん、あんたは酒は飲まず、妙な声を出して唄い廻るが、それだけでも豪傑じゃ。わしとはとても一緒にやれんよ」

随分だらしのない男に見えたろう。副島《そえじま》さんまでが、自分が行くと、

「頭山さん、まあ横になってお話しなさい。あんたと話してると実に愉快じゃ愉快じゃ」

といって居られた。副島さんはあの通り謹厳な人じゃ。「横になって話せ」は恐れ入ったよ。しかし皆立派な人じゃった。わしのようなふしだらの人間を、よく世話して呉れたものじゃ。しかしそんな先輩方も、今では皆んな天に上ってしまわれた。顧みれば孤懐凄寥《せいりょう》、自分の淋しい姿がひとりしょんぼり坐っとる。

一、道を行う者は、天下挙て毀《そし》るも足らざるとせず、天下挙て誉るも足れりとせざるは、自ら信ずるの厚きが故也。その工夫は韓文公が伯夷の頌を熟読して会得せよ。

（附記）伯夷頌　　唐　韓愈

士之特立独行。適於義而已。不顧人之是非。皆豪傑之士。信道篤。而自知明者也。一家非之。力行而不惑者寡矣。至於一国一州非之。力行而不惑者。蓋天下一人而已矣。若至於挙世非之。力行而不惑者。則千百年乃一人而已者。若伯夷者。窮天地。亙万世。而不顧者也。昭乎日月不足為明。崒乎泰山不足為高。巍乎天地不足為容也。当殷之亡。周之興。微子賢也。抱祭器而去之。武王周公聖也。従天下之賢士。与天下之諸侯。而往攻之未嘗聞有非之者也。彼伯夷叔斉者。乃独以為不可。殷既滅矣。天下宗周。彼二子乃独恥食其粟。餓死而不顧。繇是而言。夫豈有求而為哉。信道篤而自知明也。今世之所謂士者。一凡夫誉之。則自以為有余。一凡人沮之。則自以為不足。

彼独非聖人。而自是如此。夫聖人乃万世之標準也。余故曰。若伯夷者。特立独行。窮天地。亘万世。而不顧者也。雖然微二子。乱臣賊子。接跡於後世矣。

◎立雲先生曰く――日本が道義の大本とならんければならぬ。それが日本の世界に国するの大使命じゃ。そして先ず近いところで支那とインドと相提携して、立派な仁義道徳の理想国を作るのじゃなア。支那はもと道義によって起った国じゃ。尭舜でも孔子でも孟子でも、その他聖賢の起った国で、実は日本のお師匠さんじゃ。インドは釈尊の出られた所で、仏教の総本山じゃ。そこで日支印の三国が一致して、ほんとうの東洋道徳を磨きあげ、西洋にその光沢を及ぼさんければならぬ。

道は天地自然のもので、地の東西、国の大小を問わんと南洲翁がいわれたように、日本でも西洋でも、道に変りはない筈であるから、日本が率先して東洋に聖賢の道を布《し》き、これを西洋に及ぼしたならば、我が敬愛の心に彼も必ず寄り添い来ること、鏡にかけて見るよりも明らかじゃ。己れを空《むな》しゅうし、ただ道を行うを以て天職としたならば、支那、インドの如きは数千年前の古賢の教えにかえるに相違ないのじゃ。

何も斬取り強盗の真似をして、国を広うすることもいらぬ。目先を掠めて富を増すこともいらぬ。道を行い敬愛の心を以て宇宙万邦に対してさえいれば、国は期せずして万代の鑑《かがみ》と仰がれるに違いないのじゃ。それが我が日の本の国民たる一大使命じゃないか。「天下挙て毀《そし》るも足らざるとせず」とあるのは、正道を踏んで、国を以て斃《たお》るるの精神を貫くからじゃ。

日本の現状を見るにつけても、いよいよこの感を深うするが、広く東洋の天地を打ち眺め、更に世界、人類の上に及ぼしても、道なき国に道あらしむることが、如何に大切のことであるかが痛感せられるのじゃ。

一、道に志す者は、偉業を貴ばぬもの也。司馬温公は閨中《けいちゅう》（寝室の中）にて語りし言も、人に対して言うべからざる事無しと申されたり。独を慎むの学、推して知るべし。人の意表に出て、一時の快適を好むは未熟の事なり。戒むべし。

◎立雲先生曰く――　何処《どこ》までも親切懇篤《こんとく》を尽して教え導かれているのにはほとほと感じ入る次第じゃ。流石の大久保甲東（通利）も、何かの事があると、

「これがどう思うかネ、一つ聞いて見た上のことじゃ」

といって親指を出したものじゃ。大久保に親指と思われていた南洲翁じゃ、一億人国民にとっては大親指じゃ。

板垣さんがよくいった。

「維新の三傑といって、西郷、木戸、大久保と三人をならべていうが、なかなかどうしてそんなものではない。西郷と木戸、大久保の間には、零が幾つあるか分らぬ。西郷、その次に○○○○○○○○といくら零があるか知れないので、木戸や大久保とは、まるで算盤《ソロバン》のケタが違う」

といったものじゃ。

南洲翁のいわれたことは、一年や二年や但しは十年や二十年で、訂正しなければならんようなことは一つもない。皆百世を通じ、万代に貫く真理ばかりじゃ。恐ろしく透徹した識見の所有者であったのウ。

識見で思い出すが、南洲翁が常々いわれていたという言葉に、「日本は支那と一緒に仕事をせんければならぬ。それには日本人が日本の着物を着て、支那人の前に立っても何にもならぬ。日本の優秀な人間はどしどし支那に帰化してしまわねばならぬ。そしてそれらの人々によって、支那を道義の国に、立派に盛り立ててやらんければ、日本と支那とが親善になることは出来ぬ」

といわれていたものじゃ。今日までも日支親善を説くものはあるが、支那人になれというものは一人も見当ら

ぬ。今日支那と仕事をする上に、我々が痛切に感ずることを南洲翁は六十年も前に、チャンと喝破して居られる。この恐るべき識見は、ただ知識を広めたばかりで得られるものじゃない。天地宇宙の大道に悟入したるものにして、始めて達し得られるのじゃ。

一、平日道を踏まざる人は、事に臨みて狼狽《ろうばい》し、処分の出来ぬもの也、譬《たと》えば近隣に出火有らんに、平生処分有る者は、動揺せずして取仕抹も能《よ》く出来るなり。平日処分無き者は、唯狼狽《ただろうばい》して、なかなか取仕抹どころにはこれ無きぞ。それも同じにて、平生道踏み居る者に非ざれば、事に臨みて策は出来ぬもの也。予、先年出陣の日兵士に向い、我が備えの整不整を、唯《ただ》味方の目を以て見ず、敵の心に成りて一つ衝《つき》て見よ、それは第一の備えぞと申せしとぞ。

◎立雲先生曰く―― 平生の備えというので思い出すのは、長州の久阪（坂）玄瑞の話じゃ。久阪、高杉と並び称せられて、松陰門下の二駿足といわれたものじゃが、久阪は高杉よりも年輩じゃった。

元治元年、蛤御門の戦争の時に、久阪は鷹司《たかつかさ》邸に陣を布《し》いていたが、薩摩が会津と一緒になって長州兵を攻めるという報が来たとき、長州側ではひどく狼狽《ろうばい》したものらしい。その時富永有隣という人が、長州人の陣営を見て廻ったところが、何処《どこ》もここも、上を下への騒動をしていた。ところが久阪の陣営に来て見ると、闃《げき》（静寂なさま）として声がない。不思議に思って、中を覗《のぞ》いて見ると、久阪は書見をしていた。大将がそうであるから士卒も同様で静かなものであった。そこで富永は、

「えらいお静かなことでござるのウ」

と、声をかけた。すると久阪はこちらを顧みながら、

「無事、有事の如く、有事、無事の如し」

といって、また読書に余念がなかったという。南洲翁が事に当って狼狽《ろうばい》せざるものは、平日道を踏むの篤き人であるといわれたところじゃろう。

豪傑来島《きじま》又兵衛なんどは、

「貴様らが平生鬱金《うこん》表紙なんどをひねくって、而《しか》して後なんどと教わっているから、戦争がこわくて出来んのじゃろう」

と久阪を罵《ののし》ったものじゃが、流石の久阪も少しムッとしたものと見えて、この時はやや気色ばんで、

「あなたのなさるような戦争なら、目をつぶっていても出来ます」といったものじゃそうな。久阪はどこまでも歎願論者で、長州の冤を朝廷に訴えようとしたもので、仮りにも禁闕《きんけつ》（皇居）に向って、弓を引くようなことは慎しんでいたのじゃ。だからいよいよ戦争となると、討死してしもうたが、久阪がいよいよ死ぬ時に、

「嗚呼《ああ》我死して余罪あり。恨むらくは、死を以て来翁を諫《いさ》めざりしことを」

といったそうじゃ。さきに来島の一言に少々怒りを作《な》し、道を尽すことを怠ったのを、後悔したものと見える。

「前《さき》に寝る後の戸締り頼むぞよ」

というのが久阪の辞世であった。実に立派な人で、堂々たる廟堂（天下大政を司る所）の器であったが、実に惜しいことをした。南洲翁も云っていられたそうじゃ。

「久阪先生はお地蔵さまのような方でごわす」

無事、有事の如くならば、何も有事に際して驚くことはない訳じゃ。

一、作略《さりゃく》は平日致さぬものぞ。作略を以てやりたる事は、その迹《あと》を見れば、善からざること判然にして、必したりこれ有る也。唯《ただ》戦に臨みて、作略無くはあるべからず。しかし平日作略を用れば、戦に臨みて作略は出来ぬものぞ。孔明は平日作略は致さぬゆえ、あの通り奇計を行われたるぞ。予、嘗《かつ》て

東京を引きし時弟へ向い、これ迄少しも作略をやりたる事有らぬゆえ、跡はいささか濁るまじ、それだけは見れと申せしとぞ。

◎立雲先生曰く――　才子とか策略とかいうものが、ひどく嫌いであったと見えて、到るところ、才子と策略に痛棒が当っとるのを見る。翁の詩にも、

才子元来多過レ事。議論畢竟世無レ功。（才子元来、多く事を過つ。議論畢竟、世に功なし。）
誰知黙黙不言裏。山是青青花是紅。（誰か知らん、黙々不言のうち。山はこれ青々、花はこれ紅なるを。）

というのがあったように覚えとる。

一口に才といっても、才にはいろいろある。小才もあれば俗才もあり、英才もあれば俊才もある。事を処するに当っては、才がなくてはならぬことじゃ。徳と英才と両両相具《そな》わって、初めて出色の人傑が出来る訳じゃ。ところがとかく天は二物を与えずで、才はあっても徳が足らず、徳はあっても才に乏しいのが多い。そこで結局は、才があっても重みがなく、重みがあっても徳がないことになるのじゃ。

ここに謂《い》う才とは、世才俗才の才をいうのでないことは勿論で、事を成し遂ぐるの力をいうのであるが、才を得るよりも、徳を得ることは、一層難いものじゃから、先ず人は徳を志し、これに才を加うるの工夫が必要じゃ。

一、人を籠絡して、陰に事を謀《たばか》る者は、好しその事を成し得るとも、慧眼よりこれを見れば、醜状著しきぞ。人に推すに公平至誠を以てせよ、公平ならざれば、英雄の心は決して攬《と》られぬもの也。

◎立雲先生曰く――　「その日月を貫くに当っては、鬼神壮烈に泣く」と、文天祥《ぶんてんしょう》（南宋末の忠臣。元に処刑される。「正気歌」は獄中の作）の正気歌にあるのは、人の心の誠の働きを示したもので、誠にして人心に感孚《かんぷ》（真心に通じること）しないものは、嘗《か》つてないの

じゃ。「至誠惟神」とか「至誠通天」とかいうのは、みな誠の偉大なる形を表わしたものじゃ。誠にして無慾ならば、鬼に金棒で、天下に敵なしというべしじゃ。

自分は正直に誠を以てやっているのに、神も仏もお助けがないと恨むものもあるが、それは誠の至り方が足らないので、自分を省みるべきで、人を咎《とが》めてはならぬことじゃ。況《いわ》んや幾ら信心をしても、一向儲けさして下さらぬなどと、愚痴をこぼすものではないのじゃ。目に見える御利益なら、小さな御利益で、目に見えぬところに大きな御利益があるのじゃ。明治天皇の御製《ぎょせい》に、

眼にみえぬ神の心に通ふこそ人のこゝろのまことなりけれ

と仰《おお》せられてあるのが、ここの道理じゃ。

一、聖賢に成らんと欲する志無く、古人の事跡を見、とても企て及ばぬと云う様なる心ならば、戦に臨みて逃れるよりなお卑怯なり。朱子も白刃を見て逃る者は、どうもならぬと云われたり。誠意を以て聖賢の書を読み、その処分せられたる心を身に体し、心に験する修行致さず、唯个様《かよう》の言、个様の事と云うのみを知りたるとも、何の詮無きもの也。予、今日人の論を聞くに、何程尤《もっと》もに論ずるとも、処分に心行き渡らず、唯口舌の上のみならば、少しも感ずる心これ無し。真にその処分有る人を見れば、実に感じ入る也。聖賢の書を空しく読むのみならば、譬《たと》えば人の剣術を傍観するも同じにて、少しも自分に得心出来ず、自分に得心出来ずば、万一立ち合えと申されし時、逃るより外《ほか》有る間敷也。

立雲先生曰く―― 着物は自分の身体に着るもので、人に見せる為に着るものではあるまい。学問も同じことじゃ。今の学問のしかたを見ると、殆ど人に教うる為に学問をしとるようじゃ。自分の為に心の糧を摂《と》っていることを考えているものは少いようじゃ。師範学校なんどの教育も、人に教える方法を教えているので、ちっと

も自分のものにする学問ではない。こういうことで、人にみせびらかす学問をさして、それで教師顔をして国民を教えているのじゃから、真の教育の出来よう筈はない。吉田松陰なんどの「松下村塾」を見るがよい。人に議論をしたり、物知り顔をする為に学問はしとらんのじゃ。久阪《(坂)》や高杉を初めとして、みんなが銘々に立派な人間になるように、松陰先生は苦心してござるのじゃ。他日「松下村塾」の生徒達が皆廟廊に立って、天下の政柄《せいへい》を執ったのも、このような教育を施されて、人間となったからじゃ。

今のように人を教える為に教育をしていたのでは、幾百万人、幾千万人の生徒を教えたとて、一人も人間は出来ない。先生が自分の学問をしとらん藻抜《(蛻・もぬけ)》けの殻じゃ仕方があるまいテ。

学問をして理窟をいうだけのことなら、何も六《むつ》ヶしい思いをして勉強するには当るまい。本を読まないのよりは、少しでも読むのに越したことはないが、到底実行者にはなれまいよ。南洲翁がいわれているように「唯口舌の上」のことならば、少しも感心したものではない。聖賢の書を文字だけで読んだものは、やはり文字だけに止まって居って、少しも実用の役には立たぬのじゃ。

王陽明なんどが、朱子学派の訓詁学を打ち破って、知行合一を説き、良知良能を高調したのは、文字の学問を排斥して、行を主としたものじゃ。南洲翁も実際家で、空理空論を排せられたが、陽明学に会得せられた所も少なくあるまい。それは南洲翁が、座右の銘として、大塩中斎の『洗心洞箚記』や、佐藤一斎の『言志録』を或いは書写し、或いは手鈔して、愛読して居られたということでもわかる。

一、天下後世迄も信仰悦服せらるるものは、只これ一箇の真誠也。古《いにし》えより父の仇を討ちし人、その麗《か(数)》ず挙て数え難き中に、独り曾我の兄弟のみ今に至りて、児童婦女子迄も知らざる者の有らざるは、衆に秀でて誠の篤き故也。誠ならずして世に誉めらるるは、僥倖の誉也。誠篤ければ縦令《たとい》、当時知る人無くとも、後世必ず知己《ちき》有るもの也。

◎**立雲先生曰く――**　知己《ちき》を百年の後に待つは大丈夫のことじゃ。一時は暗雲に鎖《とざ》されても、人の真心からなした仕事は、必ず光明を放つの時が来るものじゃ。近頃では、こんな血誠男子は寔《まこと》に少なくなった。生憎《あいにく》じゃが、ここ誠心の品切れとなっとる。あっても棚の上に納められてしまって、忘れられてしもうとるよ。誠というものが失くなってしまっとるのよ。

この室（翁の居室）にかかっとる南洲翁の書「雲従龍　南洲」は、さる人が持って来て掛けて行ったのじゃが、野田大塊が来て、「この南洲はチト可笑《おか》しいばイ。ウハハハ」

と笑うから、

「真物じゃか偽物じゃかは、僕の問うところじゃない。持って来てくれた人の心を掛けとるのじゃ」

といったら微笑しとった。

一、世人の唱うる機会とは、多くは僥倖の仕当てたるを言う。真の機会は、理を尽して行い、勢を審《つまびら》かにして動くと云うに在り。平日国天下を憂うる誠心厚からずして、只時のはずみに乗じて成し得たる事業は、決して永続せぬものぞ。

◎**立雲先生曰く――**　今は僥倖の世の中じゃ。大臣となるのも、宰相となるのも、金持となるのも、爵位にありつくのも、一として僥倖ならざるなしじゃ。これでは浮世の値は三銭にも当るまい。高杉東行《とうぎょう》（晋作）の詩に、

従二神武起一二千年。億万心魂散作レ煙。（神武起ちてより二千年。億万の心魂散じて煙となる。）

愚者英雄倶白骨。真成（斯）浮世直（＝値）三銭。（愚者、英雄、ともに白骨。真にこの浮世は値三銭。）

といったのがあるが、三銭にでもなれば、まだいい方じゃ。

一、今の人、才識有れば事業は心次第に成さるるものと思えども、才に任せてなす事は、危くして見て居られぬものぞ。体有りてこそ、用は行わるるなり。肥後の長岡先生の如き君子は、今は似たる人をも、見ることならぬ様になりたるとて、嘆息され、古語を書て授けらる。

夫天下非誠不動。非才不治。誠之至者其動也速。才之周者其治也広。才与誠合然後事可成。（夫（そ）れ、天下は誠に非ざれば動かず、才に非ざれば治まらず。誠の至れる者は其の動くや速かに、才の周（あまね）き者は其の治まるや広し。才と誠と合して然（しか）る後に事成るべし。）

◎立雲先生曰く――　肥後の長岡先生というのは誰のことであろうか。長岡監物《けんもつ》のことでもあるか。何《いず》れにしても、南洲翁が「今の世には復《ま》た見るを得ず」といっていられるくらいじゃから、なかなかの人物であったに相違ない。

南洲翁はどこまでも学者を尊敬された。そして教えを乞うて居られるのは、及び易からざるところじゃ。学問の要領は何じゃというのか。他でもない「放心」の二字で尽きよう。高山彦九郎の詩にこんなのがあった。自分が平生秘蔵しているものじゃ。

夕螢朝雪学何事。万巻読書総放心。

開眼明見古人心。今人可放迂儒□。

最後の一字がチト読めないが、「拙」という字のように読める。高山先生のことじゃから、どうせ平仄《ひょうそく》なんぞは合わんでも、意味さえ通れば差し支えはあるまい。鳩巣だったか、徂徠だったかが、楠公と孔明とを比較して、孔明は玄徳の三顧を待って、徐《おもむ》ろに出廬《しゅつろ》（隠遁者が再び世間で動くこと）して居るが、それに比して楠公の出かたは少し早過ぎた、と評したものじゃ。それを高山がひどく叩きつけている。高山が云うには、

「日本と支那とは国体が違うている。玄徳なんと云ったところで、何処の馬の骨だか、牛の骨だか知れたものじゃない。後醍醐天皇は万世一系、神祖神武天皇の後を継がせられた御方である。日本朝廷の一大事に当って

は、夢に見なくとも飛び出さねばならぬのじゃ。楠公の出方でも、実は遅いぐらいに思うとるのじゃ。迂儒腐儒（迂儒。世事にうとい学者、腐儒。役にたたない学者）の輩に何が分るものか」と散々やっつけとる。明治になっても、楠公は権助《ごんすけ》（男下）の腹切と同じだなどというものがあるから、迂儒腐儒の輩は何時の世にも種切れはないと見える。南洲翁にも高山を崇とする詩がある。

天歩艱難繫レ獄身。誠心豈莫レ恥ニ忠臣一。（天歩艱難、獄に繋がる身。誠心豈に忠臣に慙ずるなからんや。）
遥追ニ事跡一高山子。自養ニ精神一不レ咎レ人。（遥かに事跡を追う高山子。自ら精神を養いて人を咎めず。）

南洲獄中の作であると見える。

一、翁に従いて犬を駆り、兎を追い、山谷を跋渉《ばっしょう》して、終日猟《か》り暮し、一田家に投宿し、浴終りて心神いと爽快に見えさせ給い、悠然として申されけるは、君子の心は常にかくの如くにこそ有らんと思うなりと。

◎立雲先生曰く―― 君子の心というものを、履《は》きちがえてはならぬぞよと、その気持を解り易く、例をとって訓《おし》えられたものじゃろう。浴湯から上って来た気持、則《すなわ》ち垢《あか》抜けのした気持、これが君子の心持じゃと示されるのである。一日湯に入らぬと、もう垢《あか》がたまる。塵《ちり》がつもる。これと同じに、心も一日磨くことを怠ると、直《す》ぐに垢《あか》がつき、久しく放って置くと苔《こけ》が生えるようになる。楚の屈原がいったように「新に沐するものはその冠を弾き、新に浴するものはその衣を振う」というところの気持じゃ。

一、身を脩し己れを正して、君子の体を具《そな》うるとも、処分の出来ぬ人ならば、木偶人も同然なり。譬《たと》えば数十人の客、不意に入り来んに、仮令《たとい》何程饗応したく思うとも、兼《かね》（＝予て）て器具調度の備え無ければ、唯《ただ》心配するのみにて、取り賄《まかな》うべき様有間敷ぞ。常に備えあれば幾人なりとも、数に応じて賄《まかな》わるる也。それ故平日の用意は肝腎ぞとて、古語を書きて賜りき。

文非鉛槧也。必有処事之才。武非剣楯也。必有料敵之智。才智之所在一焉而已。（文は鉛槧（筆記具・文筆の業）に非ざるなり、必ず事に処するの才あり。武は剣楯に非ざるなり、必ず敵を料（はか）るの智あり。才智の在るところ一のみ。）

◎立雲先生曰く――「啼《な》かざれば、啼くまで待とうホトトギス」と評された徳川家康には、平生十分の備えがあった。彼の云ったことに、

一、事の未だ成らざるに当っては忍耐じゃ。

二、事の将に成らんとする時に当っては大胆不敵じゃ。

三、事の既に成りたる後には用意周到じゃ。

といったということじゃが、流石に家康じゃテ。

一、事に当り、思慮の乏しきを憂うること勿《なか》れ。凡《およ》そ思慮は、平生黙坐静思の際に於てすべし。有事の時に至り、十に八九《はっく》は履行せらるるものなり。事に当り率爾《そつじ》に思慮することは、譬《たと》えば臥床夢寐《むび》の中、奇策妙案を得るが如きも、翌朝起床の時に至れば、無用の妄想に類すること多し。

◎立雲先生曰く――よくあることじゃ。詩作などの上でもそうじゃが、床《とこ》の中で、夢か現《うつつ》かの間に名句なんどを得ることがある。天下の名句でもあるように、鬼の首でもとった気で、翌朝起きて見ると、何のことやら薩張《さっぱ》り分らぬ。覚えていたところで、後が何やら分らんものになってしまう。とかく寝ていて考えた妙案ほど愚案はないのじゃ。「小人閑居して不善を為《な》す」と孔子さまもいって居られるが、「果報は寝て待て」なんどとふざ

けているものに、果報が落ちて来たためしがない。要するに「無用の妄想」に過ぎない。

一、漢学を成せる者は、いよいよ漢籍に就て道を学ぶべし。道は天地自然の物、東西の別なし。苟《いやしく》も当時万国対峙の形勢を知らんと欲せば、春秋左氏伝（『春秋』注釈書）を熟読し、助くるに孫子を以てすべし。当時の形勢とほぼ大差なかるべし。

◎立雲先生曰く―― 南洲翁は学問をした人ではないと、世間では思っているが、なかなか書を読まれた範囲は広いようじゃ。とても駆け出しの先生方の及ぶところじゃない。読書の範囲が広かったというばかりではない。書の要領を掴み、よくこれを活用された点になると、古今稀に見る大学者というべしじゃ。

後藤象二郎が「西郷と議論すると、議論している間は、向こうが黙っているから、何でも此方《こっち》が勝ったような気がするが、さて家に帰って来て考えて見ると、乃公《だいこう》（我輩）の方はなっちゃおらん」といったという話を聞いたが、この辺が西郷の大きなところじゃろう。

福羽美静の話に「自分が読んだ百冊の書よりも、大久保の読んだ十冊の書の方が役に立ち、大久保の読んだ十冊の書よりも、西郷の読んだ一冊の書の方が役に立つ」といったというが、その西郷が万巻の書を読んだとすれば大したもんじゃネ。

一、誠はふかく厚からざれば、自《おのずか》ら支障も出来るべし。如何ぞ、慈悲を以て失を取る事あるべきか、決して無き筈なり。いずれ誠の受用においては、見ざる所において戒慎し、聞かざる所において恐懼《きょうく》する所より手を下すべし。次第にその功積て、至誠の地位に至るべきなり。これを名づけて君子と云ぅ。

是非天地を証拠にいたすべし。これを以て事物に向えば、隠すものなかるべきなり。司馬温公曰く、我が胸中人に向かいて云われざるものなしと。この処に至っては、天地を証拠といたすどころにてはこれなく、即ち天地と同体なるものなり。障礙《しょうげ》する慈悲は姑息にあらずや。嗚呼《ああ》大丈夫姑息に陥るべけんや、何ぞ分別を待たん。事の軽重難易を能《よ》く知らば、かたおち（片落ち）する気づかい更にあるべからず。

◎立雲先生曰く―― 司馬温公という人は、よっぽど自分の尻を洗いあげた人じゃのウ。「我が胸中人に向かいて云われざるものなし」とあるのも「閨中《けいちゅう》（寝室の中）に語りしことも他人に語るべからざるを言わず」とあるのも、まことに澄み渡っている心じゃ。影なき月を見るような人じゃのウ。人の顔の汚れとるのをイザコザというて、自分の尻に糞をはさんどるのを、知らんでいる人間が多いよ。先ず自分の尻を洗い上げてから、人のことをいうものじゃテ。

一、剛胆なる処を学ばんと欲せば、先ず英雄のなす処の跡を観察し、且つ事業を翫味《がんみ》し、必ず身を以てその事に処し、安心の地を得べし。然《しか》らざれば只《ただ》英雄の資のみあって為《な》す所を知らざれば、真の英雄と云うべからず。この故に英雄のその事に処する時、如何なる胆略（大胆で知略に富むこと）かある、又我の事に処するところ、如何なる胆力（胸度）ありと試較し、その及ばざるもの、足らざる処を研究精励すべし。思い設けざる事に当り一点動揺せず、安然としてその事を断ずるところにおいて、平日やしなう処の胆力を長ずべし。常に夢寐《むび》の間において、我が胆を探討すべきなり。夢は念《おも》いの発動する処なれば、聖人も深く心を用うるなり。周公の徳を慕う一念旦暮《たんぼ》止まず、夢に発する程に、厚からん事を希《こいねが》うなるべし。寤寐《ごび》（覚醒と睡眠）の中《うち》我の胆動揺せざれば、必ず驚懼《きょうく》（驚きおそれること）の夢を発すべからず。これを以て試み且つ明《あから》むべし。

◎立雲先生曰く――大石良雄の団扇《うちわ》の讃があるのを見たことがある。それは、

うつゝにもあふぐ忘れぬ暑さをば心にもちて寝るうちはかな

という歌じゃ。寝る間も亡君の恨みを忘れぬ、大石の苦心が歌のことばに出ている。寝た間にも心に弛みがあってはならぬ。精神が動揺してはならぬというところは、南洲翁もとんと練りあげたものじゃね。

後藤又兵衛、源義経なんどの連中も、寝ている時も、片方ずつは目を開いていたというから、気力というものは恐ろしいものじゃテ。後藤は黒田の家来としては大物じゃ。彼は夙《つと》に天下を取るの器は秀吉であると見極めをつけとった。それで秀吉が光秀の変を聞いて、例の「中国大がえし」をやった時に、後藤はここぞとばかり、黒田の二十五騎の中、十七騎を引率してイの一番に馳せ参じた。秀吉の駆け出し方が早かったので、流石の智将勇士連も、誰一人としてこれに続くものはなかったが、流石に秀吉の次に続いたのは、名に負う加藤清正であった。その加藤の後を追ったのが、後藤の率いた十七騎であった。秀吉は光秀の人物をちゃんと見ぬいていたから、必ず途中に於いて伏勢があると思ったが、果せる哉《かな》、明石において伏勢に出っくわした。それを一撃に破ったのが後藤手勢の十七騎じゃった。やっぱり平生から半分眼をあいて寝ているだけのものはあるテ。黒田家が筑前五十万石の大守となって、堂々たる諸侯の一となったのも、後藤の力が大いに与《あず》かっているのじゃ。

賤ヶ岳に戦った時には、又兵衛は十七歳の子供であったが、秀吉の来るまで、あの大勢を支えたのは後藤の手柄であった。三寸の舌端に佐久間玄蕃を説き伏せ、彼が間道を逃げるところを待ち伏せて、生け捕りにした手柄は、何といっても後藤又兵衛じゃ。

大坂陣の時に家康に呼ばれた後藤が、

「お前が弱いのなら助けるということもあるが、強いものを助ける訳にゃいかんじゃないか。この辺をちと考えて呉れ」

といってやったところは見事な出来栄えじゃ。

一、もし英雄を誤らん事（英雄というものについて考え違いする事）を懼《おそ》れ、古人の語を取りこれを証す。

譎詐無方術略横出智者之能也。去譎詐而示之以大義。置術略而臨之以正兵。此英雄之事而智者之所不能為矣。

（譎詐（けっさ＝偽り、欺き）方無く、術略横出するは、智者の能なり。譎詐を去りて而してこれに示すに大義を以てし、術略を置いて而してこれに臨むに正兵を以てす。これ英雄の事、而して智者のなす能わざる所なり。）

英雄の事業如此《かくのごとし》、豈《あに》奇妙不思議のものならんや。学びて而《しか》して至らざるべけんや。

◎立雲先生曰く―― 六《むつ》ヶしいことはないが、間違いやすいところじゃ。「譎詐《けっさ》方なし」とか「英雄人を欺く」とか「英雄色を好む」なんどといわれるところばかりを学んでいると、飛んだ英雄が出来あがってしまう。戦国の英雄秀吉なんどのやったあとを見ると、成る程「人を欺む」いたようにも見え、また「色を好ん」だようにも見えるが、ただそれだけのことなら、一国一城もよう支えまいよ。譎詐方なく、術略横出するのは智慧者のことで、英雄は大義を以て動き、正兵を以てこれに臨むものであるから、策から見れば大策、略として見れば大略となるのじゃ。「大功は細瑾《さいきん》（わずかな過失）を顧みず」なんどとあるところから、何でも大きなことを企てるのが英雄の事じゃなんかと、履《は》き違えてはならぬことじゃ。昔から英雄といわれ、聖人君子と仰《あお》がれる人は、手近なところから先ず綺麗に掃除がゆき届いとるものよ。

大塩平八郎のいったことに、

「道は近きにあるを遠きに覓《もと》め、事は易きにあるを難《かた》きに求む。人々その親を親とし、その長を長として、天下泰平なり」

といっているのが何よりの名教じゃ。親を親として尊び、長を長として仰ぎ、師を師として敬う。何の変哲もないのじゃ。英雄とて同じもの、至誠を推して人の腹中に置き、身を捨てて人の難に赴くような人であれば、人は自《おのずか》ら帰服するのじゃ。何も六《むつ》ヶしいことは更にない。「豈《あ》に奇妙不思議のものならんや」と南洲翁のいわれている通りじゃ。

近い道から通じて行けば、千里の道も通ずる。ところがそれと反対に、足許《あしもと》をゆるがせにしていると、一里の道すら通じないことになるのじゃ。血気に逸《はや》る手合は、よく百間《ひゃっけん》飛びなんどをやりたがるもので、飛びそこなって大怪我でもするぐらいのもので、百間どころか、お隣りにも通じはせぬものじゃよ。

国家外交のことにしても同じものじゃ。お隣の支那は忘れてしまってからに、飛んだ方向へ百間飛びをやりよったから、今日のような間違ったことになってしもうたのじゃ。近いところが成っていれば、それでもう遠いところも成っているのじゃからネ。地上の道に遠近はあっても、人間の道に遠近はない筈じゃからのウ。こちらから言い出さん先に、ちゃんと向こうから頭を下げて来よる。ここが外交の要諦というものじゃろう。

支那あたりでも「遠交近攻」なんどを外交通のように思うとるのは、大へんな間違いじゃぞ。「近交遠攻」とでも改むるところじゃが、更に進んで「近交遠交」でなくては、国は立って行かぬ。

頼山陽と亀井南溟とが、或る日つれ立って筑前の筥崎《はこざき》八幡宮に参詣をした。「敵国降伏」の勅額を仰《あお》ぎながら、山陽がいうには、

「敵国降伏じゃ語を成しとらん。降伏敵国じゃなくては語にならん」

と、それを聞いていた南溟が山陽を怒鳴りつけた。

「語、畏《かしこ》くも神託に出《い》ず」

といったのには、流石の山陽大先生も一言もなかったという話じゃ。その意を解していえば、

「貴様は一知半解のえせ者じゃなア。敵国降伏というのは、敵国が降伏する意味で皇化四海に光被《こうひ》する（光が広くゆきわたる、君徳がゆきわたる）の心じゃ。それを降伏敵国にすれば、敵国を降伏せしむるとの意味になってしもうて、我が日本の神国たる所以が潰れてしまうのじゃ」

となるところじゃ。

一、猶予狐疑《ゆうよこぎ》は第一毒病にて、害をなす事甚だ多し。何ぞ憂国志情の厚薄に関からんや。義を以て事を断ずれば、その宜に適《かな》うべし、何ぞ狐疑を容るるに暇あらんや。狐疑猶予は義心の不足より発《おこ》るものなり。

◎立雲先生曰く――「断じて行えば鬼神もこれを避く」という意味じゃ。北条時宗が一人で日本を背負って元の使を斬った。一人の使を斬れば、十万二十万の大軍が日本にかかって来るのじゃ。この時の時宗の胸の中には、十万二十万という兵数などはなかった。

「日本の為に斬るべきか否か」「大義の為に斬るべきか否か」の一点にあったのじゃ。そこで祖元禅師に聞いて「電光影裡斬春風」の大喝に悟道し、由比ヶ浜に元使の首を斬って捨てた。一剣二十万を斬るの大覚悟じゃったろうよ。

流石は時宗の胸の中じゃのウ。「道」あって「戦略」なしじゃ。

「断」の一字に千鈞《せんきん》の重みがかかっとる。南洲翁が「義を以て事を断ずれば、その宜に適《かな》うべし。何ぞ狐疑を容るるに暇あらんや」と喝破せられているのは、大丈夫児の胸中を貫くの一言じゃ。

一、至誠の域は、先ず慎独《しんどく》（他人のいない所でも身を慎むこと）より手を下すべし。(閑)間居即慎独の場所なり。小人は此処万悪の淵藪なれば、放肆《ほうし》（我がままで締りないこと）柔惰の念慮起こさざるを、慎独とは云うなり。これ善悪の分るる処なれば、心を用ゆべし。古人云、主静立人極（静を主とし人極を立つ）と、これ、その至誠の地位なればなり。不慎《つつしまざる》べけんや、人極を立てざるべけんや。

◎立雲先生曰く――「万悪の淵藪」とはよくもいわれたのゥ。閑居ほど毒なものはないよ。「小人閑居して不善を為《な》す。至らざる所なし」じゃ。

聖福寺の仙崖和尚のところへ、さる博多の商人が来て、

「どうか私も参禅さしてつかアさい」

といって来た。ところが仙崖さんの云《い》わっしゃることには、

「お前達が座禅なんて、要らんこと要らんこと。坐り込んで考えとると、碌《ろく》なことは出て来ん。一寸《ちょっと》した物を人に貸しとることまで思い出して、利息の勘定が浮かぶぐらいが関の山じゃ。働け働け。働いとるのが何よりの禅学じゃ」

と追い帰してしもうたという話じゃ。働いとっても碌《ろく》なことは考えとらんのじゃから、坐り込んだら、どんな事を考えるか知れたもんじゃありやせん。

仙崖という和尚は面白い和尚じゃったようじゃ。盲目が提灯《ちょうちん》をさげて、杖をついて歩いとる画をかいて、讃をしてござるのに、

「書物は読み覚えても智慧がなければ、盲目の提灯《ちょうちん》、邪魔になれども何の益もない」

その通りじゃ。盲目の提灯《ちょうちん》が、近ごろは学校の門の前に一ぱいになっとる。

一、知と能とは天然固有のものなれば、無知之知不慮而知、無能之能不学而能（無知の知は、慮らずして而して知り、無能の能は、学ばずして而して能くす（王陽明））と。これ何物なるぞや、それ惟《ただ》心之所為なればなり。故に心明《あきらか》なれば、知又明《あきらか》なる処に発すべし。

◎立雲先生曰く――慮《おもんぱか》らずして知り、学ばずして能《よ》くするの境地は、道の太極というべきものじゃ。

西郷翁はその修めた学問を渾然として心に融合して、それが自然に行いに現われて来るのであるから、南洲翁のされた事には、どこにも無理なところがない。人を相手にせず、終始天を相手にされただけの工夫は、確かに現れて居る。翁の詩に「等しき過はこれを己に沽《か(＝買)》い、同じき功はこれを人に売る。平生偏《ひと》えに勉力して、終始身を行うべし」といわれたところなんど、ただただ感服の外《ほか》はない。

一、勇は必ず養う処あるものなり。孟子云わずや、浩然の気を養うと。この気養わずんばあるべからず。

◎立雲先生曰く——「浩然の気」と「傲然の気」とは間違わしてはならんぞ。傲然の気なんどを養って、太っ腹の気になり、喧嘩の一つも吹っ掛けてやれというようになったら、飛んだ方角違いじゃ。

副島《そえじま》さんは、そんなに肥えた人ではなかったが、腹だけは満円《まんまる》く太っていた。それでよくその腹を出して、両手でもって左右をさすりながら、

「頭山さん、わしは貧乏はしとりましても、浩然の気だけはちゃんと養うとります」

とよく云われた。貧乏はしても、精神だけはしっかりしとるという意味じゃ。

一、事の上は理と勢との二つ必ずあるべし。歴史の上にては、能《よ》く見分かつべけれ共《ども》、現事にかかりては甚だ見分けがたし。理勢は離れざるものなれば、能々《よくよく》心を用ゆべし。譬《たと》えば賊ありて、討つべき罪あるはその理なればなり。規模術略吾胸中に定りて、これを発するに、千仭《せんじん》に坐而《ざして》円石を転ずるが如く、勇決なる処はその勢いというべし。事に関かるものは、理勢を知らずんばあるべからず。只《ただ》勢いのみを知りて、事を為《な》すものは必ず術に陥るべし。又理計を見て為《な》すものは、事々塞い到来してゆき

迫《つま》るべし。いずれ当理而後進、審勢而後動（理に当って而してのち進み、勢いを審らかにして而してのち動く）ものにあらずんば、理勢を知るものと云うべからず。

◎立雲先生曰く――何の六《むつ》ヶしいことはない。平生は大義名分の修業をするのじゃ。弓を満月に張っておって、さて勢いに乗じて放つまでじゃ。発止《はっし》と立って金的を貫くこと疑いはない。シベリヤ出兵なんどというような、ドジな矢は放たぬことじゃネ。妙なところに立ちおった矢の始末が、とうとう着かずに了ったではないか。「理に当って後進み、勢を審らかにして後動」けば、こんなことにはならぬのじゃ。

遣《や》り損なったら、手際よく引きあげるに如かぬ。打ち損じた一石の始末をするのに、何とか活かそう活かそうとするので、全局の大敗となるのにお気がつかれぬと見えるのゥ。日露交渉ほど下手な碁はないよ。「一文惜しみの百失い」といって、昔からあんまりこんなのは誉めちゃ居らんようじゃ。

一、事の上にて機会と唱うるもの二あり。僥倖の機会あり、又設け起す機会あり、大丈夫徒らに僥倖を頼まんや。大事に臨みては、是非機会は引き起さずんばあるべからず。豪傑のなしたる事を見るべし、設け起したる機会も跡より見れば僥倖のように見ゆ、気を付け味わうべし。

◎立雲先生曰く――龍の昇るところ、雲これに従うじゃ。雲の湧き上るのを待って、これに従うのでは龍にはならぬ。鰻《うなぎ》ぐらいなものじゃろう。「鰻上り」全盛というこの頃じゃのゥ。

一、変事俄《にわか》に出来し時動揺せず、従容としてその変に応ずるものは、事の起らざる已前《いぜん》定まらんはあるべからず。変起らば只それに応ずるのみなり。古人曰く、大丈夫胸中灑々落々、如光風霽月任其自然、何有一毫之動心哉（大丈夫の胸の中、灑々落々（さいさいらくらく＝灑落、さっぱりとしてわだかまりない）、光風霽月の如くその自然に任す、何ぞ一毫の動心有らんかな）と、これ即ち標的なり。如此《かくのごとき》体のもの、変に逢て何ぞ動揺すべきものあらんや。

◎立雲先生曰く―― 光風霽月《せいげつ》（雨上がりの月、曇りなき心境）、一毫の心を動かすものなし。大丈夫の胸中は正にかくの如しじゃ。偉大なものじゃのゥ。南洲翁は死んでも、南洲翁の霊は死なぬ。永久に日月と共に輝いているのじゃ。南洲翁から金を貰《もら》ったり、或いは直接引き立ててもらった人は、僅《わず》かなものじゃろうが、永久に輝く南洲翁の霊の輝きによって、幾千万の人間が引き立てられて行くことやら分らぬ。ここに偉人の偉大さがあるのじゃ。

一、青年が先輩の所説を聞くに当りては、先ず自ら質問を起すべし、己れに疑あり、進んで長者に質《ただ》さば、始めてその益を受くべきなり。

◎立雲先生曰く―― 生れながらにして、天縦の英雄、西郷南洲翁でさえ、これ程に学問をし、道を修められている。まして我々凡人は南洲翁に十倍百倍の努力を以って、修業せんければならぬ。自分のことをいうのは烏滸《おこ》がましい次第じゃが、十二、三のころまでは、喧嘩はする、兄貴のものでも、引ったくって取るような、始末にいかぬ悪太郎じゃったが、十四の時に『論語』を読んで、「士、道に志して悪衣悪食を恥ずるものは、未だ与《とも》に議するに足らざるなり」とあるのを見て、それからぷっつりと心を改めた。昨日までは顔を見ればとって投げよったのが、急に兄弟の仲がよくなったので、親どもは吃驚したそうじゃ。これも学問のお蔭というものじゃ。

（附記）論語「里仁第四」の一節、「子曰。士、志レ於レ道。而恥二悪衣悪食一者。未レ足二与議一也。」（朱子註。

「心欲レ求レ道而以二口体之奉不一レ若レ人為レ恥。其識趣之卑陋甚矣。何足三与議二於レ道哉○程子曰。志レ於レ道。而心役レ乎レ外。何足二与議一也。」）

一、一家の親睦を計るには、世人は多く人倫五常の道をいう。然《しか》れどもこれは当然の看板のみにして、今日の用に益なく、怠惰に堕ち易し。速かに手を下すには、慾を離るること第一なり。一つ美味あれば、一家挙て食し、衣服を製するにも必ず良きを長に譲り、自己を顧みず、互に誠を尽すべし。只《ただ》慾の一字より、親族の親しみも離るるものなれば、その根拠を絶つこと肝要なり。されば慈愛自然に離れざる様になるものなり。

◎立雲先生曰く――「慾」の一字を去る。これが人情の極致じゃ。慾があればこそ、迷いも生ずるのじゃ。「本来無一物」「我なし」と思い切るところに、一切を生ずるのじゃろう。古今名僧善智識（善智識。仏道へ導く人）の悟りというものも、聖人君子の達道というものも、「慾」の一字を振り切るところに存しているものじゃ。治世の要道とて、所詮はこの外に出《い》でまい。

毛利元就が死なんとする時、子供等を集めて、一本の矢を折らせ、次に五本の矢を併せて折らしめたところが、一本の矢は手もなく折れたが、五本の矢は渾身の力を以ってするも、遂に折れなんだ。そこで元就が、

「毛利家もまたこの通りじゃ。兄弟仲違《たが》いをして、一人一人散り散りばらばらになっていたら、すぐに他人に亡ぼされてしまうのじゃ。如何なる時でも、五人の兄弟が一緒になっていれば、決して倒るるものではない」

と遺言したことは、小学校の本にも出ているが、その時皆黙って聞いていたが、（三）次男坊の隆景が、ひとり口を開いていうには、

「五本の矢が折れぬ理窟は解りましたが、五本の矢が何時でも一緒になるのには、何ぞ工夫がなくてはなりま

すまい。不肖隆景の考えでは、兄弟の仲を始終密着せしめますものは、ただ慾を去るの一念を守ることであろうと存じます。お父さま如何なものでござりましょう」

流石は小早川隆景となる人物じゃ。五人の兄弟の中でも、第一等の人物じゃったと見える。

慾を去ることは、己を空《むな》しゅうすることじゃ。己を空しゅうすれば、ここに万物を生ずるのじゃ。彼の蒼々たる天の空しきを見よ。又、彼の茫々たる大海の濶《ひろ》きを見たまえ。鳥の飛ぶにまかせ、魚の躍るにまかせ、少しも滞りがない。これ全く己を空しゅうして万物を容るるからじゃ。

死生の説

この一文は文久二年、南洲翁が沖永良部島流謫《るたく》中、村童を集めて書を講ぜられし折、島民操坦頸（勁）の問いに答えて翁自ら筆を採りて、認《したた》め与えられたるものである。

孟子曰。殀寿不レ弐。修レ身以俟レ之。所ニ以立レ命也。（殀寿たがわず。身を修め、以てこれをまつ。命を立つるゆえんなり。）

殀寿《ヨウジュ》ハ命ノ短キト、命ノ長キト云ウコトナリ。是ガ学者工夫上ノ肝要ナル処、生死ノ間、落着出来ズシテハ、天性ト云ウコト相分ラズ。生キテアルモノ一度ハ是非死ナデハ叶ワズ。トリワケ合点ノ出来ソウナモノナレドモ、凡《オヨ》ソ人、生ヲ惜シミ死ヲ悪《ニク》ム。コレ皆思慮分別ヲ離レヌカラノコトナリ。故ニ欲心ト云ウモノ、仰山《ギョウサン》起リ来テ、天理ト云ウコトヲ覚ルコトナシ。天理ト云ウコトガ慥《タシカ》ニ訳ッタラバ、寿殀何ゾ念トスルコトアランヤ。只今生レタリト云ウコトヲ知リテ来タモノデナイカラ、イツ死ヌト云ウコトヲ知ロウ様ガナイ。ソレジャニ因《ヨ》ッテ、生ト死ト云ウ訳ガナイゾ。サスレバ生キテアルモノデナイカラ、思慮分別ニ渉ルコトガナイ。ソコデ生死ノ二ツアルモノデナイト、合点ノ心ガ疑ワヌト云ウモノナリ。コノ合点ガ出来レバ、コレガ天理ノ在リ処ニテ、為《ナ》スコトモ言ウコトモ、一ツトシテ天理ニハズルコトハナシ。一身ガ直グ天理ニナリキルナレバ、コレガ身修ルト云ウモノナリ。ソコデ死ヌト云ウコトガナイ故、天命ノママニシテ、天ヨリ授カリシママデ復スノジャ。少シモカワルコトガナイ。チョウド、天ト人ト一体ト云ウモノニテ天理ヲ全ウシ終ウシタト云ウ訳ナレバナリ。

◎立雲先生曰く――流石は南洲先生じゃのウ。生死の岸頭に立って、この大決心がついておったればこそ、あのような立派な一生が送られたのじゃろう。生死の見きわめ、ここが人間の一番大切な学問で、これさえ出来ておれば、他のことは刃をむかえずして解決が出来るというものじゃ。

片カナで丁寧に教えられているのは、何という有難い親切心じゃろうか。この親切は得難いもんじゃ。西郷隆盛ほどの人じゃから、天下国家の以外には、一口も利かぬなどと思うたら、大きな間違いじゃ。一たび道を聞けば、老少の別なく、丁寧親切を極めて道の大本を教えられている。そしてその教えられたところを見ると、いつも人生の第一義諦を喝破せられている。

西郷さんのソロバンは、玉一つが天地の間を往来しとるよ。商人連のソロバンとは大した違いじゃ。こういう大きなソロバンのあることをも知らんでおる。知っておってもはじこうともしないのが多い。こんなソロバンは金儲けにはならんからね。しかしながら、いよいよ人間のお暇が来て、この世をさらば……と来たときに、慾の深い奴が一ばん死際がわるいようじゃ。そこになると豪傑の死は安楽なものじゃ。平生から天地生死の大ソロバンを弾いとるだけのものはあるよ。佐藤一斎の『言志録』にもあるように「聖人は死を安んじ、賢人は死を分ち、常人は死を恐る」という訳で、心の練れているものと、練れないものとでは、いざという場合に立ち到って、大へんな違いを生じて来るものじゃテ。

考えて見れば、人間五尺の身体というものは、皆んな天から授かっているものじゃ。髪の毛一筋だって自分のものというものはありはしない。『孝経』に「身体髪膚これを父母に享く」とあるのを、推しひろめていうと「身体髪膚これを天に享く」ということになるのじゃ。それほどのものを、一身悉《ことごと》くこれを自分のものであるかのように考え、父母の恩や、天地の化育《かいく》を忘れてしまうところからいろんな慾情が起って来るのじゃ。南洲翁が「天命ノママニシテ、天ヨリ授カリシママデ復スノジャ」といわれ、また「天ト人ト一体ト云ウモノニテ、天理ヲ全フシ終ウシタ」ものが、即ち立派な人間の一生じゃといわれたのが、ここの道理を説かれたものじゃろうよ。

人間が万物の霊長といわるる所以を考え見玉え。万物に無くして独り人間にのみ有るものは、精神じゃ。心じゃ。人間を肉ばかりで量って見るなら、どんなに高くても、またどんなに低くても、三寸か五寸か、稀れに一尺も違うのは珍らしいくらいで、二尺三尺と違うものじゃない。それが百尺の相違、千尺の隔りとなるのは一たい何から来るのじゃ。心を磨くのと、磨かぬとの纔《わず》かな違いじゃないか。

人間は教うれば神となり、仏となり、聖人となることが出来るが、他の動物はそんな訳には行かぬ。いくら教えたとて、物真似ぐらいは出来るかも知らんが、猿の中から孔子さまが出たことを聞いたことがない。ここが人間の尊むべきところじゃ。肉のみでいうならば、この人間の肉も、他の動物の肉も、肉において何の違いはない。

自分が平生諸君によくいうのは、この精神と肉体との別に気をつけよということじゃ。精神が肉体を支配し、心が明月のように澄みきって居りさえすれば、決して間違いを生ずるものではない。近ごろの世間が、まるで禽獣の横行のように見えるのは、精神に支配さるべき肉体が、却《かえ》って精神を支配して、精神が肉体の奴隷となってしもうとるからじゃ。先にもいったように、肉のみならば禽獣と何の変るところはないから、社会が肉慾の支配下に堕し去るのも、固《もと》より当然の結果というものじゃ。

南洲翁の「生死《ママ》の説」を読んで、大いに心の鍛錬をすることが大切じゃ。島の洟《はな》垂《た》れ小僧どもに教えられたものじゃというが、百歳の洟《はな》垂《た》れもないではないから、大いに熟読玩味すべしじゃ。洟《はな》垂《た》れは小僧ばかりと思うたら大きな間違い、知らずにいるだけのことで、髯《ひげ》の生えた大僧の鼻の下に、青ばなの垂《た》れ下っとるのが少なくはない。気がつかずにいるから、大手を振って往来を歩いているようなものの、心の目が覚めたら、一寸も表へ出られたザマではないのじゃ。

*

南洲翁の遺訓、読み去り読み来たって、実に感歎の外《ほか》はない。政治家に読ましむべく、教育家に読ましむべく、外交家に読ましむべく、商人に読ましむべく、軍人に読ましむべく、老人に読ましむべく、青年に読ましむべく、誰に読ましめても、大本確乎《かっこ》として動かないところは、流石に南洲翁といわなければならぬ。

自分の下らぬ評語などは、無くもがなじゃが、一億万国民が翁の遺訓を読んで、大義を悟ったならば、どれ程日本の重みを宇内万邦に示すことであろう。殊には廟堂に立つ宰相大臣、議会に国民を代表する政治家達の、一読再読を切に求めて已《や》まないのじゃ。

顧みれば明治十年（西南戦争の年）は日本の大厄じゃった。この戦争で日本は神経衰弱にかかったのじゃ。蒼い顔をして薬瓶を下げて、横文字を読んどるのが、明治大正五十年の姿じゃ。

今に至って南洲翁が思いやられる。十年の戦争で惜しい人物を殺してしもうた。南洲翁を初めとし、薩南八千の子弟や、これに続く各地の山沢に潜んでいる有為の人材が、或いは朝《ちょう》に立ち、或いは野《や》に嘯《うそぶ》き、国家を道義の上に押し進めたならば、明治より大正への五十年は、どれほど世界に冠たる文化を現わしたか知れぬのじゃ。ここに至って勝《すぐ》れたる一人の力の、如何に偉大なるものであるかを思う。

南洲先生が生きて居られたならば、日支の提携なんぞは問題じゃない。実にアジアの基礎はびくともしないものとなっていたに相違ないと思うと、一にも二にも欧米依存で暮していた昔が情けない。

ああ有為の青年あらば、一世の惰風を払いのけて、南洲翁をしてその後あらしめよ。西郷さんを上野の山に、雨ざらしにして置くのが日本の芸ではあるまい。翁の遺訓を国民に薦むる所以はここじゃ。

立雲翁の一語

立雲翁は遺訓全篇の講評を終って、一語の評を加えられた。

「西郷の心、これ天の心じゃ」

大西郷遺訓　畢《おわり》

大西郷遺訓と講評（この「編者附記」は、初版と改訂増補版で同文）

一、本篇は大正十四年一月一日発行『日本及日本人』に掲載したるものに、多少の修正をなし且つ二、三の「附記」を加え南洲翁の引用に係る古語の出典を明らかにしたものである。

一、本篇に掲げたる南洲翁遺訓の本文は、故山路愛山氏が編纂したる『南洲全集』（大正四年七月刊行）中に掲出した「遺訓」全文に依ったものである。全項五十五章の中、最後の二項「一、青年が先輩」云々「一、一家の親睦」云々は、南洲翁が沖永良部島で、村童を集めて教訓を与えられた際、島民操坦頸《（勤）》に示されたもので、他は庄内藩士が明治初年鹿児島に於て、南洲翁より聴取した教訓の筆記及び岸良真二郎氏の聞けるところを蒐《あつ》めたものである。

一、遺訓の原本は明治二十三年、庄内藩士三矢藤太郎氏が『南洲翁遺訓』と題して刊行し、同二十九年、佐賀藩士片淵琢氏が『西郷南洲先生遺訓』と題して出版したものに始まり、その後諸書に引用せられ、或いは附載せらるるに至ったものである。両書を対照する時多少の異同あり、増減があるが、大意において本篇の遺訓本文と大差はない。

一、本篇に引用せる遺訓の本文中には、庄内藩士の聴取せるもの以外諸種の訓話をも蒐《あつ》めたものであるから、或いは「遺訓」の語を以ってするのは、いささか穏当を欠く嫌いがないでもないが、南洲翁歿後四十四年の今日より見る時は「遺訓」と称してこれに対するも決して不可でないと信じ、「大西郷遺訓」の文字を用いることにした。要は翁の大人格より流出せる名教に接し、軽佻浮華なる現代世風を一新するの料とするにある。

一、愛山氏の校訂せる本文は、庄内版原本と多少の異同があり、他の諸書とも字体字句を異にする点もあるから、これを以って正文とすることは出来ぬ。他日諸文献を校訂し、諸書を参考して正文を得たる上訂正する筈である。今は暫《しばら》く『南洲全集』の引用文によって置く。（本書二二頁「改定増補版凡例」参照）

一、大正十三年夏秋の候、記者は遺訓全文を正写し、これを立雲頭山満翁に示して、その講評を求め、爾後《じご》翁の談話を書き集めて本篇を成したものである。特に十二月八日は、第一章より第二十章迄の逐条に就いての感想を聴取し、越えて十二月十一日残部全篇に亘っての講評を聴き、翁の座側にあってこれを筆記した。この日は午前九時より午後四時に至るまで、記者と翁と対座したままで、一人の訪客を受けず、懇切なる翁の談話を静かに且つ詳細に聞くことが出来たのは、記者の深く感謝するところである。

一、記者が初めて遺訓を立雲翁に示した時、翁は朗々としてこれを誦《ず》しつつ「近頃こんな愉快な文章に接したことがない」と、満面愉悦の情を湛えられた。その後しばしば翁を訪い、談一《ひと》たび遺訓の上に及ぶときは、翁は常に「こんな愉快なことはない」といって、快然として、追懐談を試みられた。

一、立雲翁は記者に対して常に「俺の下らぬ話なんどはなくもがなじゃ。南洲翁の遺訓だけで千古に伝うべき名訓じゃから」といわれたが、記者は現代において南洲翁を解するものは、立雲翁を措《お》いて他にないことを信じ、翁の談話を請うたのであった。一言一句翁の口より出《い》ずる講評は、流石天下第一等の人物たることを思わしめ、翁にあらずんば南洲翁をかくまで理解することは出来まいと感ぜしめた。我等よりこれを見れば、立雲翁の講評もまた、南洲翁の遺訓と同様、片言隻句《せっく》、悉く《ことごとく》金玉《きんぎょく》の文字であり、咳唾《がいだ》（せきとつば、目上の人の言）玉を成すものであることを思わしめられた。

一、立雲翁の談話を聴いていて、翁が特に力を籠《こ》められた点を左に摘出しておく。これは記者が翁の座側にありて、且つ聞き且つ記する間に、特に強く耳朶《じだ》に響いたことである。

第一には、少数の多数ということである。秀でたる一人の力は、以って百万人にも値し、その達徳の行為は万古に亘って不易なるものであるということを、翁はしばしば繰り返し繰り返し教えられた。

第二には、肉体は精神の奴隷であるということであった。人間が万物の霊長であるが如く、人間一個体の中においては、精神が総べての主宰でなければならぬ。肉体は精神に依って支配さるるものでなければならぬのに、現代は精神が肉体の奴隷となってしまった観があるといわれて、長大息された。

第三には、天は無形であって、天の形となって現われたものが人間である。故に人間は天の代表者であるから、南洲翁が「人を相手にせず天を相手にせよ」といわれたのである。人は心掛け一つで必ず天と合一する大人格を作ることが出来るといわれた。

第四には、誠にして無欲なれば天下に敵なしといわれたことである。

第五には、己れに悪いことは人にも悪いことだ。己れに害あることは人にも害あることだ。深くここを考えよと教えられたことである。最後に「西郷の心はこれ天の心」と喝破せられたことは、記者をして深く感銘せしめるところがあった。

一、立雲翁が古人の章句を語らるる時には、悉《ことごと》くこれを諳記《あんき》して居られ、百言千語、これを即座に淀みなく朗吟せらるるのである。翁の座右に一冊の参考書なく、全篇の講評の悉くが、記者の問うに委せて、立ちどころに口を衝いて出たものである。その引用する古人の句の長文なるものに至っては、殆んど記者をして記述の筆を投ぜしむるの外《ほか》なかった。随《したが》って記述の中に誤記あり誤聞あらば、その責任は一切記者の負うところである。

一、一《ひと》たび本篇を『日本及日本人』に発表するや、四方より書を寄せ檄を飛ばして激励を与えられたのは記者の深く感謝するところである。就中《なかんずく》『南洲翁遺訓』の原著を投与せられ、誤謬を糺《ただ》された人々に至っては、殊に感謝の意を深《ふこ》うするところである。篤くその厚意を謝す。

一、南洲翁の遺訓に就いては、他になお追加すべきものが多いが、それ等は文献の確実なるものを得て他日改版の期を待ちて追補する考えである。

一、本書の刊行に際し謹んで南洲翁在天の英霊に誠敬を捧げ、又講評の労を厭《いと》わず、懇切に記者を教導された頭山立雲翁に衷心の感謝を表すと云爾《しかいう》。

大正十四年二月　政教社に於て

雑賀鹿野識

直話集 I

観樹三浦梧楼（70 歳）と立雲頭山満（61 歳）

立雲という号

俺は、人などを送ったり、迎えたりせぬ奴じゃ。

しかし、三浦（三浦梧楼）が朝鮮で、王妃事件（閔妃殺害事件）の為に牢に入れられるやらして、帰って来ると云ぅから、あの時はどこまでか迎いに行った。

佐々友房や、井上角五郎やら一所であったが、三浦は俺の行った事を特に悦んだ。

その後いつであったか。俺の号の立雲といぅのを、どう云ぅワケかときくから、ワケと云ぅ程のことはない、唯《ただ》、いつも「フリ○○」で、雲の上に立って居るつもりじゃと云ったら、三浦が、「フリ○○」は面白い、「フリ○○」はよいと云ってヒドク感心した。

俺は若い

俺は若い。

まだ赤ん坊じゃ。

赤ん坊に、白髯の生えたようなものじゃ。

水泳ぎ

水泳ぎは、子供の時から好きじゃった、少々の年長者よりは、能《よ》く無鉄砲な泳ぎをした。十一の時、近所の十三位の児と一所に浜に泳ぎに行った。俺は先に飛び込んで、跳ね廻ったが、年上の児は泳ぎを知らんと云うので這入《はい》らぬ。よし、俺が泳がせてやる、と云って無理に連れ込んだ、処が実は自分の泳ぎが出来て居ないくせに、年上の大きな者に抱き付かれて居るものじゃから、いくら力を出して泳いでも不可《いか》ぬ。二人とも溺れ死にそうになった。これはと思って連れの手を離して、やっと俺一人上った。上ったものの連れを見ると、だんだん溺れ死にそうになって居る。これはいかぬ、俺が無理に引込んで置いて、殺しては、俺もどうせ死なねばならぬ、どうせ死ぬなら一所に溺れて死のう。即座に決心がついたから、又飛び込んだ、そして其奴《そいつ》の手を取って、背にかついで、めくら滅法にバタツイた。無我夢中でやった、すると、ひょいと蹴った足が砂に付いた、それに元気付いて、やっと浜に辿りついた。その時、少しでも躊躇したら、二人とも助からなかったね。

俺の子供の時分

俺の子供の時分は、不可《いか》ぬ奴じゃった。親の言う事も聞かねば、兄なぞをいじめつける様な始末で、殆んど我がままの仕放題じゃった。

大抵な嫌われ者じゃった。しかし親父だけは大変俺を可愛がって、言うてもとても聞かぬから、やる様にさして置けと云ってほおって居いた。

まだ士族とか云って、威張って居る時代で、西瓜の切り売りなどを買って食うのは乞食かなどのように云うて居った。それを俺が是非食うと云う、許さなければ黙って摑んで食うと云う風じゃから仕方なしに買食いを許した。

菓子でも、菓子屋の前に立って、食いたいと思うと誰が何と云っても摑んで食った。内《うち》でも手の付け様がないから、通帳を遣《や》ってね、俺が食っただけ付けて置いてくれと云って菓子屋にやってあった。

嫌な事と来たら、見向きもしなかった。しかし学問は兄などにも、やらにゃ不可《いか》ぬ位に云って俺が勧めた位で、自分の気に入った学問は可成《かな》りよく覚えた。

七つの時に、親父や兄なぞと一緒に、水士烈伝の講談を聞きに行った。水戸の浪士が、桜田門外で井伊大老を討つ講談で、非常に面白かった。家に帰って丁度聞いた通り一字一句も違《たが》わさずやった処が、親父なども驚いて居った。

好きな書物はよく読んだ。記憶力は良かった様じゃ。十二、三位までは殆んど我がまま一点張りで、人の物は我が物、我が物は我が物と云った風じゃった。

十四の時に『論語』を読みよったら、子曰く「道に志して悪衣悪食を恥ずる者は、未だ与《とも》に議するに足らず」とか云う事が書いてあった。これはひどく頭に響いた。

それから我がままをがらりやめた。自分の物も人にくれるようと決めた。悪衣悪食宗に宗旨代えした。それ迄は甘(うま)い物でも、家内中のを一人で取上げて食うと云う風じゃっだが、一切反対にやることにした。

雪の降って積ってる中に、頰杖どもついて、雪の中に寝転んで、他所《よそ》で琴を弾《ひ》いて居るのなぞ聞いて居った事もあった。
十五、六まで、滝田と云う学者の塾に通った。その時の年長者仲間に栗野（子爵）平賀（大坂の義美博士）なども居た。栗野は俺よりは四つ位年長で、二十位じゃったろう。仲々学問がよく出来て居った。
俺はしかし塾中で、皆から憎まれ者じゃった。棒にも箸にもかからぬ様に云われて居た。それで俺も、どうせ悪く云うなら、うんと悪く云わせてやろうと思って、出来るだけ憎まるる事をやった。

俺が一番年少ではあるし、仕たい放題をやった。手水鉢《ちょうずばち》に小便を垂れ込んで置いて、それで以て手を洗わせて、後からあれは小便じゃったと云ったり、門の上に登って居って、下通る奴に頂《あたま》から小便引っかけたりした。

塾中の者が団結して、俺を畳伏せにやろうと云う事をきめた。いよいよ今夜やると云う晩になったから、どうせやられるには違わぬ、しかしやられても構わぬから、あっと云う程皆の度胆を抜いてやろうと思って、五寸位の、良く切れる短刀を、少し鯉口を切って側《そば》に置いて寝たふりをして居た。しかしその晩は畳伏せに来なかった。来て居ったらやられて居ったかも知れぬ。実は寝たふりの心算《ツモリ》が本寝入りして居ったようじゃ。遂々《とうとう》一度もやられずに済んだ。

その次には亀井の塾に行った。亀井は紀十郎と云うて四十位の人であった。俺が十七位じゃったが、亀井とは俺が十四位から、碁の友達じゃった。実は、初めは碁も亀井に教わったが、暫《しば》らくして居る中《うち》に同じ位になり、後には俺の方が強くなった。年は親と子程違って居ったが、亀井はよく俺の家に碁打に遊びに見えた。

処が、亀井先生、財政の都合上、役人になることになった。丁度その時の、熊本の県令安岡というのが亀井の門弟じゃった関係から、熊本県庁の役人になって熊本に行く事になった。

或る日熊本から、亀井先生、俺の家に来て、俺に役人にならぬか、実は県令の安岡とも話を決めて来た、何をすると仕事は決めて居らぬが、県令も非常に賛成で、亀井も碁打やら何やら、友達が出来て大変好都合じゃからと云うのじゃった。

その頃が、士族をやめて、何か働かねばならぬという、帰農帰商などをやかましく云う時分じゃったから、親達も至極賛成じゃったので、俺さえその気ならすぐにでも連れて行きたがって居た。

しかし、俺は役人する為に学問して居る訳ではなし、学問の御相手ならするけれ共《ども》、役人の相手は辞《ことわ》った。処がその年、神風連《しんぷうれん》が起って（明治九年）、鎮台と県庁を夜襲して、種田少将と、安岡県令とを伐った。俺が役人になって居れば、当分安岡県令の内《うち》に遊んで居る事になって居たそじゃから、俺の首もやられて居たに違いない、もちっとのことで首をいく処じゃった。

その頃からずっと学問して居ったら、博士位になって居ったかも知れん。記憶はよかったから、その当時は先生の読んだ処を暗記さえして居ればいいので、訳はなかった。先生の声色までそっくり覚えて居たからね。やらすればなかなかよかとこやりおった。しかしこれもやらず、役人にも縁はあったがならなかった。

青年期の東京生活

自分が丁度二十六、七の頃、牛込の佐《(左)》内坂に、元気な連中と六、七人で居った。初めの内は着物を作ってやり、布団を買ってやり、洋傘を求めてやるして居ったが、何時《いつ》の間にかそんな物は忽《たちま》ち無くして仕舞う。後には冬は布団無し、夏は蚊帳《かや》なしで、雨や雪にでも降られようものなら、着類をうんと濡して置いて、内に帰って全然抜ぎ捨てて、素裸になって押し入れに這入《はい》る、そして襖《ふすま》を締切って「こいつは暖かい」位の調子でいつも襖《ふすま》が布団じゃった。

飯は近所の弁当屋から取寄せて食って居ったが、その食料が又一、二ヶ月位は滞りよった。或る時自分等が二階の押し入れに寝て居ると、飯屋の女中が掛け取りにやって来て、「お払いは如何ですかねー」と云う声が如何にも可笑《おか》しいので二階から「くすくす」笑った。処が声がすると思うものだから二階の梯子に上って来て、また「御払いは如何ですかねー」と云うた、その途端に、大きな男が幾人も押し入れから真裸で飛び出した。驚くのも無理はない、女中は一散に駆け戻った様な奇談もあった。

25歳頃の肖像

当時はまだ、郷里に帰るにも汽車はなし、船位で往き来して居った。急な用事が出来て、福岡に帰らねばならぬ事になったがさて旅費が無い、で進藤（玄洋社長喜平太氏）とも相談して誰か持っては居るまいか、松田正久は如何じゃろう、と云う事になって松田の処にやって行った。

松田の云うには「貴兄達の様な身成では金貸も貸しますまい、丁度、私が郷里へ帰る旅費を用意して居るから、これを御持ち下さい」と云って貸してくれた。後ですぐ返しはしたが、金銭に淡い松田の旅費で郷里に帰ったなぞは可笑《おかし》な話で、余程自分達の風彩が、変って居ると見たらしい。

その頃は今日の様に、衣食の為、早く地位に有り付こうなどいう若い者は居なかった時代で、玄洋社の者は道の為に、事をやるという段に至ると、先を争ったものだった。身を殺して働いた者でもあると羨んでやまぬ、と云う有様だった。旅行するでも金なぞ持った事はない、何時も無銭旅行じゃった。行きたければ二十里でも、三十里でも行く、食う物があれば幾何《いくだ》でも食うが、無いとなると二日でも、三日でも平気で断食した。

洋服着た写真

俺の洋服着た写真か、それは今から四十年位前、平岡浩太郎が作ってくれた。

平岡が、ボロ洋服着して、底の破れた様な靴をはいて、俺と一所に浅草に行く時分じゃった。

「君に是非洋服を着せて写真をとらしたい」と云って、その頃、掛けで作ってくれる鷲塚とか云う洋服屋に連れて行った。

俺が、「せっかく作ってくれるなら一番いい奴を作ってくれ」と云って作らした。

そして、平岡が靴下まではかせられて、「君には閉口」と云って、逃げ出した。

俺に、せっかくすすむるなら何も彼も序《ついで》にしてくれと云っとるものじゃから、帽子から靴から靴下まで揃えてきせてくれた。

平岡も自分で云い出したものの、あまりと思ったと見えて、「もう俺ものさむ」とこいて逃げ出した。写真はその時のじゃ。

　そして、平岡と一所に道を歩いて居った処が風が吹いて来て、帽子を泥溜りに吹き飛ばしてしまった。それから、帽子無しで暫《しばら》く歩いて居たら、好かぬ奴じゃったが、友人の大庭広と云う、けちな奴が、「東京は変な者が居る処じゃが、そんな立派な洋服着て、帽子かぶらんで歩いとるのは可笑《おか》しい」とこいて、自分で買って来て、寄附した。

　この洋服屋じゃ、来島《くるしま》（恒喜氏）に、今度は俺が洋服を作ってやったのは、黒のモーニングとか云う奴じゃった。来島が、「これは善過ぎます、もっとおろすかな（悪い）とでよございます」とか遠慮した事があった、今でも有る。（この洋服は、大隈重信爆殺未遂事件で来島の「死を飾る晴れ着」となったもの。（後掲「一代回顧談」の底本『頭山満翁の真面目』中に言及がある。本書では話題重複のためその部分は省いた。））

薪売り

　玄洋社の若者中で、福岡の田舎の平尾村に山林を払下げて、薪を伐って働いて居った事がある。伐るだけでは不可《いか》ぬ、福岡の市に売りに行こうと云う事にきめた。一人非常に剽軽《ひょうきん》な奴が居って、なかなかよくしゃべる。それから俺が、貴様と一所に荷を担いで売りに行こうと云うので、六尺の尖り棒に薪を二輪突掛けて福岡にやって行った。

　処が黙ってあるいても仲々買手がない、何とか云ってふれて廻る必要がある。「おい貴様何とかふれぬか」と云ったが、日頃はしゃべる奴じゃがこの時許《ばか》りは一向声も出し得ないで、顔を赤くして居る。それから俺が「貴様荷を担いでついて来い」と云うて其奴《（そいつ）》に担がせて置いて、「薪はいらぬか薪！　薪はいらぬか薪！　好く燃ゆる薪」と云って、俺がおらんで（高声に呼ぶの意）あるいた。遂々《とうとう》触れ廻って居る中《うち》に買手があった。

　何でも廿《にじゅう》四銭かに売れたで、その金で牛肉一斤買って、内《うち》に待って居る皆の者と食おうと云うので土産にした。一斤の値段は確かに八銭じゃったと覚えて居る。

箒《ほうき》売り

俺の兄が箒《ほうき》を沢山作った。しかし非常に正直で、俺とは大変性質も違って居って、とてもこれを売りに出ると云う様な事は出来ない方であった。

それから、これも俺が売って来てやろうと云うので、大きく結《いわ》いて草鞋履きで福岡に担ぎ出した。「箒屋さん、その箒は売るか」と云う者がある、「うむ売る、しかし全部買うか」と問い返してやると「全部買っても仕方が無い、一本二本では売れないか」と聞く。「それは一本二本は面倒臭い、しかし、買った後を奇麗に元の通りに結《いわ》いて呉れるなら一、二本でも売ってやろう」と云った。すると「そんなら後《あと》は結《いわ》いて上げますから売って被下《くださ》い」と云って買って置いて、後は元通り結《いわ》いてくれた。

そんな具合で皆売って仕舞った事がある。まだやった事があるが仲々面白いものじゃ。

今でも、も少し若いと牛乳屋でもなんでもやって見るが、人間は平素は何をやって居ろうと、どんな処に居ようと構ったものでない、ここだと思う処にうんと力瘤《ちからこぶ》を入れて、大奮発すれば、天にも上れる、神にも仏にも思う通りになれるものじゃ。

乃木などもとうとう神になった。世の中は濁って居ると云っても真の心の光りには、動かされるものじゃ、盗人商売でも、まさか相手が盗人と知っては可愛い娘を嫁にやる事はせないと云うじゃないか。自分はつまらぬでも、立派な他人の行には感ずるものじゃ。

うんと屈《かが》んで置いて、飛ぶ時と思ったら思い切ってうんと飛べ、まごまごして居ると銅像が樹つぞ。

新聞の創刊

大抵二つか三つかで止めるものじゃが、大民（本篇底本の発行所は大民倶楽部で、編者の柴田徳次郎が創設した団体の名称が青年大民団）は大分続けて来たが、俺も二十年余り以前に新聞をやった事がある。『福陵新聞《（報）》』と云うのじゃった。今は杉山、大原等がやって居る『九州日報』じゃ。

その時の事で、金が二万もあれば新聞がやれるというから、その位な金なら作ろうと云う事で思い立った。或る奴が「あの連中で新聞が出来たら、太陽が西から出る」と云うたで、「よしそれでは太陽を西から出して見せよう」と云う事でやり初めた。

福岡の重立った者には皆賛成せられよと云って、賛成さした。そして賛成するなら寄附金出せと云って大抵此方《（こっち）》から割当てた。小野良介などは郡長して居ったから、五十円出せと云ったら、月給全部出しても五十円しか無いから、十円にして呉れと云うから、貴様が十円出す様では以下の者は殆んど出さぬじゃないか、月給取っとるものは月給位は出さじゃー、第一賛成するからには新聞が出せねばならぬじゃないか、新聞が出せる為には五十円の月給位は全部出さじゃー、新聞を出さぬ位なら十円は愚か、一銭一厘でも出しては愚でないか、又俺共も新聞出さぬ位なら此方《（こっち）》から呉れてやりはするとも、貴様達から貰《もら》うものか、と云ったら、尚能《よ》く相談して見ますと云って遂々《とうとう》五十円出した。

他の者も夫々《それぞれ》加勢する、反対党までも寄附金した、黒田家にも二千円申込んだ、その使には俺が出て来た、家老に会って訳を話して出して貰《もら》った。

後で家老が人に向って「あの人達は寄附金を貰《もら》いに御座ったとじゃろうか、貰《もら》って遣《や》りに御座ったとじゃろうか、どうも貰《もら》って遣《や》りに見えた様じゃ」と云ったとか云う事じゃった。

そう云う風で二万の金は集まった。新聞は出た。主筆なぞも、日本一の文豪じゃなくては傭《やと》わぬと云うので月給等も百円以下のは置かぬと決めて居った。しかしその月給は仲々渡らなかった様じゃ。その後も仲々骨が折れたらしいが、俺は造ることはしたが後は一向無頓着の方で。しかし、とにかく、太陽を西から出した次第じゃ。

その頃は物も安かったが、今は仲々そんな事では行くまい。殊に余り名も知れぬ奴の銅像はいくらも樹つが、勝海舟なぞの銅像は誰も樹て手が無い様に、俗世に媚びる雑誌だと売行きも多かろうが、貴様達の様に生一本で行くには一寸骨《ちょっと》じゃろう。しかしそれでやり抜けばこれに越した事はない。俗に負けてはならぬ。開祖の坊主の気でしっかりやり抜け。雑誌位は大志の一端に過ぎない小事ではあろうが、やり掛けた事にはそれだけの結末を付けると云う事は、大小に論なく大事な事じゃ。

山

上州の磯部温泉に行って来た。まだあすこは変な手合が余り行かぬから、悪ずれせず極《ご》く静かで、養生には至極好《よ》かった、大分身体の具合もよい様じゃ。

旅行は一体よい様な気がするね、飯なども余計に食える。妙義山にも登って見た。仲々景色のいい山じゃ、処々金の鎖を捕えて上ったり、又これに下って降りたりする処がある。東京辺りからもわざわざ登山に出掛ける者が大変ある様じゃね、秋は紅葉が見事じゃから。俺は若い時分から、山登りはよくやった。霧島山になんぞ、石を担いで登った事がある。久田全と云うた人と二人で、麓から石を担いで登る事にしようと云うので、久田が俺のよりは小さい石を担いで居ったが途中で捨てた様じゃ。

俺だけは頂上まで担ぎ上げた。俺の足は細いから、軽くて山登りなぞには向いて居るらしい、人程骨が折れぬ様じゃ、足軽で足が軽かったんだねー。

足軽と云うと、その頃の元気な友人は、皆足軽じゃったようじゃ。箱田六輔、平岡浩太郎、進藤喜平太なぞ何《ど》れもそうじゃが、平野国臣なども足軽じゃねー。

俺の家か。今の頭山の家は十八石じゃった、まあ士分の中じゃった。俺の生家の筒井と云うのは、百石じゃった。俺の母が頭山家から来て居って、頭山の家が死に絶えたものだから、俺が養子にやられたわけじゃ。

その頃は帰農帰商の盛んに唱えられた時分で、士族も何かやらぬと食って行けぬ、竹細工でも、畳のへりはりでもやらぬと不可《いか》ぬ時じゃった。頭山の隠居と云うのが非常にそう云う細工事の上手な人で、よく俺の生家にも教えに来た。兄なぞは習ったが、俺は一向出来なかった。

どうも器用な事が一体出来ぬ質《たち》で、芋売り位はやれるかも知れぬ、一つ芋売りにでも出掛けて見ようと思ったけれ共《ども》、内《うち》の者がとめるからとうとうやめた。

しかしとても俺は飯食う様な働きがない、商人にはなれず、役人にはなれず、小使にも使ってくれてはなし、これは一つ飯食う事をやめにして、仙人にでもなろうときめて、平尾山（福岡の附近）に這入《はい》った。十八位じゃったと思う、面倒臭ければ食わぬ、至極呑気《のんき》じゃった。或る時、極《ご》く仲の好い友人の、多久甚太郎と云う医者が尋ねて来た。

せっかく来てくれたから、何か御馳走をしようと思った。しかし何も見当らぬ。裏の畑から、豆をサヤなりにかがって来て、これを鍋に入れて煮る事にした、処が、味噌もなければ、醤油もない。梅干の食いさしと、ゴマ塩の残りがあった。これを水で流し込んで味をつけた。

「まあせっかくじゃから、これでも食って行ってくれと云ったら」、多久が、「イクラ何でもこれは私には食べられません」と云って食わなかった。一寸《ちょっと》他人には俺の附合はやれなかった。貴様共ならついて来たろうがねー。

この山と云うのは、実は俺の家の山で、そこには小さい山番小屋があった。それに俺が這入《はい》ったのじゃった、とても始末に了《お》えなかったものじゃ。

その俺が、頭山の養子になったと云うものだから、「あれでも養子か」と云って皆笑って居った。

高場塾

処が少し眼を病んだ。それから人参畑の高場乱子の許《もと》に行った。高場と云うのは眼医者じゃったから。するとこの高場の塾には、大勢乱暴な若者が集って居った。俺も仲間に入ろうと思って高場に話したら、

「やめたがいい、人を叩き倒して監獄に行く位は、何とも思って居ない者許《ばか》りじゃから、とても無難には行けぬ、袋叩に位すぐ逢わされる」

と云ってとめた。しかしそれは面白いと思って、俺も仲間に入れてくれと云って、やって行った。

丁度大勢集って、何か煮て居る処であったから、俺は黙って一番に箸を取って食い始めた。変な面をして皆俺を見て居った。そこへ高場が心配して見えた。処が俺が矢鱈《やたら》に叩かれもせずに食っとるものじゃから、「あなたは如何した結構な事じゃろうかい、御馳走になって」と云って安心して帰って行った。

その時の連中共は、『十八史略』位を高場先生に教わって居た。俺が行ったものじゃから、イジメてやろうと思って『左伝』の輪講をやろうと云い出した。俺は腹の内で、此奴《こいつ》等に『左伝』がやれるか、と笑って居た。そして一番に俺にさしつけたから、読んで見せたら、張り合いが失せてやめた。

しかしどうかして腹を立てさしてやろうと思って、一番元気な奴が先生に質問に行って居る跡に、其奴《そいつ》の机の処に据《すわ》って、机の中から角まで見散したままにして居った。其奴《そいつ》が帰って、変な眼をして立ったが、「その机は俺のだ、何故そこに居るか」と云う、貴様の事は承知だったが、留守だから俺が坐って居た、貴様が来ればのく考えじゃったと云ったらぶすぶす云いながら座についた。

そして『十八史略』を読み初めた。それから俺が側《そば》から、それは違う、こう読むんだ、それも間違っとる、こう云う意味だ、と云う風に、面悪い程直してやった。其奴《そいつ》歯をぎしぎしならして俺の顔を見て居たが、やがて書物を伏せてどうするかと思ったら、こう云う風にして、何時《いつ》も教えて貰《もら》うと、進みが非常に速い、これからどうかそう云う風にして貰《もら》いたいと云って、遂々《とうとう》叩き掛りもせなかった。

親

俺の父は、筒井亀策と云った。書画が非常に好きで、床の間や楣間許《ばか》りでなく、部屋中一面に、壁にまで書画を掛けて一日楽しんで居た。

兄弟中で、俺の骨格が一番よく父に似て居った。頑丈な体格じゃった、槍を使った様じゃ。何でも、槍は目録位は取っておった様じゃ。

亡くなった時が、七十六歳じゃった。余り病気などはした事がなかった、元気なものであった。俺が東京に居った。福岡から、父が病気になったと云う知らせがあったから、急いで帰って行った。

床《とこ》に就いて居ったがね、俺を見て、「外に連れて行け、外に連れて行け」、と云う。床《とこ》から起して、家の外に連れ出せ、床《とこ》の上なにかじゃ死なぬと云う事じゃね。

それから、俺が静かに抱き上げて、床《とこ》を離した処がそのまま息が絶えた、俺の膝に抱かれたまま亡くなった。

丁度俺が三十六の年じゃった。

母は、俺が山口の獄に居る中《うち》に亡くなった、俺が二十二、三じゃね。俺の心配をかけたのも幾分あったろうが、病が因であった、胃癌に罹って居った。

骨格は、余り大きい方でもなかった。中位のものであった。自分の身扮《(みなり)》とか、食物、遊山など云う事は、少しも思わなかった。貞女慈母としては立派なものであったと思う。

31歳頃の肖像

ただ専心一意に、夫に仕え、子を愛した。僅《わず》か百石取りじゃったから、仲々家計も豊かではない。筑前の三斗四升俵で、百石と云うのは、二百俵位しかない、その中《うち》から又十八俵かは中で引ける、これを今の金にしたら、月に、四十円位のものじゃろう。

これで一家七人の糊口を凌いで、一面社会の体面も立て行かねばならないのじゃから、骨の折れ方も一通りではなかった様じゃ。

殊に俺なぞは乱暴で、毎日々々近所から悪戯の言いつけの二つや三つ来られぬ日は無い、余程もてあましたものと見える。或る時、半日で好いから他所の子の様にあって呉れればいいと、俺を指して、つくづく歎息した事を今でも覚えて居る。

十三、四までは、実に迷惑のかけ通し、悪タレの仕通しをやった。子供の時分の、年の一つや二つ位年上の者は大抵コナシ付けて居った。

十七歳の時から、ずッと大きくなったが、その以前は身体は極く小さかった。頭許《ばか》り大きくして、意地が又非常に良くなかった。

近所の子供が、俺の事を「百舌鳥《モズ》」「百舌鳥」とあだ名をつけて居った。親達の心配の程も考えられる。

父は、仲々細心な質であった、実に些細な点まで考えた。水も漏らさぬ程あれこれと、何事によらず心配した、非常に苦労性の人であった。

しかし又、一旦過ぎ去った事は、決して彼これ云わなかった、即ち非常にあきらめもよかった。事に当っては、やる前には細かい気を配る、しかし配れるだけ配れば、後如何《いか》なる結果になっても、きっぱりあきらめて、一言も言わなかった。

同時に非常に倹素であった、一粒の飯、一片の反古《ほご》も苟《いや》しくもせなかった。有用の事には家財を挙げる事も辞せなかったが、無用の費は深く戒めた。

倹素な、細心な、正直な、いい親であった。

俺の子供の時分は、どんな者になるだろう、大変な悪者になりはせぬかと噂された。

兄弟は又皆正直者じゃ、が、今でも、どうかいい方に向いてくれねばならぬが、と心配したと云う事を話しては笑うが、親達が揃った正直者じゃから、俺も根は正直に違いない。

俺の親達は、世間の何《ど》の親達にもさして劣らぬ、親としては実にいい親であったと思う。

俺の病気

俺の病気は胃じゃ、そう、もう大分古いものじゃ。二十《ママ》何年も前に（二十五歳のとき）、福岡に居る時、胃潰瘍をやった。熊谷玄旦と云うものが、その頃一番と云われた医者じゃったが、俺の容態をみて到底《とても》むつかしいと云った。橘養三郎と云うのが、やはり医者で、俺の懇意な人じゃったが、丁度、博多の油屋が同じ様な病で死んだ席で、熊谷と出会ったそうじゃ。すると熊谷が、「今度は頭山の番じゃ、もう長い事はない」と云ったと云う。橘が心配してやって来て「熊谷がそう云います」と云うから、「医者などが知るか」と云って置いた。その中《うち》に癒《なお》って東京に来ようと思って停車場に行ったら、熊谷と会うたじゃ。大変肥えてね、太って居たもんじゃから、「もう病気はすっかり宜敷《よろし》いですか」と云って、熊谷が不審がって居た事があった。

それから、又烈《はげ》しいやつをやってね（三十歳のとき）、咽喉には何も通らぬ。尻《けつ》から滋養灌腸《かんちょう》などやって見た。しかしそれもやめた。何を食っても皆吐く。

42歳頃の肖像

それから、茶瓶《ちゃびん》に氷を入れて来させて、それに水と塩をかきまぜて、座り直して、口から無理につかみこんだ、そして金盥《かなだらい》を前に置いて吐いた。すると渋色の血の腐ったようなものが出た。よく幾度もやったらそれでやんだようじゃ、口も胃も馬鹿の様になって感じがなくなった。

食い物が少しとまるようになった。梅干と湯を解いて一服やった。胃にとまった。二、三服やった。

次にくず湯をやった。それもとまった。それから大根を煮さして食った。それもとまった。ばたばた直ったようじゃ。

後で板垣（医者）が来たから話したら、それは、コレラの時に食塩注射をするのを咽喉からやるんじゃからきく筈です、と云った。

覚えて居る程の事は

そう、俺に何かやったことを話せと云うから、「話したら一口じゃ、書いたら三行《みくだ》りとは無いぞ、別段、覚えて居る程の事はした事がない」と云ったら、それぎり来なかった。

それを何か大分長く書き立てて居るそうじゃね、俺と玄洋社とか何とか云って。

俺の長い話は、皆嘘じゃ、頭山の序文なぞがあるものじゃ無い、そっち達が一番能《よ》く知って居ろう。

51歳頃の肖像

人物評

大西郷と自分

大西郷は、自分より三十二歳の年長で、年代が違って、遂に親しくその謦咳《けいがい》に接する機会を得なかったのは、如何にも残念に思っておる。

西南戦役の際、自分は二十三歳の一書生であったが、その前年明治九年の秋、自分等は、大久保利通暗殺、政府顛覆の陰謀をなすものとして、捕えられて入獄し、翌十年九月出獄したが、その時はすでに西南戦役は終結し、大西郷は空《むな》しく故山の露と消えた後であった。

明治八年の交《(=頃)》、自分は、女傑高場乱《おさむ》先生の人参畑の高場塾に学んでおったが、国政改革、勤皇報国実践を念願し、同塾の進藤喜平太（後の玄洋社々長）、箱田六輔（初代玄洋《ママ》社々長）、武部小四郎（西南役に呼応して斬せらる）などと矯志社を創立し、読書、修錬は勿論、堅く血盟して勤皇報国、邦家の為一身を抛《なげう》たんことを盟約した。

当時、征韓論が沸騰し、天下の輿論囂々《よろんごうごう》たる秋《とき》であった。大西郷以下桐野、篠原などの諸豪も故山に帰臥し、大いに私学校に人才を養成中であったのだ。

征韓論で正面衝突した大久保利通などの官憲は、決裂後の急迫せる事態と世相をいたく憂慮し、大西郷とその一統は勿論のこと、佐賀の江藤新平や、土佐の板垣退助、萩の前原一誠などに対し、実に峻厳なる警戒をしたものだ。従って、自分等の矯志社も何彼と注視の的となった。

江藤新平の佐賀の乱に次いで、明治九年には、熊本の神風連《しんぷうれん》、更に前原一誠が萩に旗挙げすると云う風で、天下の風雲いよいよ急となった。

その動機や手段、目的に多少の相違はあっても、大体に於て、君側《くんそく》の奸を一掃し、国政を刷新することにあった。

官憲は血眼《ちまなこ》となった。矯志社に対する官憲の疑惑は遂に爆発し、政府顛覆の陰謀をなすものと決めて終《しま》った。

一日自分どもは、近郊に兎狩りに出かけた。社員の留守を見計って、家宅捜査をした。空巣狙いをやった訳だ。

そうして盟約書その他の文書を押収した。

その中に「一、大久保を斬る事」と言う文書や、政府顛覆に関する計画書などがあったのだ。

自分は、急を聞いて帰り、いかに警察でも人の留守を狙って家宅捜索をするとは怪《け》しからんと、署長の寺内とか言うのに会って厳談したが、肝腎の、文書を押収されて居るので致し方なく遂に下獄した訳だ。自分を初め、大倉周之助、林斧助、進藤喜平太、宮川太一郎その他十数名、国事犯の嫌疑で、福岡監獄に収監された。

然《しか》るに、十年、西南戦役が起るや、自分等も大西郷一統と一脈相通ずる者として、内外相呼応することを恐れ、自分等十数名は福岡監獄から長州萩の牢へ移された。警戒された訳だが、これが為、却《かえ》って長州では格別の優遇を受け、修錬にもなった。而《しか》して在獄一年、前《まえ》述べたように、十年九月には出獄したが、大風一過の後であった。こんな風で到頭、大西郷の風格に親しく接する機会を失ったが、その烈々たる、忠君、愛国の至誠はよく心魂に徹しておる。

願留魂魄護皇城

朝《ニ》蒙《ツテ》二恩遇《ヲ》一夕《ニ》焚坑《セラル》（朝（あした）に恩遇をこうむって、夕べに焚坑せらる。）

人世浮沈似《タリ》二晦明《ニ》一（人世の浮沈は晦明（夜と昼）に似たり。）

縦《ヒ》不レ回レ光《ヲ》葵向《フ》レ日（たとい光を回らさざるも、葵は日に向かう。）

若シ無クモ二開運一意推サンレ誠ヲ
洛陽ノ知己皆為レ鬼ト
南嶼ノ俘囚独リ窃ムレ生
生死何ゾ疑ワン天ノ附与
願クハ留メテ二魂魄ヲ一護ラン二皇城ヲ一

（もし開運なくも、意は誠を推さん。）
（洛陽の知己、みな鬼となり（死者となり）、）
（南嶼の俘囚、独り生を窃（ぬす）む。）
（生死何ぞ疑わん、天の附与なるを。）
願留魂魄護皇城（願わくは魂魄を留めて、皇城を護らん。）

一誦、惻々として、人の心魂を打つ。これは、大西郷が流罪で沖の永良部島へ流され、例の大西郷の心友、川口雪蓬老と、詩や書の研究をしておった時代の詩だ。

大西郷の詩は、誠に天真流露でいいが、書もまた、仲々いい。奔放自在、雄渾な書風は又一種常人の真似の出来ぬ風格がある。出獄後の自分共は、いよいよ身を挺して、廟堂の廓清《かくせい》と、国威の発揚に尽さねばならぬと決心し、大いに同志の糾合に努め、福岡の向う、向浜に向浜塾を開き、講書、錬武を毎日の日課とし大いに励んだ。するとその翌年、大久保甲東（利通）は石川県の島田一郎等に暗殺された。これで大事が今にも起きるような気もしたので、自分は土佐に板垣を訪《と》い、蹶起《けっき》の意志なしやを糺《ただ》したが、別段のこともなかった。土佐から帰った十二年の暮、自分は同志、松本俊之助、吉田震太郎、浦上勝太郎、伊知地迂橘等の四人と一緒に、かねて憧憬しておった南洲翁の故山を訪ねた。

無一文で、福岡から鹿児島まで歩いたのだから、仲々、元気なものであった。

直ちに大西郷の旧宅を訪《と》うた。前に述べた、西郷が沖の永良部島流罪中の知己、川口雪蓬老が、大西郷の死後もそのまま居残って遺児の訓育に当っておった。

雪蓬老は、白髯《はくぜん》を蓄《たくわ》え、眼光炯々《けいけい》として犯しがたい風丰《ふうぼう》であった。来意を告ぐると、雪蓬老は仲々慇懃《いんぎん》に応対してくれ、

「遠路わざわざお出下《いで》さったが、鹿児島は今では大木の伐り跡と同然、何にも御覧に入るるものもない。この間まで、天下有用の材も茂っておりましたが、今じゃ伐り倒されて、まるで禿げ山も同様であります。これから苗を植えつけても大木になるのは容易なことではない。殊に大西郷程の大木は何百年に一本、何千年に一本出るか出ないか判らない程のもので、誠に残念なことをし申した」

と、如何にも残念そうに暗然としておった。

この時、雪蓬老から大西郷愛読の、大塩平八郎の『洗心洞箚記』を借りて来たのだ。『洗心洞箚記』は大西郷が幾度も幾度も繰り返し、余程愛読したものと見え、摺り切れた処へ大西郷が自ら筆を取って書き入れたり、紙の取れた処があったりしておった。大西郷、愛蔵の大塩平八郎の書幅も見せて貰《もら》ったが、物に頓着せぬ大西郷が、この書幅の表装だけは仲々立派なものであったのを考うると、大塩中斎には、余程傾倒しておったものと見ゆる。

征韓論の真相

大西郷は征韓論に破れたとよく言うが、そう言う訳じゃない。あの頃、日本政府が欧米諸国に脅かされておるのを見て、韓国では、日本を西洋の奴隷の如く心得、西洋の奴隷に韓の国土を汚させる訳にいかんと言うので、例の大院君が、

「日本人は洋人と交通し、夷狄《いてき》の民と化したるを以て、自今日本人と交るものは死刑に処す」

と言うが如き、無礼の排外令を出し、あまっさえ、在韓日本人全部の引上げを要求したのじゃ。

そこで、大西郷が、出かけて行って判るようにすると、意気込んだのじゃ。彼《あ》の頃の人物、木戸も岩倉も三条も相当のものだが、議論では板垣（退助）が一番傑出して居った。板垣の意見では、岩倉や大久保などの西洋かぶれの意見に対し、「近い隣同志の国の始末さえつかんのに、西洋の真似ばかりすると言うことがあるか。先ず以っ

て、近い隣同志の、韓国や支那との折合いをつけにゃいかん」と言うのだ。大西郷も全くこれと同意見じゃ。但しロシャの南下は手厳しくやっつけねばならぬと言うのであった。そうして、韓国や支那とは仲よくしようと言うのじゃ。

しかし西郷の言う通りに、もし西郷を韓にやったらどんなことになるか判らん。是非、西郷が行くと言うなら、護衛の名義で兵隊を附けてやろう、と言う意見もあったと言うが、大西郷は笑って、

「兵隊など附けて貰《もろ》うても、おいどんは戦《いくさ》は下手じゃ。なんの、韓国位に出かけるのなら、竹の杖一本と藁草履一足の外《ほか》別段何もいり申さん。きっと訳の判るようにしてみせる」

と意気、軒昂たるものがあったそうじゃ。しかし一部の反対で到頭成り立たなかったのは遺憾じゃ。

故山における大西郷

学問主なければ痴人に等し
英雄の心を執って真を写すべし
天下紛々乱れて麻の如し
肝胆錬磨して独り仁を成さん

と詩った大西郷は、征韓論で決裂後、瓢然《ひょうぜん》と故山に帰臥《きが》したのだ。

正邪今安《ママ》ぐ定らん
後世必ず清を知らん

とは、大西郷が帝都を去る時の心境を述べたのだ。大自然の好愛者である大西郷には都門紅塵万丈の地は到底不似合じゃ。故郷の山川は、大西郷安住の地だ。

山老元帝京に滞り難し

紘声車轡夢魂驚く
探塵耐えず衣裳の汚るるを
村舎避け来って身世清し

などと言う詩も、帰臥早々の詩と思われる。

短衣無帽、瓢々然として、山紫水明の故郷の山川を跋渉《ばっしょう》し、愛犬を駆って兎を追い、入っては自ら肥をくみ畑を耕し、悠々たる田夫野人の生活に詩情を養った。

しかしながら只徒らに安慰を愉《たのし》むのは大西郷の本意でない。憂国の至情抑《おさ》え難く、余生を青年子弟の教化錬成に捧げようと決心したものと見え、ここに尊皇、愛民主義の「私学校」の創設を見た訳だ。

大西郷は私学校の創設に自分の賞典禄二千石全部を投げ出しこれが費用に充て、自ら左の如き主義綱領を認《したた》め学校に張り出した。

一、道同じく義協《かな》うを以て暗に聚合《しゅうごう》せり。故にこの理を研窮し、道義においては一身を顧みず必ず踏み行うべき事

一、王を尊び民を憐むは学問の本旨、然《しか》らばこの天理を極め、人民の義務に臨みては一向難に当り、一同の義を立つべき事

の二項に存する。

忠君愛国、敬天愛人、正義公道を踏み、一朝有事の際、身を挺して国難に殉ずべき有為の国士を養成するにあった。

私学校は本校の外《ほか》城下に十二、更に各郷に百数十校、漸次創設され、大西郷の風格に傾倒せる青年子弟蝟集《いしゅう》し

て国内を風靡《ふうび》する尨大《ぼうだい》なものとなった。

別に開墾社や砲隊学校なども創設した。開墾社の社生は昼は耕作し夜間修学する組織であった。勤労、実践の上杉鷹山の主旨を実行したのであるが、大西郷はこの教育法が大賛成で、自ら耕作し、糞尿を汲み、卒先して社生に範を示したと云うことだ。

かくして、大西郷は、武村の草廬に俗塵を断ち一個の田園漢になりすました。大西郷が高踏勇退して一介の百姓として悠々自適しておる間に、西郷の意志とはかかわりなく鹿児島は勿論各地に鬱然たる西郷党が醸成された。

この間、大西郷をして再び廟堂に起《た》たしめ、国家経綸の策を建てて貰《もら》おうと、幾度か大西郷の出廬《しゅつろ》（隠遁者が再び世間で動くこと）を促す者も多かったが、固辞して起《た》たなかった。

後進大山弥助（巌）に贈った手紙の中にも、

当今は全く農人と成り切り、一向勉強いたし居り候、初めの程は余ほど難儀に御座候え共《ども》、只今は一日二日位は安楽に鋤調え申し候、もう今はきらずの汁に芋飯食いなれ候処、難渋もこれ無く、落着はどのようにも出来安きものに御座候、御一笑下さるべく候云々。

と返書しておる位で、一切の政治を断って、田園の一農夫になりすましておった。

しかしながら、天下は物情仲々騒然たるものがあり、七年の佐賀の乱に次いで、九年熊本、神風連《しんぷうれん》、つづいて秋月の乱、更にこれに呼応して、前原一誠の萩の叛乱となった。

何《いず》れも反政府、国内刷新の旗挙げである。

その頃、大西郷は、日当山《ひなたやま》の温泉に気を養っておったが、血気の辺見十郎太や、永山弥一郎、野村君介など前原を救《たす》けて呼応して起《た》ち、大西郷の威風と徳望を以て、国政を改革すべきだと迫った。大西郷は、何時《いつ》になく色をなし、彼等の軽挙盲動を厳戒し、前原等の企図、只徒らに国家民人の不幸を招くのみだと痛歎し、彼等を追い返しておる。

一方、江藤新平にせよ、前原一誠にせよ、更に神風連《しんぷうれん》にせよ、秋月党にせよ、大西郷の呼応することを予期し、西郷の側近者の内でも、これ等の機会に蹶起《けっき》せんことを暗に慫慂《しょうよう》したであろうが、大西郷の心境は不動心、更に動揺しなかった。

即ち、大西郷の目的は更に数段高い処、遠大な処にあったのだ。勤皇愛国の至情、更に、更に、深く厚い処にあったのだ。

私学校生徒の養成、開墾社の創設、何《いず》れも国家百年の大計を建つる為であった。大西郷が容易に起《た》たぬのは当然のことだ。その大西郷が、十年には到頭、郷党、子弟に擁立せられ、遂に彼の不遇なる最後となった。甘んじて郷党子弟に托した。そこが又、大西郷の大英雄たる所以だ。達人大観の境地だ。

西行

西行が、立派な北面の武士の職を抛《なげう》って、破れ笠に破れ草鞋で行脚を初めた。

この変った姿を見た梶原が、非常に気の毒に思ったと見えて、「如何です、一つ頼朝公に仕えませんか、私の様な者でもこの位重用して呉れる御方じゃから、貴方の品量でしたら、思う通りに取立てられて、立身が出来ますよ」と云った。

処が西行のこれに答えた歌が面白い。

世を捨てゝ、世に有る人をながむれば、
　おかしかりけり、おかしかるらむ。

貴様達から見たら、さぞや俺が気の毒にも見えよう。しかしおれの眼からは貴様達が、一粒二粒の飯に釣られて首に輪を入れられて居るのが如何にも不憫に思われると云う意味らしい。

失《ママ（夫・それ？）》でも梶原が達《たっ》ての頼みでもあり、頼朝も是非と云って招くものだから、鎌倉の頼朝の御殿に行った。処が非常なもてなしで、その帰る時には頼朝自ら銀の猫を取って西行に送った。頼朝の考えでは、自分が大切にして居る置物であるから大層な贈物をした気であったらしい。

処が西行は少しもそんな物に眼はくれて居らぬ。反《かえ》って迷惑に感じたと見えて、頼朝の邸を出るや否や、前に遊んで居た子守女に如何にも無造作にくれてやって仕舞った。

西行の眼中には、区々《くく》たる頼朝如きは無かったのじゃ、況《いわ》んや梶原をや、銀の猫をやじゃ。求むる慾心が有れば粟粒一つも心を迷わす力もあるが、命までも已《すで》に無き物と覚悟した者に取っては、天下の権も、世界の富も物の数かはと云うのじゃろう。

　　（引）かきよせて結べば草の庵にて、
　　　解くればもとの野原なりけり。

と云うのが有るが、俺は、

　　かきよせて結べば草の庵にて
　　　解かねどもとの野原なりけり。

じゃと思う、人間は思い様一つじゃ。

　或る人が俺に句を寄せて、

　　むら雲のかゝらぬ間《ひま》の月見哉

と云って来たから、

　　むら雲のかゝる隙《ひま》なき月見哉

と述してやった事がある。

若いと思って油断はならぬ、一日を一生の気で、うんとやって退《の》けんと、墓場に這入《はい》って寝飽いても起き出る事が滅多に出来ぬと覚悟せぬと褌《ふんどし》がゆるんで来る。

中江兆民

中江は狂態を装うて居たが、実に天真爛漫なものであった。

病気して居ると言うから、日下部正一と云う友人と一所に見舞に行った。その時麹町に一戸持って居た。尋ねて行って、「病気が大分重いと云うから見舞いに来たが、しかしもし障《さわ》る様であれば面会せずに帰ろうが、差支えなかったら会って行きたい」と云った。

すると、奥さんが出て来て、「病に障《さわ》る処《どころ》ではない、病人が毎日々々逢わせてくれと云って、黒板にあなたの名前を書いて居ます。どうか逢ってやって下さい」と云う。

上って枕頭《ちんとう》に座った処が、悦《よろ》んでから、俺の手をガッシリ摑んで涙を流して嬉しがった。しかし病気で声が出ない。物が言えなかったものだから、側《そば》にあった黒板に、白墨を取って、

「伊藤、山県駄目、後ノ事タノム」

と書いた。それから俺が、「ウム、ウム」と云って首を二度うなずいて見せたら、非常に悦《よろこ》んでね、日下部の方に向き直った。また白墨を取って、黒板に、

「マダ、立ツ〳〵」と書いて、拳を作って上腕を二、三度上に振って、ニッコリ笑った。

まだ〇〇が立つと云うんだろう。（この一行は大民文庫の版では削除されている）

その日から一日か二日して死んだ。

初めて知ったのは、今から二、三十年も前じゃったろう。大坂で、有志大会と云うのがあった。その席上で、

「私は中江と云います」と云って、名乗って来た。それから三日続きに俺の大坂の宿に、

「ビール下さい。私は外《ほか》の奴の処には行きませぬが、貴方の処じゃから来ます」と云って来た。その度ビールを半ダースずつ飲んで帰った。

何時《いつ》も貧乏で居たが、実に天真を流露して居た。或る時、岡山県の国民党の代議士で竹内と云うのが、俺の内《うち》に遊びに来た。中江と一所になった。その時竹内が、

「中江さん、私は是非一度貴方の処に御伺いしようと思って居ます」と云った。すると中江が、

「うむ、貴様に俺は用は無い、来る事はいらぬ」と云ってのけた。竹内も閉口させられた。

仲々心がさえて居た。伊藤位は物の数に入れずに居った。伊藤よりは大隈を上に見て、大隈はど底（本書八八頁参照）の豪傑と云って居た。

金玉均

俺は何もしきらぬ、無性で。

金玉均《きん・ぎょくきん》（李朝末期の政治家。朝鮮独立党首領。日本の援助によって祖国改革を意図し甲申の変を企てたが成らず日本に亡命。のち閔妃の刺客により上海で暗殺される。）と云う奴が非常に才の有る男で、まるで俺と反対のやり手じゃったが、余程俺がノロく見えたと見えて、

「君が働いてくれると、ほんとうにハカが行くけれ共《ども》」と云うから、

「うむ、貴様から見たら余程俺はノロく見ゆるだろう、又俺から貴様を見ると、可笑《おか》しい程小器用なものじゃねー」と云ったら、

「これは又御挨拶」、と云って二人で大いに笑った事があった。

俺は何もしきらなかった。そち達もうっかりして居ると、六十年はまたたく間だ、一日を一生の気でしっかりやり抜け。

井上馨と鳥尾小弥太の人種改良議論

井上馨《かおる》の奴は商人根性の男だった、まあ一言で言ったら商人の刀掛け位の奴じゃった。一寸《ちょっと》彼奴《きゃつ》位愚劣な男は珍しかろう。小さい事はとにかくとして、大問題についても碌《ろく》な事はしゃべらなかった奴じゃ。

早く西洋に行って来たと云うので、大変な西洋かぶれ、衣食住の身の周りの品物位が西洋かぶれたとて、まあ罪の無い話じゃが、彼奴《きゃつ》のはなかなかそんな軽い上《のぼ》せ方じゃ無い。有名な人種改良論とかを馬鹿な面でもして云う事か、悧巧《りこう》振って喋《しゃべ》舌り立てると云うのじゃから非常な上《のぼ》せ方じゃった。又この井上の相棒共が、兄たり難く弟たり難しの似寄った間抜共で、名論じゃ位に感泣したと見えて益々馬鹿の念入りを尽した。

これを聞いたのが鳥尾得庵（小弥太）で、平生から井上共の間抜には不快に感じて居った位じゃから、早速井上の処へ押し掛けて行った、そして井上を捕えて、

「井上、貴様は真面目にそんな事を云って居るのか」と聞いた、すると、井上が「いや実際西洋に行って見ると、とても日本なんぞ及ぶものでない、家の建方から道幅の広さから眼の廻る位偉いものだ。で日本が西洋に一呑みにされずに、世界の仲間について行こうと思うなら、是非人間から先に改良せねば不可《いか》ぬ。日本人の小さい体で、大きな西洋人と競争した処が、とても敵《かな》うものでない。西洋人の種子を日本人に入れて西洋人と同じ人間を造る事が何よりも急務で、これより外《ほか》に日本を強くする道はないよ」と泣かぬばかりに説き立てた。

それから鳥尾が、「そうか貴様がそれ程熱心にこくなら、俺が一つ人種改良の名案を教えてやろう、貴様すぐそれを実行しきるか」と尋ねた。そこで井上が、「いや善い事なら実行するとも」と、言わせも果てず、鳥尾が、「屹度《きっと》やるね、よし謹聴しろ」と云って、

「人種改良が仕たけりゃ、先ず第一に貴様の嬶《かかあ》や娘を毛唐の妾《めかけ》にしろ、それから日本中の婦人は一人でも日本人が手を付けずに皆毛唐の妾《めかけ》にせろ《ママ》。貴様なぞが日本の嬶《かかあ》を持つと、又貴様の様な馬鹿な児が生れて、幾年経って

も日本は怜悧にならぬ、で貴様は一生独身で〇〇でもやって居れ」「どうじゃ、貴様すぐ実行するじゃろうね」、「どうじゃ」と怒鳴りつけた。

ところが、これには井上もぐうの音も出ず、黙って首を下げて居ったそうじゃ。それから鳥尾が、「やれるか、やれまい、馬鹿も大抵にしろ」とたしなめた、その気持と云ったらなかった、以後井上はぷっつりと人種改良論はやめた、と鳥尾が話した事があった。

勝と岩倉

明治十年の秋の事じゃ、西郷が鹿児島で兵を挙げたと云うので、日本全国の物論《ぶつろん》（物議。明治期の言い方）が鼎沸《ていふつ》した。殊に政府の役人共の驚き方と云ったら格別で、岩倉などは殆んど挙措に迷って仕舞った。慌てて勝の処へ駆け込んで行って、「一大事が出来上った、如何処置したら宜敷かろう」と問うた。処が勝は至って平静なもので、「一大事とは如何な事で御座るか」と反問した。で岩倉が、「西郷が遂々《とうとう》謀叛しました、実に大変な事になった」と云った。すると勝が、「それが大事ですか、西郷が謀叛したら、陛下の御首でも頂戴しようとでも云うでしょうか」と又反問した。で岩倉が、「いやそんな事は決して申しませんが、政治の遣《や》り方を一新すると云って居る」と答えると、「それでは大事でも何でもないでしょう、貴方等の首でも御渡しになったらそれで済む事でしょう」と云った。これを聞いたので、岩倉も大いに赤面してそこそこにして立帰った、と云う事じゃ。

岩倉と云う男は非常に狡智に長《た》けた男で有ったと云うことじゃ。誰も人が相手にせなかったのを、大久保が引出して来て、自分では到底西郷なぞには及ばぬから、岩倉の力を藉《か》りて西郷なぞを抑制させようとしたらしい。西郷は又大義名分を重んずる人物じゃから、岩倉は皇室にも近侍して居る家柄であるから、人物には大分見劣りがしても立てて行ったものと見える。

で勝海舟なぞの、真剣に練り抜いた人物とは、どうも比較にならなかったらしい。鍋公卿《ナベクゲ》の中では一寸《ちょっと》した男であったと云うに過ぎぬらしい。

狂志士藤森天山

藤田東湖なぞと同時代の勤王の志士に、藤森天山と云うのがある。仲々志の厚い立派な士であった。

処が当時の人間は、天山の心が判らぬから、気違い扱いをした。如何にも云う事、する事が変だ、確かに気が触れて居る、と云う様にして知人縁者までが遠ざけた。

天山はちゃんと自ら信ずる処が有り見る処が有るから、左様《そん》な事には一向驚かぬ。反《かえ》ってそう云う軽薄極まる世俗の輩を、気の毒の奴とも、狂人ではないかとも思って居った。でその詩を詠んで、

世人呼《ンデ》レ吾言《ウ》レ狂《ト》、今《ノ》時《ハ》果《シテ》何《ノ》時《ゾ》、（世人、吾呼んで、狂と言う。今の時は果して何の時ぞ。）

吾《ハ》怪《シム》二人《ノ》不《ヲ》レ狂、噫是当《サニ》言《ウ》レ狂《ト》、（吾は人の狂わざるを怪しむ。ああ、これまさに狂と言う。）

と言って居る。

世間の者と云う者は、自分が谷底に落ちて居る事は気附かずに、人が普通の道を行って居るのを見て、如何にも山の上でも歩いて居る様に思うものだ。

自らの無識、自らの無気力は棚に上げて、先覚者なり、気骨有る士を見ると、直《す》ぐと狂人とか、愚人とか勝手放題の噂を立つるものだ。何時《いつ》の時代でもそのようだ。

先達て、俺の家が出来たお祝いにと云うので、或る人が持って来て呉れた書の軸物が有った。丁度それが天山が自身で書いたので有ったが仲々面白かった。

挙世孤塞を忌む、　薄俗吾と与せず
青山独り語るべし。

とか云ったと覚えて居るが、清流に魚棲まずで、潔士はえて孤寒なものじゃが、すると世間の者は相手にならぬ、人情軽薄な世俗は大抵吾と与せぬものじゃ。しかし貴賤貧富の別なく、常に豁懐を以て接して呉れる青山ばかりは、語るに足ると云うのじゃろう。

それも若い時分から、世間に突き出されて荒波に揉んで揉み抜かれて居れば一人前になって、仕事をやり抜く時に、世人の毀誉を度外において、まあそんなものじゃ位でやってのけられる、しかし若い時をうかうか暮して居ると大事な志を行う時代になって、事《こと》志と添わぬ目に遇うと、すぐ屁古《へこ》垂《た》れて、世俗に降伏するに至る。志を大いに暢《の》べねばならぬ将来の日本の若豪傑は十分考えねばならぬ事ではないか。

荒尾精には面白い話がある

荒尾と云う男は、自ら任じた男じゃったね。今の時に於ては誰そと云う位の見識も自惚《うぬぼ》れも有《も》って居た男じゃった。

俺と知ったのは、明治二十年前後でもあったろう。福岡に俺が居た時訪ねて来た。荒尾がまだ二十代、俺が三十出るか出ぬかじゃった。何でも俺より四つ下であった。それからは極く昵懇《じっこん》じゃった。風采は堂々として居るし、弁舌は実に流暢《りゅうちょう》であり、そう、丈は俺より少し低かったが、能《よ》く肥って居った。目方なぞも、二十二、三貫あった。二階の肖像も見たが、ああ云う風でまだ大きかった。

一言にして評すると、老者はこれを安んじ、幼者はこれを助く、と云う風であった。酒なども、仲々やった。しかし、呑めば呑む程慇懃《きんきん》になるようであった。

生れは尾張じゃ。十七、八頃じゃろう、大西郷の処に書生して居ったと云うのは。軍籍に入って大尉になって居た。しかし外に志す処があってやめた。年は若し、一士官ではあったが、見識、志望、将官位は遥かにひくく見て居った様じゃ。

俺共と違って、なかなか心掛けの宜《い》い者じゃった。たわいも無い政党騒ぎなどは他に人があろう、と云って日清貿易研究所を起した。続いて東亜同文書院の設立に奔走した。大した時間もかからずに出来上ったようじゃ。心掛けと、人物が宜かったからじゃろう。

ウム、荒尾には面白い話がある。

書生は多勢居る。なかなか費用がかかる。どうしても今ここに三千両のうては腹でも切らねばならぬ、貿易研究所がやって行けぬ、で是非一つ三千両作らねばならぬ、と云って、俺の処にやって来た。判を押す者さえ有れば、金を借すと云う高利貸がある。処が、何処を見渡しても、自分の知った者の中では、高利貸に信用の有りそうな者がない。

あの鳥尾なら宜《い》い。鳥尾得庵（小弥太）が判押す事を承知さえし呉るれば高利貸も金を貸そうと云う奴がある。

しかしどうも自分では覚束《おぼつか》ない。承知さしきるまいと云って、今田力と云うのと二人でやって来た。

それから俺は、「それ位の事は何でもない。外《ほか》の事ならともかく、貿易所の事ならやろう」と云う事で、荒尾と今田と、高利貸と四人連れで鳥尾の熱海の別荘に行った。処が、丁度鳥尾が東京に出て来る処で、途中で出遇った。

早速、「実は貴方に頼みがあって出掛けた処でした」と云うので、近傍の茶店の二階に上って、談判を初めた。

五人で座を作って、「実は、荒尾の貿易研究所に、三千両是非金が要る。貴方の判さえ押して貰《もら》えば、今でも貸すと云う高利貸があって、ここにそれを連れて、私が荒尾を誘って来た次第です」と云った。荒尾は気の毒そうにして居た。

すると鳥尾が一寸《ちょっと》考えて、

「高利貸は一寸《ちょっと》私も困りますが、その金は私で都合しましょう。しかし私が都合すると云った処で、私自身には持って居らぬ。私の友人から都合しましょう。貴方方《あなたがた》の方には、人の触《（障）》りはありませんか、人の触りがありませんでしたら、あの井上馨に頼んで出させましょう」

と云うから、俺が、「ええ、出来さえすれば、井上じゃろうが穢多じゃろうが、一向かまいません」と云った。随分俺の若い時は、無作法な考えの無い言を言う者じゃった、しかし俺は心から井上は穢多と思って居った。

鳥尾が井上に作らす金になって別れた。処が、途中で荒尾が、「いくら何でも井上の金では」と云う、それから俺が、「宜《い》いじゃないか、井上の金じゃろうが、乞食の金じゃろうが、天下の財を天下の公益に少しでも広く使ってやった方が宜《い》いじゃないか」と云った。すると荒尾が、「でも、井上の金じゃ困る。辞《ことわ》って貰《もら》えまいか、せっかくじゃが」と云う。それから俺も、「そうか、そう面倒なら辞《ことわ》ろう」と云う事で、せっかくでしたがと云って鳥尾に辞《ことわ》った。

俺なぞは、そんな処が至ってダダクサじゃが、荒尾はこう云う処はちゃんとして居った。

鳥尾は俺共よりは七、八つ上で、三浦（子爵）共位じゃった。その頃四十出た位じゃったろう。若《わこ》うして中将になって居った。桐野（利秋）などの先輩を追抜いて中将になった。

書く、シャベル、なぐる、なんでも来いの豪傑じゃった。長州の者で俺が親しく交ったのは、まあ、鳥尾、三浦、品川の三人じゃった。

荒尾の死んだのは惜しかった。今年居たら五十九になる。三十八で死んだと思う。

あれが居たら、政治、軍事、経済、と大陸に対する日本の着眼は余程大きく実現された事じゃろう。

ああ云う男は、何か天から使命を受けて居る様じゃね、代りをやろうと思うても、仲々代りが出ない。しかし荒尾には根津一が居て、外《そと》は荒尾、内は根津でやって居った。根津だけなり生き残って居るのが今日の同文書院のある所以じゃろう。

隈《クマ》の案内に犬《イヌ》

西郷は、うなぎが大層好きであったそうじゃ。それを知って大隈が、西郷に「うなぎを馳走したいですからどうぞ御出《い》で下さらぬか」と云って案内したそうじゃ。すると西郷が、「それは馳走に参ろう、しかし連れが有るからその心算《つもり》で」と云ったと云う。

大隈の方では、その日うなぎを連れの分まで用意して待って居ったそうじゃ。

西郷はやって来た、しかし、連れは誰も来ないでただ一人で来た。

大隈が不審に思うて、「お連れの方は」と聞いた処が、

「連れでごわすか、連れは玄関に待って居るから沢山の馳走して下され」と云う。

大隈の内で玄関に出て見ると、犬が供をして来て待って居ると云う。

犬を連れてうなぎの馳走に行ったのじゃ。隈《クマ》の馳走には犬《イヌ》位が適当とでも思ったのじゃろう、なかなか面白い。

大隈も西洋に生れて居たら、ウィルソンなにかよりはやるものじゃろう。

アジアの殖民地

アジアは大きな蛇の為に臍《へそ》の処まで呑まれて居る。インドという両足は勿論疾《とっ》くの昔に呑まれ、支那という腹も大部分呑まれて居る。日本が腹から上の頭位のもので、これだけが呑まれずに残って居る。丁度赤児が布団に包まれて居る様なもので、この布団を蹴り退《のけ》て起《た》ち上るには余程の発奮がいる、努力がいる。日本がインドの両足を自由に仕得て起《た》ち上るには余程の大覚悟がいる。

英国等が富国であるの、強国であるのと云うて居るが、それは悉《ことごと》くインド無限の富の御蔭であり、インド数億の人民の働きの力である。英国からインドを取り去ったら結果や知るべきじゃ。

インドに限らず、殖民地属領は林檎《りんご》の如きもので、熟すれば実が木から落つる様に、発達して自衛力がつけば必ず独立して本国から落ち離れるものであると云うて心配して居る者があるが、一体彼等の如き遣《や》り方では落ち無い方が不思議で、落ちて自立するのが当然じゃ。

無理は不可《いか》ぬ、無理が永続した例が無い、彼奴等（きゃつら）の手段は無理を通り越して非道であった。インドは金銀が豊富である、米綿が無尽蔵に取れる、珍奇な香類が多いと云うので、この利を得んが為には殆んど手段を選ばなかったのである。彼等の心事は口で云う如き人道の為でも、正義の心からでも無いのじゃから、必ずや反動は来るべきじゃ。

而《しか》して身体は呑まれて居って如何《いかん》とも為様《しよう》が無いから、自由の利く日本の手や頭で束縛を欠いてやり、立派に歩行が出来る様に、義気を出して、うんと一骨折ってやらねばならぬ。仲々日本の仕事は多いのじゃ。若い者は愉快な仕事が有る訳じゃ。

支那の出兵

支那が聯合軍《れんごう》に加担して、欧洲に出兵すると云う事か（第一次大戦）、とても戦争には加われない、軍夫にすぎぬじゃろう、外国から金を出して傭《やと》うて行くのじゃろう。政府もそれを賛成してやらせると云うのじゃから、日本とは大分寸法が違う、それが出兵と云うのじゃからすごいね。

支那の兵は、日本のとは全然違って居って、盗人と兵隊を兼業にやって居って、真面目な人民共は大層恐れて居ると云うのじゃから、兵士が多く死んで呉れれば、それだけ国がよく治まると云うて、敗け戦を悦ぶのは支那許《ばか》りと云うじゃないか。

欧洲の戦争はなかなかやめぬ、もうこの位ドイツがやれば、英国も大分弱るね、アジアの事にでも、昔の様に無暗《むやみ》な事は英国もやれぬ、兵備を整えて日本が一人じっとして見て居るから。日本の兵は欧洲には出せぬね、アジアにでも乱が及べば知らぬ事、支那とは同一には行くまい。

支那の留学生

支那の留学生が騒ぐと云って警察が手を出したのは、見っとも無い。日本から見れば弱い者じゃから、弱い者に、キックやる事はみぐるしい。これも外国人等の様に、日本人より強い顔して居る者に対して、不都合な事をやった時に、ひどく懲らしめたと云うなら、聞き可《い》いがねー。

殊に、弱い者には、唯《ただ》でさえヒガミ心が有りたがるものじゃから普通でも面白くなくなる、余程気を付けて、優しくしてやらぬと、西洋人に対する態度と反対にせなければ不可《いか》ぬ。騒ぎなぞは感情に基いて居るから、なおさら用心せぬと感情はつのり安いものじゃから、こちらまでが感情でやってはいかぬ、よく考えて、余裕を以て、思いやって接する様にせぬと。殊にふだんが大事じゃ。

支那の学生達から利益を得よう位の了簡ではいかぬ、政府も民間も、共になって親切にしてやらぬと。月謝は取る、下宿料は高くする、支那の学生が来るから儲かる、位の心でやって居る様では、不時の出来事の時に、いくら云って聞かせても効力が無い。

心事を疑われて居るから、手を尽せば尽す程、言葉を出せば出す程感情を悪くする。

日本人を教ゆるでも、西郷南洲の塾とか、吉田松陰の塾とか云うものは、月謝など取った話を聞かぬようじゃ。一寸《ちょっと》教えに行けばいくらになる、と云う様な教え方ではいかぬ。月謝は先生から出す、食料まで出す、命まで投げ出して教えて居る様じゃ。

これだけの親切と覚悟で平常やって居れば、今度のような出来事の時には、一言で治まろう。もしこれに従わぬ様では、罰が当る、と云う感じを起さする位でなくては。

今はどの位来て居ったか？　二、三千人も居たか？　一時は二万人位は居た事があったようだ、日露戦争の後などは。

寄宿舎を作るなり、能《よ》く具体的に世話する事にせんと不可《いか》ぬ。支那の留学生がどうのこうのと、他人の事を云う代りに、自分の事を顧みる事を知らぬと、日本はどうかと省みる事が一番大事じゃ。

油断をして居ると、反対に日本が嗤《わら》われる様になりはせぬか。留学生など、なかなか勉強すると云うじゃないか、殊に何《いず》れも、国家が危急存亡の巌頭に突き出されて居る事を自覚して居る様じゃ。

政治とか法律とか学ぶ者以外の工科なぞの学生も一致の行動を取ったと云うじゃないか。日本はこれだけの国家に対する自覚を持って居るか。愚図々々して居ると反対にならぬとは云えぬ。

支那の学生は朝の気分の様な、緊張した処がある。学生ながら、双肩には国家がかかって居る、と云う精神がある。日本人は、昼過ぎの気分の様に、我が事成れりと云う風な、だった精神で居る様じゃ。国家の事、一ッに吾が一身にかかれり、と云う様な心で居る者が果して幾人居るか。

支那留学生等の事を、軽卒に悪くは云えぬ。未熟な考えもあろうが、愛すべき、掬《きく》すべき情がある事を認めてやらぬと。国家の燃え失せても眠って居るよりは、火の子を見ても火事と思って馳け付ける者の方が数等上ではないか。

是非よりは、衷情《ちゅうじょう》を掬《く》んでやり、他人の事より、自分の足下を気をつくるが大事じゃ。

英米と償金

講和会議で（第一次世界大戦の）、フランスやベルギーなどが、償金を取るのは聞ゆるが、英国米国なぞがとると云うのはいらぬ事じゃ。

フランスはとられた事もあり、ベルギーなぞは全く迷惑をして居るから、これは当然とるもよろしいが、英国米国などはあらゆる土地殖民地利益等をとって居るから、その上に、償金は見苦しくて不当じゃ。

朝鮮統治

妻や児でも、道に違《たが》えばなかなか服せぬものじゃ。まして一国を作《な》して居ったものを、天に代って仁を施してやるのじゃから、余程その心が徹る様にせぬと。

平常の親切が普《あまね》くして、初めて威も重くなるのじゃから、平常が非常でなくては。

釜入りなんぞは至極面白かろう

よく世間で「心ほどの世を経る」と云う事を云う。人間には真一文字にやってさえ行けば、人物相応に衣食は附いて来るものじゃと云う意味らしい。如何に無理してもがいても、その人物の天分以上には容易になり得ぬものと見える。

随分世間を見て居ると色々やって居る者が居る様だが、やはりその者相応にしか行って居ない様じゃ。そうかと思うと案外衣食は元より、功名富貴には意を用いぬ者でも可《か》なりに行って居るのもある様だ。つまりこれ等が古人の所謂《いわゆる》「禄その中《うち》に在り」と云うのじゃろう。

俺の十五、六の時に三人友達が居た。一人に向って「貴様が一生の望みは何になる心算《つもり》か」と聞いたら、「私は三百円も貯めたい」と答えた。今一人に同様に尋ねたら、「私は二十五円位の月給取りになりたい」と云った。あとの一人は妙道と云う坊主じゃったが、此奴《（こいつ）》は唯《ただ》黙ってにやにや笑って居った。処が、前の二人は遂々《とうとう》若くして死んで仕舞って、三百円も貯めねば、二十五円の月給取りにもなれなかった。妙道と云う坊主は筑前の糸島郡の雷村の和尚になって今でも生きて居る様じゃ。

俺などは三百円貯めようとも、二十五円取りになろうとも、衣食の事などは少しも思いつかなかった。「男の死にようは、釜入りなんぞは至極面白かろう」位のものじゃった。支那などの書物を見るとよく釜で煮らるる話がある。少し時の権力者暴君などに逆らったり諫言《かんげん》したりすると煮らるる。文天祥《ぶんてんしょう》（南宋末の忠臣。元に処刑される。獄中歌「正気歌」）などの歌にも「鼎鑊《ていかく》（煮殺しの刑具）甘きこと飴の如し」と云うのがある。そいつじゃ。釜入りは至極面白かろうと思って居た。

日本では釜入りと云うと石川五右衛門一人の様に思って、非常に悪党の様に云うが、石川五右衛門とても決して悪人では無い。立派な浪人じゃ。木村重成の父、重滋などとは極《ご》く仲の好い間柄じゃ。当時飛ぶ鳥落す勢いの大閤の首を取りに、「うむ俺が一寸《ちょっと》行って提《ひっさ》げて来る」と云って伏見城の堅塁に忍び入るのじゃから仲々な男じゃ。捕えられて実を云うと迷惑を人に掛るから、盗人の悪名を自ら着て、従容《しょうよう》として死に就いたのじゃ。器量は大閤に余り劣る男ではなかったらしい。つまり武運の拙いまでの事で、心事は仲々見上げた奴じゃ。

人間は塵埃の様なものじゃ。椽《たるき》（屋根裏の支え材）の下に吹き込まるる塵埃もあれば屋根の上に吹き上げらるるものもある様なものじゃ。大閤などは床の間に吹き付けられた塵埃、石川は泥川に吹き落された塵埃、伊藤博文なぞは屋根の上に吹き晒された塵埃じゃね。

余りつまらぬ名誉とか、衣食とかに眩惑されぬ様に、これが男の道と思う事に命掛けでやり抜いたら、備《そな》わった禄なら得られもしよう、得失を考えて事を決する事は賢か愚かわからぬようじゃ。

立派で危険な建物

ひどい風じゃった。大分家が倒れた模様じゃね。倒れた家には古かったり、粗末な建て方のもあったろうが、請負人が瞞着《まんちゃく》して手を抜いたりして居る為に、大丈夫のつもりでいて安心して居って、不意を討たれて家が倒れる許《ばか》りでなく、命迄もなくした者があると云うじゃないか。

建物の請負するものは余程厳重に取締らぬと、大変な結果になる。よく学校の講堂とか、役所の会議室とかが墜落して、死人や怪我人が出来る事がある位じゃから、今度の様な大暴風雨の時なぞは橋が流れたり、家が潰れたりするのは当然のことじゃ。

しかしこれは甚だしい罪悪じゃ。よその門の前に小便する位は罰せぬでも、こう云う者こそ手きびしく罰する様にせぬと不可《いか》ぬ。門の前の小便位は礼儀を知らぬ事じゃが、好くないにしても人の命にかかわらぬ。しかし悪い請負人は人を殺す訳じゃから大罪悪じゃ。

立派な建物は出来たが、出来上って引渡しが済むと直《す》ぐ二、三日も経たぬのに、柱が曲ったり床は左に傾く家根は右へそれる、外観だけは阿房宮（秦の始皇帝の大宮殿）の様に出来たが、とても危険で内に人が一刻も住まえぬと云う大建物も何処かあると云うじゃないか、東京に。

路なども、凱旋道路とか云う御所の前のも、高い処と谷の様に低い処とが出来たとか云うて騒いだようじゃなかったか。

中には、これを監督する役人が、請負人と共同して悪い事をするという噂がある様じゃが、実に不届きな話じゃ、俺共は石炭山位はかじるが、路を食ったり公の建物をつついたりする心は持たぬが、役人のなにかには随分強《こわ》いのが居るね。

普通の家でも、労働者などは仲々選り嫌いが出来ぬからどんなのにも這入《はい》る。今度の様な事があると一番に困る。死なぬ迄も寝る処は潰《つい》える、衣類は流るる、気の毒なものじゃ。家でも貸すものは余程責任を感ぜねばならぬ。小さい事位はどうでもいいから、大事な人の命にでもかかる事は、厳重に罰する事にせねばいかぬ。一体今の法律などはどんなつもりで出来とるのか、善い人間よりは、破れ家や、人殺しの悪請負人の方を大事にする様な事はないか。

成り金よりも成り人じゃ

世の中の仕事は、一に人、二に人、三に人じゃ。持金や、丈の高さを比べると、随分人間に差がある様じゃが、心の丈や、心の量を比べたら、とても一方は何処まで高いのやらどの位あるものやら比べきれないものじゃ。

金持も宜《い》いが、心持はまた宜《い》いね。

成り金よりは成り人にならぬと。成り金はいくらも出来るが、成り人はそう急に行かぬ。

海軍拡張、師団増設は気のつくが、人間拡張、人心増設は大事じゃが気がつかぬ。

多勢は要《い》らぬ、一人でいい

如何なる大事業にも、決して多勢は要《い》らぬ、一人でいい、誰一人誰が何と云っても俺がやりぬくと云う、真に決心有る者が立てば必ずや大成するものじゃ。

後藤象二郎が、「どうも、人物が無くて」と云うから、「貴様人物になったらよかろう」と云ったら、「それはそう」と云った事があった。

誰彼と、左右を顧《かえりみ》る事はいらぬ、自ら信じて自ら任じて、進めば足る。

数億の信徒を有するキリストの大宗教も釈迦の仏教も、詮じつむればキリスト一人の信であり、釈迦一人の信である。僅々《きんきん》一人の信念の深さ、これが即ち世を蓋《おお》うの大宗教の本体じゃ。

水の中から拾い上ぐるまで（この一行、底本でこの通りの体裁にて、小見出しなのか、本文の一部なのか判然としない）

水の中から、二つの石を拾い上げて、これを磨《す》れば火を発する、火を発すれば、燃ゆる材料は周囲にいくらでもある、それも、なるだけ生々しいのの方が能《よ》く燃ゆる。

世に道を唱うるのも、これと同一、水の中から石を拾い上げて、これを磨《す》るまでが少し骨で、一度《たび》磨《す》れば天を焚くの火となすは易々たる事じゃ。

開祖の坊主なぞは、皆これをやって居る。一つ開祖の坊主の気でしっかりやれ。時期もなかなかよい。

鼻くえ猿

昔、ある処に、十匹猿が居った。その中《うち》の九匹までは皆鼻がくえ《（潰）》て無かった。たった一匹だけが鼻を持って居った。

すると、九匹の鼻くえ猿共が、一匹の鼻の有る猿を見て、

「貴様は実に可笑《おか》しい奴じゃ、鼻が有るじゃないか」と笑った。

鼻の有る猿は、負けぬ気で、

「貴様達こそ可笑《おか》しい奴じゃ、鼻が無い位無様《ぶざま》な事があるか」と笑い返した。

すると又九匹の猿が、

「猿に鼻の有る奴があるか、論より証拠見て見ろ、貴様より以外には、唯一人鼻の有る奴は居らぬではないか」と云った。

そこで、一匹の鼻を有《も》った猿が一々見て見ると、成る程、一匹でも鼻を持った猿は居ない、自分一人が鼻の有る事に気附いた。

そこでとうとう、これは俺の鼻の有るのが間違って居ったと考えて鼻を削って鼻なし組に仲間入りしたと云う話がある。

今の日本は、教育でも、政治でも、何の方面でもこれじゃね。

精神の籠らぬ、間違った奴の方が数が多いから、初めに毅然として立派な行き方をして居った者までが、どうも今の世間はこれでは通らぬと云う事で、とうとう鼻を落して、鼻なし仲間に這入《はい》った様じゃ。

若い貴様達のせっかく持った鼻は、落さぬ様に大事にせぬといかぬ。

主とする処が違う

北条時宗が、元の使を切った。この時に、蒙古の軍が十万来るとか二十万来るとか、日本の兵士はわずかに幾万しか居ないとか云う、兵数如きを考えて居ったら、中々この元の使切るべしの断はなかったろう。

時宗の胸には「道の為切るべきか否か」、「国家の為切るべきか否か」、唯これあるのみで、十万二十万の兵数如きは、殆んど眼中に無いのじゃね。

主とする処が違うじゃ。

吉田松陰の詩であったと思う、確か、

倫理重而軀命軽、
目中何有虎賁兵、（虎賁。勇猛な軍隊）

他年餓死ス西山ノ志、
即是当初叩レ馬情、（叩馬。馬を引き止める。「伯夷叔斉叩馬諫曰」（『十八史略』））

と云うのがある。

周の武王が、殷の紂王を討とうとして、数多《あまた》猛将勇卒を従えて出ようとして居った処に、伯夷《はくい》、叔斉《しゅくせい》の二忠臣が出て来て、武王の馬の口綱を捕えて、「臣にして君を殺する事は不可《いか》ぬ」と云って、身を賭して諫《いさ》めた。

これを見た数万の猛将勇士が、不届きな奴と云って切ろうとする、しかし、二人は少しもそんな奴は眼中に映じてない、映ずるは唯《ただ》君一人、道一つじゃね。

遂に武王はこれを用いずに暴を遂げた。そこで二人は周（武王の国）の粟を食わずと云って西山に入り、蕨《わらび》を食って餓死した。

餓えても厭《いと》わぬ心、即ち、眼中虎賁《こほん》（勇猛な軍隊）の兵なき、馬を叩いて（叩く＝引き止める）諫《いさ》めた志じゃね。これを吉田松陰が歌ったものじゃ。重きは唯《ただ》、人の道じゃ、道あるのみ、国家あるのみ、無意無心、足を投じ手を挙ぐ、何物かこれを阻みこれを疑うの隙があろうか。

金で割に合う位の命では安いものじゃ

近頃軍人に会うと、軍人は引きあわぬ、と云う事をよく云う。

月給が少なかったり、贅沢が出来なかったり、割に合わぬと云う事を、戯れに云って居るかと思ったら、真から思って居る様じゃ。

まるで商人が品物の売買する時の云い草の様じゃ、どうもその気か知れぬ、気節を誇ると云う風はまるで見えない、金銭を非常に崇拝する、それが、地位の上位の者程甚《はなは》だしい様じゃ。

或る者が、「電話を掛けて居るのを見て居ると、電話口で頭を何辺（遍）でも下げて居る」と云って、軍人が金持に対する態度の、余りに卑屈であるのを笑って居ったが、電話でまでおじぎする様では不可《いか》ぬ。割に合うと云うのは、どの位の金が手に入ればいいのか、金で割に合う位の命では、安いものじゃ、高くても知れたものじゃ。

封建時代に四十万の士族が居た。これを明治になってから解散して、国民皆兵と云うので、百姓も商人も、今迄の士族と同様に兵に就く事にした。こうすれば、何十万でも、何百万でも兵が出来ると考えたのじゃろう。百姓も商人も、これに気節を修養させて高潔な士族の高さをあげたのならよかったが、士族の意地を引き下げて、百姓商人の卑劣な方に堕落さした事には一向気が付かんで居る様じゃ。頭数は非常な増加じゃが、これと共に精神気節を増加する事を忘れては、余り支那やアメリカの兵隊は笑われぬ。

古《いにしえ》の、武将を語る者は、上杉、武田と云う様に、謙信、信玄に先ず指を折るが、その味のある処は、区々《くく》の領土の拡張位に眼の暈《くら》んだ様な処は微塵もなく、まして、己れの一命の如きも、実に槿花《きんか》に宿る露も愚か位の了見は、何《ど》れもある。この根柢から出た戦《いくさ》であり殺闘であるから、割に合うとか、引き合わぬとか云う様な憫《あわ》れな考えの近頃の軍人とは、趣が違う様じゃ。

今の軍人は面《つら》からして、一眼見て品が無いようじゃ。

済まぬと思うだけがいくらか済む

人に親切を尽して、俺はこうもしてやった、と云う様に思ったら如何程《いかほど》の厚意も反《かえ》って仇《あだ》になろう。

真の親切は、親が子の為に尽す様に、こうもしたいが、ああもしてやりたいが、自分が力が足らずして少しも世話が届かぬ、誠に済まぬ、と足らざるを恥じる、このどうも済まぬと思うだけが、いくらか済むのであろう。

又、恩を返すとか、知己に報ゆるとか云う事も、俺はこの位に彼《あ》の人の為に勉めたから、こうも計ったから、恩も大分報いた、と云う様な考えであったら、とても恩は返されまい。

心の底から、何とか報恩の万分の一なりとせねばならぬが、誠に心足らずして、相済まぬ、と感じて、力の限り尽しながら足らざるをのみ憂うる位が、幾分の報恩であろう。

舜はこれ大不孝、瞽瞍《こそう》（舜帝の父）はこれ大慈父。

と云うことが、王陽明の『伝習録』かにあったと思う、この意味であろう。（俺は無学で一向書物などは知らぬが）。

舜は、世間からは非常に親孝行者と云われて居るが、自分では天下一の不孝者と思って居り、どうかして親に孝行したいと思って一生不孝者で親に尽した。

その父の瞽瞍《こそう》と云うのは、自分では非常に慈悲深い親のつもりで居た、しかし舜を苦しめ悪《にく》む事非常で、後妻を迎えるやら、舜を毒殺しようとするやら、世にも無慈悲な親と云われて居る、つまり、大慈父と思うのは大不慈父で、大不孝と思うて尽す心が天下第一の孝行であると云う事じゃろう。

尽してやったと思うのは間違い、報いたと考うるのは大誤り、実際人間は済まぬこと許《ばか》りであろう。

無人の境

真に任じたら、彼が邪魔であるの、誰が偉いの、人間位は相手が無くなろう、無人の境を行くが如くであろう。実際、任ずるの大なるものには、無人の境かも知れぬ、やり抜くじゃ。

人の一生

源の頼朝が、人間は先ず大義を一つちゃんときむる事が大事である、大義をきめたならば、恥を忍ぶ事と貧乏に堪ゆる事の二つを心掛けさえすれば、何事でも成就すると云って、又、
世の中を一寸と思え。

と云って居る。人の一生と云うものは決して一尺も二尺も長いものでない、ほんの一寸しかないものである、極めて短いものであると云う事を忘るるなと云ったと云う事が、『倭論語』の中にあった様じゃ。覇業の魁《さきがけ》をやっただけあって一寸《ちょっと》味がある様じゃ。

優しきものあって初めて敵なし

強者敵なしでは不可《いか》ぬ、仁者敵なしでないと。ドイツなどの敗るるのもそこを誤って居るからじゃ。日本が朝鮮人などに臨むにしても、強者敵なしと云う様な、西洋人流の粗末な考えを真似ては不可《いか》ぬ。旧い交際の友人間にも疑いは起り勝ちじゃ。余程自らの心事に欠くる処なき様に努めぬと。人を責むるは、よくよくの最後じゃ。自分の心に省みて、俺はこの位にも思い、これ程にも尽して居るに、未だ後悔するところがあるなと云う処があって、責むるのでなくては。

自己の足らざるを蔽わんが為の脅しなどはなさぬに優るじゃ。極めて優しきものがあって初めて敵なしじゃ。

三つの幸福

うむ、縁と云って居るのは、よく云って居る。人間に生れた事は全く有り難い事じゃ、なかなか生れられるものじゃない。

この人間に生れた事と、日本に生れた事と、男に生れた事を、しっかり感じなくては。この三つはなかなかのものじゃ。

その外《ほか》の金銭やなにかは、余計なものじゃ、なくもがなじゃ。

この三つの幸福をしっかり感じて有り難く発起《ほっき》すれば太《たい》したものじゃ。

死んだら

或る奴が、非常に困って、金を借りに行ったそうじゃ、たった五百でいいから、これが無いと死なねばならぬからと云って。

処が貸してくれなかったそうじゃ。それからそ奴が歌をよんで死んだそうじゃ。

死んだならたった五百と云うだろう
生きて居たなら百も貸すまい。

友情なども、死んで見るとああ尽して置けばよかったと思うが、生きて居る間は、なかなか尽せぬものじゃ。

誠

誠じゃ、俺なぞも、大抵その辺とは見当はついて居るが、七十年なかなか至り得ぬ。

神

神じゃ、髪一筋もじゃ。

直話集Ⅱ　一代回顧談

はしがき

獅子の口へ拳を突っ込む人、出来ない相談に乗って呉れる人、これが頭山立雲翁《おう》の特色である。翁は無位無冠にして、歴代の政府を監視し或いは頤使《いし》して来た人でもある。私はこれを国宝的存在と信じている。で、私はかねてから、永く後世に残るべき翁の閲歴談を編むことを発意し、これを立雲翁に進言し、同時に翁の最も親近関係に立つ浜地天松居士に図り、また頭山翁夫人及び令息立助君にも囑して、遂に翁の承諾を得、その一代の閲歴を作ることとなった。

翁自らいわく、「俺は無精者で、自分のことなど詳しい話をせぬから、自分のことを書いたものは大抵また聞きじゃろう」と。

そこで私は一言一句、翁の口唇を洩るるもののみを書き集めることにした。最初、こっちから話題を提供して一ヶ月もしたら出来上がるものと思うたのが、座上、客常《つね》に満ちて用談に忙殺され、かつ本来寡黙なる翁の事とて、翁一身上の談はほとんどこれを聴くの余閑なく、一年有半の間、翁の邸に日参同様にして、やっとこれだけの材料を得た。正にこれ、牡蠣《かき》の中から真珠を拾うの思いであった。それだけこれは最も貴重なる、立雲翁唯一の直話《じきわ》である。もしこれを敷衍《ふえん》したり、修飾したりしたら、一項目優に数十頁にもなりそうなのを、私は忠実に、翁の閲歴談をそのままに伝えて、その真面目《しんめんぼく》を如実に現わし、一言一句の間に、機微なる点睛の妙味を示そうと努めた。翁の座談は、飾らずして巧みに天真流露を見る。以下翁の直話に移る。

（編者記）

*

これが自分の身の上話の初めてじゃ

私《わし》は無精者で、自分の事を話そうと言うて話した事はない。七、八年前、玄洋社の者が、書きたいから話をして呉れと言うたのを書かせなかった。これまで、雑誌や何かの本に出た私《わし》の閲歴に関した話というのは、大抵復《また》聞きじゃろう。私《わし》の事を書くからと言うて断りに来たのはあったが、唯それだけの事で、私《わし》はそれに自身の事を話してやったような事はない。私《わし》は何を書かれても構わん。唯天が真実を知る。知己を天に求むるのじゃ。……ま、そうじゃ。これが、自分で自分の事を語る初めてじゃ。

本を読む事は好きであった

本など読むことは、私《わし》は兄弟中一番好きで、記憶もよかった。先生の話は口うつしによくやったもので、輪講をやると一番出来がよかった。三つ違いの兄に勧めて本を読ませた位だ。私《わし》の読書か？　春秋左伝あたりまでじゃったろう、外史や靖献遺言《せいけんいげん》のようなものは誰でも読んだのじゃ。父は放任主義で、自分を一番可愛がった。私《わし》には何んの苦労もなかった。

独りで淋しくない

そこで、わざと飯も食わんで、身を苦しめて見たり、山中へ入って仙人の稽古をするなんぞと、好んで苦労をして見た。側《はた》から見たら、私《わし》は浪人者故、不遇と思うだろうが、不満も不平もない。第一私《わし》は退屈するということのない人間じゃ。独りで淋しくない。大がいの者は独りでは淋しがるが、私《わし》は何んともない。兄が今もいう。「お前は子供の折から一人で淋しくないといったが、今にそうだ」と。

私《わし》はとにかく、生得《しょうとく》仕合わせに出来た。幾度も殺されるようなことをしても、自分はかすり傷も負わない。運が強いというのじゃろう。人が心配をするような冒険に興味があった。

少時私《わし》の読書法

私《わし》の読書法は、気に入った処だけを肚《はら》へ入れるまで熟読したものじゃ。十八史略を読んで、禹《う》が江《こう》を渡る処で、黄龍現われて舟を覆う条下《じょうか》で、禹王が泰然として、「生は寄なり、死は帰なり、龍を観る事、蝘蜓《えんてい》（やもり）の如し」とかある処で、

「ここだ！」と考えてその時の禹王の心持ちになって見る。

また、項羽が始皇の巡狩《じゅんしゅ》の行列を見て、

「取って代わらん」と目をいからして進み出《い》ずる処を読むと、

「これだ！」と、また項羽の肚《はら》になって、その勇気の勃々たる処を考える。項羽は快男子じゃ。事成らずといえども、男子として堂々たる一生じゃ。

己《お》れは泣かぬ児《こ》であった

客「私《わたくし》が外国に居った時、その家の主人が旅行に出て細君が留守をする。夜になって、淋しいから、私《わたくし》に細君の室《へや》へ入って話でもして呉れと言います。私《わたくし》はそれはいかんというて、自分の室《へや》へ鍵をかけていると、細君は淋しいと言うて子供の様に声を揚げて泣き叫ぶので、驚き呆れました」

翁「世界中、泣かないのは日本人ばかりじゃろう。どこの国でも、大人が声を放って大いに泣くと書いて居るようじゃ。私《わし》は幼少の折、母に物をねだる時の外《ほか》は、声を出して泣いた事はなかった。外《そと》では決して泣かなかった」

俺の碁将棋は真剣だと強くなる

二度目の鹿児島入りの帰途《かえり》じゃった。川口雪蓬や、河野主一郎などに会うて来たのじゃ。その帰りに加治木へ立ち寄ると、道路から直《す》ぐ見える店先の様な処で碁を打ち居る。私《わし》は立ち留まって見て居ったら、何時《いつ》までも見て居るもので、彼方《あちら》で、

「お前さんは碁をやりますか？」と問う。

「お前達位は打てよう」というと、

「そんなら一番願いましょう」というので、向こうが白を取る。

「田舎の碁打ちが、そんな我がままをするものでない」と私《わし》は叱って、「握りで行こう」という事にした。私《わし》は白になって打つと、うんと勝った。二番やったが彼奴《やつ》また負けた。口惜しがって、町で一番強いというのを連れて来たが、これも駄目じゃ。まるで相手にならん。

「あなた様は初段で御ざいましょう」という。私《わし》は加治木初段になった。

碁は十三歳の時、郷里で覚えた。近所の老人が毎日碁を打ち居るので習った。間もなくその老人を負かして、五ツも置かせるようになった。

後、玄洋社で、かけ碁をやった事がある。牛肉屋とやったのじゃ。元は士族で相当の人間じゃ。それが牛肉屋を開業して繁昌して居った。

「貴様が負けたら、玄洋社の者へ牛肉を御馳走せ」というと、

「宜しい」という事で、私《わし》が負けたら、自腹を切って牛肉を買って皆んなに振り舞う事にしてやった。

平生は、この男は私《わし》へ五目《もく》置くのじゃが、

「今日は真剣じゃからせいい目《もく》で来い」というて、せいい目《もく》でやらせた。

処が、不思議と私《わし》が勝つ。何度やっても私《わし》が勝った。

私《わし》は、妙に真剣となると強いので、十七ばかりの時、賭け将棋をやった事がある。兄が他の者と将棋をさして居るが、どうしても勝てぬ。そこで私《わし》が代わってやった。私《わし》は兄よりも碁なら強いが、将棋はずっと弱いのじゃ。処がこの時、その者と対《たい》でやって勝った。彼方《むこう》はどうしても勝てない。

後に東京へ出て、総理など訪問の時でもそうだ。こちらは生《き》一本の真剣で打《ぶ》つかって行く。何んのわだかまりもないから強い。彼方《あちら》は何か胸の中に弱点があって、びくびくして居るようじゃ。賭け碁の時も、私《わし》は最初から覚悟を定《き》めて、牛肉を皆んなへ奢《おご》るのじゃという肚《はら》でやると何んともないのじゃ。

生まれながらのだだくさ者

「私《わし》の豪傑修業か！」

何んにも修業はせん。生まれながらのだだくさ者じゃ。無頓着に思うままを振る舞ったまでじゃ。先輩の激励だの鼓舞だのということもない、人蔘畑の塾へ行く前に、モウ私《わし》はこんな人間に出来上がっておったのじゃ。私《わし》が人蔘畑の婆さんの高場塾へ入ったのは二十歳ごろじゃった。そこには先輩格で宮川太一郎——今の宮川一貫の親父じゃ——それ等がおって、宮川は私《わし》に年は幾つだというから、二十だと答えると、

「何！　戊辰《ぼしん》ごろの二十歳だろう！」と宮川はいった。

宮川は私《わし》より七歳も年上じゃったが、私《わし》はそれと同年位に見えたのじゃろう。顔は老成していたのじゃ。一番年下で、皆んなから苦しめられるべき方なのだが、そんな事で、一度も苦しめられなかった。宮川など身体《からだ》も大きく力も強かったのじゃが、私《わし》を年下扱いにはしなかった。

仙人修業の三年

私《わし》の仙人修業は、三年ばかりじゃ。「大久保斬るべし」の覚え書きが役人らの手に入った為に、同志十余名と福岡の牢屋へ入れられる少し前まで、私《わし》は山へ入って仙人になっておったのじゃ。二十歳後の事じゃ。私《わし》の家の山じゃ。そこに番小屋のようなものがあった。私《わし》はそこに寝て、何んにもせんで、仙人になるつもりでおった。飯は炊いて食うが、それも面倒じゃと、七日位は食わずにいる。お菜《さい》は一年も通して梅干ばかり食うたこともある。延べ勘定にしたら、この仙人修業は三年位はあったろう。

何んの慾もなかった。美味いものを食いたいなどいうこともなく、無慾恬淡《てんたん》の修業にはなった。また艱苦《かんく》に堪える修業にもなった。独りでいて淋しくない方の修業にもなった事じゃ。私《わし》は酒も煙草もやらず、女などの事は思いもしなかった。死ぬるも生きるも同じように思うておった。その中《うち》、世間が余りごたごたするようじゃから、仙人でも居られんと思うて、また山から里へ出て来た。それで矯志社《きょうししゃ》というのを設けて、今度は世の中を改良してやろうという考えじゃ。する中《うち》に、「大久保斬るべし」の宣言書が見付かって牢屋へ入れられた。十人ばかりの同志が挙げられたのじゃが、牢屋で苦しがらんのは私《わし》ばかりじゃった。仙人時代よりはずっと気楽じゃ。懐手をしていて三度々々の御馳走が運ばれて来るし、梅干のお菜《さい》に比べたら牢屋の弁当は大した御馳走じゃ。それで大勢の仲間が一緒だし、風《ふう》の変わった他の者も雑《まじ》っているし、面白い倶楽部じゃ。とんと別荘にいるようなものじゃった。

平野国臣と近藤勇

私《わし》は、直接誰の指導を受けんでも、間接には郷里の先輩の事など考えて発憤もした。平野国臣などの事は、よう知って残念に思うた。平野は大いに遣《や》れるはずであったのが、時と処とを得ずして急にことを挙げて成らず、一敗地に塗《まみ》れた事情など、実に残念じゃ。

「平野は二十人力の大男で……」などと、何時《いつ》か本人を見たことのない者共が話しているのを聞いておかしかった。

平野は小男の方で、小男の英雄豪傑も少なくないのじゃ。平野は一見温順であったが、なかなか武芸は出来たのじゃ。

何？……近藤勇も小男じゃ？……否《いい》や、近藤はそうじゃなかろう。先年盛岡で、知人の処で近藤勇の写真を見たが、がっしりした立派な体格であったようじゃ。真剣になるとなかなか強いもので、平生《ふだん》の稽古の時とは別人の様に見えた様子じゃ。

有馬藤太が話に、

「近藤の前に出ると、その落ち付いた、研ぎ澄ました刃《やいば》のような姿には圧《お》されるようで、私《わし》も居堪まらなかった」といっていた。天成の剛胆者のように思われる。

平野などは、同郷の先輩でもあるし非凡な豪傑でもあったし、それがあんなことになったもので、私《わし》は残念に思うておった。その他にも越智（彦四郎）武部（小四郎）など、一期前の同郷の先輩がおった。また箱田（六輔）も年上じゃった。しかしこれらは、私《わし》が一人前になってから交渉を持ったので、少年時代にその感化影響を受けるというようなことはなかった。私《わし》は昔から独立独歩、一人で勝手に、持って生まれたままを振る舞うたまでじゃ。

（翁の長兄筒井亀喜翁も言われた、「満は幼少の折から変わっていました。あれは生まれながらの無頓着で、度胸者で、自制力も強く、断行力もあり、普通の人には出来ないことをやりました。頭山家の血統には、そんな類の豪傑風なのは更にないので、祖先以来あんな風の人間は一人も出なかったのです。誰の影響感化を受けたということもなく、生まれながらの変わり者です」）

平岡は行儀がよかった

福岡にいるころ、私《わし》は玉子焼というのを袂《たもと》へ入れて食うて歩いた。平岡（浩太郎）は、博多織の羽織など着て洒

落ていた。英姿颯爽といぅ風であった。両人連れ立って行きながら、私《わし》は玉子焼を出して食ぅ、平岡は、

「こらこら、そういうものはしまえよ」

と小声でいって留《と》める。私《わし》は玉子焼を出して、

「貴様も食えよ、うまいぞ」

と突き付けると、平岡は聞かんふりして離れて行く。行儀がよかった。

江藤新平の挙兵

明治八年（七）に江藤（新平）は佐賀で兵を挙げたが、事成らず一敗して同志離散し、潜行して土佐へ落ちて行った。もしあの時、土佐の議論が一致しておって、板垣や林（有造）などが団結しておったら、或いは彼らは江藤を援《たす》けて立ち上がったか知れんのじゃが、それが出来なかったので江藤も浮かばれんであった。気の毒な事であった。林勇造は、大西郷の挙兵に応じて起《た》つだけの準備をしておったというので、片岡とは余ほど段違いの者であったらしい。

正直者、前原一誠

前原一誠《いっせい》は、これも正直者で、大久保一派に反対して賊名を取ったことは可憫《かわい》そうなものじゃ（萩の乱）。あれは明治九年の十月じゃ。その折、伯父さんかへ送った手紙というのは、言々人を動かすもので、私《わし》は今でも暗誦している。それはこうじゃ。

「忠謀破れて賊となり、恨を呑んで九泉に帰る、実に畢生《ひっせい》の遺憾なり。豊田の死生未だ知らず、憐むべきなり。僕等兄弟三人、実に心《こころ》忠にして形《かたち》賊なり。唯千載の公論を待つ。かつ僕等なお未だ死せず、千辛万苦、野に伏し山に伏し、北海の波に漂うて後図《こうと》を謀らんと欲す。事遂げずして死せば天命なり、老兄幸いに我等

が心中を御賢察給《たま》わるべきなり。頓首一誠」

そうじゃ、私《わし》は地獄耳で記憶はよかったのじゃ。七歳の時、父と兄と一緒に扇屋という寄席を聴きに行った事がある。井伊大老が斬られた翌年で、桜田銘々伝を語っておった。私《わし》がそれを能《よ》く覚えて、帰ってから手真似までして話して聞かせて家の人を驚かしたことがある。

それから、前原が賊名を蒙《こうむ》る前のことじゃが、最初征韓論が成らず、木戸と合わずして朝《ちょう》を去る時の「辞《ことば》」というのもあった。それも今に暗誦している。

「未だ弾丸矢石《しせき》の間《かん》に出没せざる児《こ》等、時に乗じて跋扈跳梁す。西洋事情を師として、専ら国勢を弄す。国家果たして富むべきか、兵力果たして強うすべきか、風俗果たして篤うすべきか、人民果たして安かるべきか。我未だその停止する処を知らざるなり。我この輩《やから》と朝《ちょう》に在って国を売るの謗《そし》りを得んよりは、寧《むし》ろ勇退して後図《こうと》を成さん」

江藤でも前原でも、あのころ賊名を蒙《こうむ》った者は、正直者が多かった。

（翁の二十歳過ぎ、血気盛りのころには、九州が日本の本舞台の観があった。第一に天下の大立者、大西郷が征韓論敗れて後、鹿児島に退隠する、板垣は土佐に還る、江藤は佐賀に、前原は萩に引き込む。全国人の注意はこれ等の人々の上に向けられたのである。そのうち明治七年の二月、江藤新平先ず佐賀に乱を起こして失敗し、九年十月には前原一誠また萩に兵を挙げて失敗したのである。しかし薩南の健児は負嵎《ふぐ》の虎の如く大西郷を擁して控えているので、政府ではいよいよ神経を尖らし、頭山翁一派の組織する矯志社の家宅捜索を始めた。すると社の盟約書の中にいろいろと過激な文字があり、殊に「大久保斬るべし」という一ヶ条があったので、これを証拠物として翁以下の社員一網打尽、投獄の身となった。）

私《わし》の獄中生活

私《わし》の入獄は、最初は福岡の牢屋で、西郷の戦争が始まると萩の牢屋へ移された。判決は受けず……そうだ、その未決のままで一年居ったのじゃ……そうじゃ、政府の方では我々が自由の身でいると何を仕出かすか知れんに依って、囲いの中へ入れて置くつもりであったろう。十人も同室へ入れて置いた。

その中に盗人《ぬすっと》が二人交《まじ》っていてね、私《わし》の事を先生様といっておった。彼奴《きゃつ》がいうには、先生様が最初ここへお入りになった時には、余ほど腕の良い親分が来たと思いました、というのじゃ。何んでも私《わし》の事を同じ盗人《ぬすっと》くらいに考えたのじゃろう。そいつなかなか利かん奴で、そんな悪人らしくもなく、役に立ちそうな者であった。貧乏者へは恵んででもやる方の盗人《ぬすっと》であったかも知れん。私《わし》共のいる間、卑怯な真似もしなかったようじゃ。萩の牢屋では、私《わし》共は十人も同室じゃった。その盗人《ぬすっと》の奴共が賭博をやって、わっぱを賭けるのじゃ。飯を入れるあの曲者《まげもの》じゃね、わっぱというのは。すると、その負けた奴は、飯ごと、わっぱを取られて了《しま》う。取った奴が私《わし》の処へ持って来て、先生様に差し上げるというのじゃ。他に楽しみもない牢屋で飯を取り上げられる奴が可愛想じゃから、そ奴にやれというと、それでは折角《せっかく》の賭博が面白くありませんという。

入獄した同志は皆元気であったが、一人だけチブスに罹って病死した。助からなかったのじゃ。私《わし》は牢屋の中だって退屈もせん、じっとしていられる。仲間は皆退屈がっておった。……今に生き残っているのは無いようじゃ。そのころの私《わし》はひどい生活をしていたもので、牢にいる方がよッぽど良い生活じゃ。平生は着物だって汚れているし、まずい物ばかり食っている。無ければ何日も食わん位じゃったから、牢屋にいる方が上等なのじゃ。

入獄中、母の訃音

その中《うち》、母親が死亡した。それで、私《わし》はわっぱ飯の上に載せてある魚を、そっくり仲間の奴へやって、五十日ばかり精進をした。それから墓参りをする位の路程《みちのり》を測って、毎日牢内を往ったり来たり歩いた。病気も何もせん。その前にも、何日も何日も飯の菜《さい》に梅干ばかりを食ったりしていた位で、牢屋は極楽であった。

（前に出た翁の一期前の先輩、越智、武部等は、翁が入獄中、西郷の挙兵に応じて、同志数百人と福岡に兵を挙げたが、たちまち敗れて、斬罪に処せられた。その中《うち》、西郷以下薩南の健児、多く城山の露と消え、征韓論破裂以来、九州の天を蔽うた暗雲も、ここに一掃されたのである。そして、翁また赦《ゆる》されて出獄の身となった。出獄後、間もなく、翁は鹿児島に赴いて西郷の遺霊を弔うた）

＊参考資料引用（頭山統一著『筑前玄洋社』一九七七年、葦書房刊、四二～四四頁）

筑前において、箱田ら急進派を逮捕し、これを殺さず、武部、越智ら正統主流派を放任し「泳がせ」たのも、この大久保戦略の局地的具体例であったといえよう。当然のことながら山口の獄における拷問取調べは苛酷をきわめた。松浦愚は、旧就義隊時代筑前の刀工信国に三尺三寸の長刀を鍛えさせ「以て天下を横行するに足る」と壮語した豪傑だったが、獄中生活はかれの健康を蝕み、死に至らんとしてようやく保釈を許されたが帰宅後、直ちに没したという。

拷問と苛酷な獄中生活は、各人の資質や個性を次第に明瞭にする。獄中にあっては同志の心も荒まざるをえぬが、些細な原因で起った内輪喧嘩を、「君たちは長州まで来て、馬鹿げたことで矯志社の恥をさらすのか。何の為の同志か忘れたわけではあるまい。大望を忘れたか」といって押えたのは、年少の頭山満だった。また後に玄洋社社長となった進藤喜平太は、率直かつ正直な性格を認められていたが、勇気をもって同志の畏敬を受ける存在となったのは獄中での態度によってであった。大正十四年、進藤が七十六歳の生涯を終えたとき、中野正剛は「進藤喜平太翁」の一文を草しているが、その一節は当時の獄の情景を伝えるものでもある。

……高場女史常に曰く、門生中其の心事の高明にして、素練を秋水に洗ふが如きは進藤なり。進藤にして若し勇気だにあらば、其の前途真に測る可らざるものあらんと。蓋し高場女史は英邁なりと雖も巾幗（きんかく。女のこと＝引用者注）に過ぎず。進藤先生の玉質玲瓏たるを見て、未だ其の真勇鬼神を恐れざるを看取し得ざりしが如し。然るに明治十年の乱頭山立雲以下契盟の士悉く獄に投ぜらるるに及んでや、進藤先生の真骨頂は直ちに同志の驚嘆する所となれり。始め同志の捕はるるや、拷問苛責至らざるなく、緊縛して逆釣りにし、青竹を以て乱打し、肉爛《ただ》れ、眼眩み、失神するもの屢屢《しばしば》ならんとせり。此の間にありて、衒《てら》はず、怯えず、言ふべきに言ひ、黙すべきに黙し、応答停滞なく、水際だちて決心のほどを想はしめしは進藤先生なり。頭山翁常に曰く、同志は交々牢屋より引き出されて、残酷なる拷問に会へり。何れも死せるが如くなりて、戻り来るに似ず、進藤のみは文字通り泰然自若として眉毛一本動かさず、神色毫も平常と異なるなし。乃ち彼れ一人苛責を免れしかと疑ひ、試に衣を排して其身体を検すれば、膚裂け、肉破れ、却て最も拷問の厳しかりしを示せり云々と。嘗て高場乱子女史をして、勇気だにあらばと評せしめし進藤先生は、此の時に当りて始めて勇気こそは進藤と称せらるるに至りしなり。（参考資料引用終わり――引用者は本書刊行所）

南洲の師友、川口雪蓬

私《わし》が鹿児島へ最初行ったのは、西郷の戦争の後で、私《わし》は二十五歳であった。鹿児島では、西郷に殉じて壮士八千、皆んな命を捧げた後だから、役に立ちそうなのはおらん。川口雪蓬という老人が、西郷の遺族の世話をしておった。その時、モウ七十位の老人で、白髪頭《しらが》で、それでかなり肥満《ふと》って威厳のある人であった。豪傑肌の男で、厳重な、威力のある堂々たる風采で、西郷夫人でも叱る勢いじゃった。況《いわ》んやその他の者は、一喝されると縮み上がっておった。西郷より十歳も年が多かったろう。

何んでも、西郷が大島三左衛門と名乗った、あの大島へ流された時、同じ配所で友達になった人間で、学問もある、西郷の師友じゃったろう。それが大塩中斎だろうという噂まであったのじゃ。年齢からいって丁度はまるのじゃ、……そうじゃ、鬼一法眼《きいちほうげん》のような顔じゃった。俊寛僧都が鬼一法眼になっているかね。そうか、大塩が川口雪蓬になると好一対じゃね。雪蓬は、南洲の死後、遺族を見とっていた。その前から家政を預かって、西郷の妻子の教育や取り締まりをしていた。

本も読んだし、書も達者で、人が西郷に書を頼むと、「何、私《わし》が書いてやる、私《わし》の方が上手じゃ、ハハハハ」といった気合いの豪傑であったという。徳川氏の奉じた朱子派の学問をする者を不具学者《かたわ》と嗤《わら》って「温良恭謙譲」

の不具《かたわ》がと罵《ののし》っておったようじゃ。

私《わし》が川口から、西郷の愛読したという洗心洞劄記《さっき》——大塩の著書じゃね、あれを川口老人から借りた。川口は、モウ大木が皆切り倒されて、鹿児島は何もありませんといいおった。例の桐野などは猛烈なもので、孤軍奮闘、囲みを破って故山に帰った時も、にこにこして少しも屈托する色もなかったというのだからえらい。あれは鹿児島でも第一等の強い者で、かつて廟堂に列した時、皆んなで大議論の折り、「木偶長袖《でくちょうしゅう》の輩、何をかせん」と大きな声で怒鳴ったというので、その席には西郷も居ったのじゃ。すると岩倉が色を作《な》して、「木偶長袖《でくちょうしゅう》とは誰を指していう事か」と咎《とが》めた。声に応じて桐野は「貴公らの事じゃ」とやったには、岩倉も歯が立たなかったという。何んでも桐野らの肚《はら》では、岩倉などの軟論者を退治して、新政局樹立を手っ取り早くやって了《しま》うはずであったらしい。西郷が止めてやらせなかったのじゃ。こんな桐野以下、逸見十郎太、篠原、別府など皆城山で斃《たお》れた後だから、暴風一過、根こそぎ何もかも吹き飛ばされた形で、人間はおらん。川口は西郷の留守宅を世話して、戦争には与《あず》からんのじゃから、政府では何んの咎《とが》めもない。私《わし》の行った時には、全くの世捨人隠居で遺族を見取っておった。

私《わし》はその洗心洞劄記《さっき》を一寸《ちょっと》見せてもらったのだが、そのまま黙って持って来た。すると私《わし》と一所《いっしょ》に行った松本が同じ宿にいるので、

「川口は恐ろしい人間だから、大切な本を黙って持って来てはいかん、そればかりは止《よ》せ」という。

私《わし》は、

「そんな事は何んとも思わん。とにかく見せて貰《もら》うつもりで出して貰《もら》ったのだから、持って帰ってゆっくり読んで宜しい。貴様がそんな心配せんでよい」といって、無断でとうとう福岡へ持って帰った。

それから、東京へ出て、東北漫遊——ぼろぼろの服装で跣足《はだし》で無銭旅行をやったのじゃ。その間も、例の洗心洞を風呂敷包みにして離さなかった。東北旅行から帰って来ると、中島翔《かける》が大変心配して、「川口雪蓬が非常な

憤《おこ》り方じゃ」という。

黙ってその本を持ち帰ったから、その後行った筑前人は、皆ひどく川口に叱られる。頭山という奴は不届至極だから、腹切らせると憤《おこ》っているそうで、真藤《ママ》なども大変心配しているという。私《わし》はそれを聞いて、

「そうか、モッと憤《おこ》るようにしてやろう」と、だだくさな手紙を書いて雪蓬に送った。その文意は、洗心洞剳記を見せてもらったが、あれは表紙を見る為でなく、熟読するつもりであったので、貸したのなら黙って貸しっぷり好《よ》くして見て居たら可《よ》かろうというようなことで、礼はいわずに、モッと憤《おこ》る様な手紙を郵便で鹿児島へやった。

二度目の鹿児島入り

その翌年、私《わし》はまた鹿児島に行った。川口雪蓬を訪う。私《わし》は、洗心洞剳記《さっき》のことは、おくびにも出さんで、他の話をしていた。今に川口が何んといって怒るかと見ていたが、向こうも何も言わん。私《わし》は、

「友人共があなたの書を頼んでいたから書いて下さい」

といったら、こちらでは紙も持って行かないのに、他の依頼者の紙へ七枚書いて呉れた。彼これ三時間も話をして、モウ帰ろうかと思うところ、川口はにこにこ笑って、

「洗心洞は熟読になりましたか」という。私《わし》も笑って「あなたが、中程で催促をされておられるというから、お返事を先日差し上げたような訳です」と答える。

「あれは、預かり物でございましたから」と、川口の方で詫びて御機嫌でいる。

それから、山崎闇斎が註をしたとかいう靖献遺言《せいけんいげん》を、川口が立派な美濃紙へ写したのと、陽明文粋というのを奥から持って来て、

「これは私《わし》の物ですから」といって私《わし》に呉れた。

そのころ、私《わし》は左手《ゆんで》の中指を切ったのがまだ癒《なお》らんので、雪蓬はそれを気遣うて、「お身体《からだ》が大切ですから、鹿児島の病院に能《よ》く診せたら如何です」と言って居た。憤《おこ》るどころか嬉しがっていた。

ナニ？　この指を切った訳か。これは女が呉れというから、台の上へこう載せてポンと切ったのじゃ……ハハハ。それは些《ち》と怪しいかね。そうじゃ、本当は福岡にいて、兄などと一所《いっしょ》に竹を切って何か作っていると、過《あやま》って左の指を切ったのじゃ、落ちるほど切れたのじゃ、それを布片《きれ》で結んで置いて、ほど経て見ると、一つ捩《ねじ》れているのじゃ、これは駄目じゃ、却《かえ》って邪魔になる、何かする時、工合《ぐあい》が悪い。そこで、敷居の所へ載せて鉈《なた》刀で切った。塩を一握り用意して置いて、それを附けたらよかろうと思ったが、動脈を切ったので塩位で血が止まらん。真藤《ママ》が来て、それはいかん、医者にかかれという、それでも、血が黒くなって塊まった。私《わし》は不死身じゃ、血が強いから、大がいの傷ぐらいは癒《なお》る。

この時、鹿児島へ二度目の出張は、本当の用向きは、川口雪蓬よりは河野主一郎に在った。河野は逸見《へんみ》十郎太とは兄弟のような仲で、驍武《ぎょうぶ》無双といわれたのじゃ。それが西郷の城山退却の時、助命のために出京し、引き留《と》められて城山へ帰れず、福島で懲役をしておった。そこへ私《わし》は前年東北漫遊の折、河野広中の家に半月ばかり遊んでおって、河野主一郎に会うた。監獄にいる懲役でも、そのころは人の家へ来られたものじゃった。そこで、広中の家に呼んで主一郎と三人大いに語り、食い、楽しんだ。その時、河野主一郎に約束をして、「お前、鹿児島に帰ったら知らせよ、私《わし》は鹿児島へ出かけて話をする」といって置いたのが、いよいよ今度帰った通知があったから、私《わし》は出かけたのじゃ。

河野主一郎は起《た》たなかった

その頃は、私《わし》は何んでも面白い時代で、強い物へ打《ぶ》つかって見たい、途方もない事をやって見たいという気が一杯じゃった。危ない事もやった。三十まで生きるとは思わなかった。それで、今度河野主一郎と鹿児島で会うて、驚天動地の仕事をやろうと思った。前年、福島で会うた時、河野は、いざとなったら私《わし》の手で二万人は集められますと言い居ったのじゃが、この時、河野は、一時間ばかり手を組んで物もいわない。そして「私《わし》にはこの御相談は出来ません」といった。私《わし》の大仕事もこれで中止されたのじゃ。

大珍物の洋傘《こうもり》

この二度目の鹿児島入りの時、大珍物《だいちんもつ》を画《えが》いた洋傘《こうもり》をさして行った。その頃、白金巾《しろかなきん》か何かで張った洋傘《こうもり》がはやったもので、ただ白くてもおかしくないから大珍物を画《えが》いたのじゃ、それをまたさして帰った。よほど後まで残っておった。

私《わし》は健脚で、この鹿児島行きに半日で十里余もかけた。一所《いっしょ》に行った者が足一面にまめを出かしたり、ついには足が棒の様になって曲がらなくなって顔色まで変わっておった。

気位は何時《いつ》も大名じゃ

鹿児島の帰途、加治木で碁を打って大いに勝って、

「貴方は初段で御ざいましょう」と言われた事は前に言った。

加治木初段にされて引き揚げて、三角《みすみ》から船で長崎へ廻った。有名な料理屋油屋と言うのがあるというから行くと、これは長崎第一等の店じゃそうで、玄関で断られた。

「今日は客が一杯でございますから折角《せっかく》で御ざいますが」と、悪魔払いじゃ。

そのはずで、田舎初段の大先生も、ひどい服装で乞食同然なのじゃ。止むを得んから、

「しかし、茶を一杯呑む位はよかろう」と言って、私《わし》は店先へ腰かけた。帰ろうとして茶代十円出したら、急に様子が変わって二階へ上げる。下へも置かぬもてなしじゃ。……そうじゃ、その頃の十円は一寸《ちょっと》役に立ったものじゃ。私《わし》の懐中も、それきりであったようじゃ。一文なしでも、気位だけは何時《いつ》も大名のごとあった。

大久保暗殺の報

大久保が島田一郎に殺《や》られたと聞いた時、私《わし》は家で百姓仕事をしておった。「これは、板垣が起《た》ち上がるかも知れん」と思うた。直《す》ぐ兄の処で十円借りて、土佐へ出かけた。その時、土佐の鏡川の橋の上に寝たら、寒くて夜中眠れなかった。十二月の二十五日に、袷《あわせ》（裏地付の着物）一枚で出かけたのじゃ。朝見ると髪に霜が付いていた。野宿もいろいろあるが、野に伏し山に伏す位は常住の事で、戸板へ寝る、梯子の上に寝るのが一番寒いという事じゃ。

（翁は、板垣退助が大久保暗殺人心動揺に乗じて兵を挙げ、西郷の遺志を継ぐものと見て土佐へ出かけたのであるが、板垣は、西郷さえも成功しなかった以上、最早腕力で天下を争うことは出来ぬと考え、この上は言論の力で争う他ないという。それから翁も腕力を思い止《とど》まり、爾来《じらい》言論によることにし、福岡に帰って新聞を興し、また玄洋社を組織して青年を養成し、以て他日雄飛の素地を造った。）

土佐の民権婆さん

それは、土佐へ行って居た時じゃ。板垣が民権を盛んに唱えたのじゃ。すると、土佐で民権婆さんという女の豪傑が出た。独身者で、私《わし》がその女の処へ宿を取って居た。板垣などが、あの家に泊まって居るがよかろうと勧めるものじゃから、私《わし》も銭《かね》もいらず泊まった。すると、その女が夜、私《わし》の床へ入って来る。恥を掻かせては済まん事と大いに義理を立てて奮闘して、その女を討ち死にさせたのじゃ。却々《なかなか》只の女じゃない。その時四十五、六じゃったろう。土佐の知事をして居った渡辺国武をやり込めるという剛の者じゃ。何かの事で渡辺に言うと、渡辺はそんな事は西洋にもないからという。お前さんは日本人でありながら西洋にないから、せんとは不都合な事をいう。日本人でないのかと、散々やり込められたという話じゃ。

そして、自分が一人で、親戚から女の子を貰《もら》って、婿養子を迎えようというのじゃ。私《わし》に養子に来いという。それは結構な話じゃが、金もその頃で二万もあるというから今では十倍に当たるだろう。じゃが、「私《わし》など磔刑《はりつけ》になるか打ち首になるか知れたものでない。二万や三万有った処で、直《す》ぐ無くして終《しま》おう、その話は止めじゃ」というと、婆さん考えて、

「お前さんならやりかねまい、お前さんには叶わんよ」というのじゃ。

私《わし》は女には縁が有ったのじゃが、しかしこの民権婆さんがなかったら、私《わし》は酒も煙草ものまず、一生放蕩もせずに終わったかも知れんのじゃ。

東北無銭漫遊

私《わし》の東北漫遊談か。乞食旅行じゃ。跣足《はだし》で半年も同じ着物で行くのじゃ。それでもあの頃は侠客仲間が、次々と渡って泊まり歩く話と同様じゃった。行く先々でどうにか泊まる処も出来て廻ったのじゃ。東京から行って、福島では前にもいった通り、河野広中の処に半月ばかりおった。佐藤清とかいって、土地の新聞の社長の家に河野が口を利いて泊まる事にした。その家の二階にいるのじゃが、どっちが居候やら判らんことになって、佐藤が大いに弱った様子であった。私《わし》ほどの遠慮知らずの無頓着者はないのじゃ。

仙台に三日

それから、仙台では、若生清一郎とかいった男の処に泊まった。この男は有力者であったのじゃが早死にをしたので、中央に名が知れずに終わった。それから村松亀一郎といった有力者もいると聞いて行ったのじゃが、これは旅行中不在であったのが、後で庄内の酒田で図らず会うた。仙台には二、三日しかいなかった。

弘前で木戸御免

弘前では三日ばかり泊まった。菊池九郎の世話になった。最初、菊池は不在で、博覧会へ行っているという。大火後の景気直しの博覧会じゃと聞いた。博覧会は切符を買わなくては入れんという。私《わし》は「菊池に用があるのじゃ」と番人へ申し渡して入った。その前に橋銭も只で通る。とんと無銭飲食の格じゃね、気狂いみたいに思ったろう、黙って通したのじゃ。

黒石町で演説で飯が食えた

その前に、弘前から三里南の黒石町へ行った。これは弘前の津軽家の支藩の城下町じゃった。当てもなくこの町に入って一夜寝る処を見付けようと思うて行くと、学校がある。飯食おうと思って入って行くと、先生達が十余人いる。それを集めて私《わし》は演説をした。すると大喝采で、「モ一回やって下さい」という。またやると、料理屋へ連れて行って御馳走した。

私《わし》も演説で飯が食えたのじゃ。

それから秋田を素通りして庄内へ入った。その夜は、八幡様の縁に寝て、翌日、松本一郎に会い、森藤《もりとう》右衛門を訪ねたら、旅行不在ということで、老人が若者と囲碁最中じゃ。私《わし》は跣足《はだし》のまま、立ってその碁を見ている。

その老人は、森藤右衛門の親父さんで、私《わし》に碁をやるかと問う。私《わし》は少しは知っていると答えると、

「そんなら、藤右衛門がおらんでもとにかくお上がりなさい」

といって足を洗わせる。私《わし》は室《へや》へ上がって直《す》ぐ碁を打ちはじめた。老人弱くて相手にならん。五目《もく》置かせて丁度よい。若い方の男も五目《もく》じゃった。聞くと、これが仙台で訪ねて旅行中といった松村亀一郎じゃ。奇遇を語りなどして、翌日は酒田第一の豪家といわるる本間など集めて、私《わし》の為に歓迎会を開く。三日程御馳走になって、毎日碁をやる。

「何時《いつ》までもお遊び下さい」という事で、碁が宿料になった形じゃ。面白い無銭旅行じゃった。

越後では、高橋、三浦、大楠某などいうのが居った。私《わし》は三、四十日泊まった。この高橋は勤王家で、学者で、旧幕府に睨《にら》まれて牢に入ったこともある。その後、長岡へ出て来たというのじゃ。私《わし》はそれから会津へ出て帰京した。越前の方へ行って杉田を訪ねたのは、それから五、六年後のことであった。

私《わし》の碁は、十七、八歳の時からは別段稽古もしない。あれで、強いのへ打《ぶ》つかっていたら、モッと上がったろう。そのころも今も同じじゃ。私《わし》の碁は、無茶に多くやらん、晩も十時後はやらん、徹夜などいうことはなかった。

端座、漢学先生を凹《へこ》ます

私《わし》がこの無銭旅行をして越後に行った時、新潟在の杉の森という処に一ヶ月ばかり逗留した。そこには、高橋竹之助というのが居った。漢学者で、頗《すこぶ》る厳格な人物じゃ。夜は十二時に寝て、朝は五時にはキチンと起きるというのじゃ。私《わし》はそこへ泊まって、十二時過ぎ、高橋が寝てから臥床《ねどこ》へ入る。朝は五時前に起きて、寝相も見せない。一夜二夜は眠らなくとも何んともなかったのじゃ。

すると、七日目になって、高橋が私《わし》に、

「あなたも少しお寛《くつろ》ぎになってはいかがです」というた。流石の漢学先生も、私《わし》が端然と姿を崩さんで毎日坐って居るので、窮屈になって困ったのじゃろう。門生や家の者共に、

「あの方の坐って居らるる行儀を見習いなさい」と言うたのじゃ。

腹と脚は誰にも劣《ま》けんじゃった

客「その越後の方《ほう》から東京へお帰りになった時の事でしょうと思いますが、何んでも芝口の宿屋に居った私《わたくし》の知人の処へ、先生は旅装を解かれたという話です。どうにもひどい服装で、直《す》ぐ日蔭町の古着屋へ行って一着新調……いや古調をせられて、それから、すき焼を食いに出かけられた処、先生には、途中しるこ屋を見付けて進撃、たちまち十二ヶ月というのを難なく退治せられ、これは無料凱旋という事になり只儲け。それからすき焼屋へ入ってまた人一倍召し上がったという。これは先生、確かに覚えがあろうから、君が上京したら先生に伺って見よという事でした」

翁「腹と脚は俺は誰にも劣《ま》けんじゃった。一週間も食わんで見たり、一時に二十杯も食ったりじゃ。越後から帰った時には、半年も洗わんような浴衣一枚で、はだしで行くのじゃから、乞食のようじゃったろう。それでも東北、越後あたりでは、私《わし》を歓待して泊めて呉れ、絹の蒲団にも寝た。今日は野宿、明日は金殿玉楼じゃ。碁打ちで先生にされて上等の料理屋へ招待され、大勢集まったりした。

後になってその連中が東京へ見えた時は、私《わし》も相当酬《むく》いてやった。その当時は私《わし》も天下の頭山でも何んでもない。唯つまらん無銭旅行者じゃったのを、志士として歓待して呉れたのじゃから、その頃の気風というものは異《ちが》って居った。人情も厚かった」

越前へ無銭旅行

私《わし》が越前の方へ出かけたのは、二十七の年じゃ。この時は、真藤《ママ》（喜平太）（進藤喜平太。前出の真藤も進藤と考えられる）と一緒で、福井で杉田（定一）の家へ泊まった。

杉田の父は仙十郎といってこれは豪傑じゃった。大した身代であったが、私《わし》と話が合うので、定一とは碌々《ろくろく》話もせんで、仙十郎と毎日蟹を肴にして酒を飲んだ。十日余も滞在した。年齢《とし》からいうと、杉田定一の方が私《わし》より四つ上じゃったし、仙十郎と私《わし》とは親というほど違うのが不思議と気が合うて、定一を除《の》け者にして親父の方と話をしておった。そのころの私《わし》共の旅は、侠客共のやるように次々と志士の間を渡って泊まり歩いたものじゃった。

土佐で政談演説

私《わし》が二度目に土佐へ行った時、板垣らのやっている立志社では民権論を唱え、頻《しき》りに演説会をやって、輿論《よろん》の喚起に努めておった。

私《わし》は福岡から同志五、六名と一緒に出かけたので、一夕その立志社の政談演説会を聴きに行った。やがて一人の弁士が演説を終わって奥へ入ると、私《わし》は咽喉《のど》が渇いたから水を飲んでやろうと思って傍聴席から演壇へ飛び上がって、コップに一杯注いで飲んだ。「上がった序《ついで》に俺も一ツ演説をしよう」とフト思い立って、それから大いに意見を述べたのじゃ。

この無断の飛び入りには満場呆気《あっけ》に取られた形で、故障をいわれて騒ぎになりはせんかと、同行の者が汗を握っていたことじゃが、私《わし》は平気で、大分しゃべった。誰も故障もいわず、よく聴いたようじゃった。私《わし》は演説を終わってから直ぐ楽屋を覗くと板垣がいるから、「とんだ飛び入りのお邪魔しました」というと、

「いや誠に結構で」という板垣の挨拶じゃった。

これが私《わし》の演説の最初じゃ。何んとも思わん。言いたいだけの事を言って帰って来たのじゃ。箱田も平岡も演説などはせん奴じゃ。草稿でも作ってやる事にしたら、その頃の玄洋社では私《わし》が一番演説がやれた事じゃったろう。

福岡でも演説が流行

それから、我々の福岡の方でも演説会を盛んにやろうというので、北川定彦を土佐から連れて帰ることにした。

帰る日に町を（高知の城下）通ると、植木盛枝に出会った。植木は立志社では一等の演説をやる男じゃ。私《わし》は植木に福岡へ一所《いっしょ》に行かんかというと、宜しい、行こうという。「後で、社の方から不可《いか》んなどと言わさんことじゃ」というと、「いや、社の方が何んと言おうと、私《わし》の身は私《わし》の物じゃ。私《わし》の意志でそうと極《き》めたことには誰からも文句はない」という。それで最初は北川一人を連れて帰る予定が、植木と二人になった。福岡に帰ると、箱田が困った顔をして、今困っている場合、二人も連れて来てどうするというから、「金位《くらい》、後からついて来るものじゃ、心配せんがよか」というて置いた。

それから、福岡でも盛んに演説がはやり出した。……否《い》や入場料は取らん。

板垣は純忠の士

板垣が何時《いつ》かいうておった。

それは何んでも、会津戦争の時のことじゃ。会津の勢力が縮まって、孤城支えがたく、最早落城間近く見えた。

板垣は官軍で征討に向かった方じゃ。

すると、会津の百姓か町人に剛の者が居って、一人で頻《しき》りと城内へ米、味噌を運び入れる奴があった。板垣はこれを見て感じたことに、

「全体、士族という特別な階級があって殿様直参の臣として最後まで主君のために忠誠奉公をするのは当然じゃが、百姓の身として殿様へかくまで忠義を尽すのは異数《いすう》なことである。しかし、モ一ッ深く考えて見ると、これが異数であるようではいかぬ。普天の下、王土にあらざるはなしで、侍ばかりでなく町人百姓までも、いわゆる四民一様に義勇奉公の精神がなくてはならぬ」と。

やがて明治になって廃藩になると、四民平等という事になった。そこで板垣は、この考えからして自由民権を唱えて、万民一様に君国に忠節を励まなくてはならんという思想を鼓吹したのじゃ。板垣の自由民権は、藩閥政府に容れられないからという不平から、逆に宣伝をしてやったのではなく、全く自分の理想から発した事じゃろう。板垣は、正直で純な人間じゃった。

座客「板垣が大阪で演説をした時、先生は『板垣今一言《いちごん》！』といったら、板垣が顫《ふる》え上がって黙ったと聞きますが」（板垣の自由民権論が過激になって皇室のことに触れたのであろう）

翁「そんな板垣が演説をやったことがあったようじゃ。竹内正志にその後板垣が『鬼を見るような恐ろしい男がいるから会って見よ』と私《わし》のことを言うたそうじゃ」

福陵新聞(報)時代

明治十八年に、福陵新聞(報)を造る時、一万円もあったら新聞が出来るといったら、世間の奴共が、

「頭山が新聞を出せるなら、日が西から出よう」というから、

「そんな事で日が西から出る位なら、やって見せよう」といって、最初二、三千の金で始めたのじゃ。それがとうとう一万円も寄附や何かで集まった。

仕事の出来るというのは妙なもので、世田ヶ谷の国士館も、最初五千円ばかり金を出した者があって出来たのじゃ。

「金は出来るが、一体その仕事が出来ますか」というから、

「仕事は出来る」と、私《わし》はいってやったのじゃ。仕事というものは、そういう風にして出来るのじゃ。

この福陵新聞時代、私《わし》は自分の新聞を読むでもなく、社員共の顔を見るでもない。それで下の社員共は、是非一度私《わし》に顔を見せてくれというのじゃ。

「いや、貴様達はそんな事を気にせんでよい、無用な事じゃ」と、私《わし》はいうて置いた。その前から、福岡新聞というのがあって、相当読まれていたという。これは明治十年前から在ったのじゃが、私《わし》の方の福陵新聞は、たちまちそれよりも三、四百も余計売れた。最初銀行から一時借りをした金で始めたのじゃが、後で寄附などで楽になった。

福陵新聞の後身は今の九州日報じゃ。最初この新聞を作る時、主筆には余ほどよい者を持って来にゃならんという事で、犬養（犬養毅）と久松義典へ当たりを付けたのじゃが、両人共来ぬ。

玄洋社の青年訓練

薩、長、土、肥ばかりが幅を利かして、皆先輩があって顕要の地位を占め、後進青年を引き立てている。それを見て私《わし》共の福岡の方でも、「何かそういう引き立てて呉れる人間があればよい」というようなことを仲間の奴らがいうものだから、私《わし》は言ってやった。

「引き立てる者がないから淋しいなどとは意気地のない事じゃ。私《わし》はそんな頭を抑えるような者がないほどよいと思っている。こうして目の前にお互いいるじゃないか。そうと気が付いたら、自分の力で立って行くがよい。薩長を羨《うらや》むに当たらん。また彼奴等《きゃつら》を憎らしいなどとそねむようなケチな根性を出してはいかぬ。自分の

力で立って行くほど確かなこと、強いことはないのじゃ」と。それから自分どもが先に立って、玄洋社を造ったのじゃ。

玄洋社の青年訓練は道義を第一としたもので、最も厳格にやった。来島《くるしま》（恒喜）や月成（光）などはそこの塾生じゃ。先生も頼んで来る、我々も折り折り何か講話をした。やかましい議論でもして摑《つか》み合いしたり、何か意地立てから撲《なぐ》り合いをする位の事は常住じゃったが、卑怯なことや弱い者苛《いじ》めなどは決してしなかった。義を見て成さざるは勇なきなりで、何か身命を賭してやるような事でも起こると、皆争うてこれに赴くという風で、それを最大の名誉、かつ喜びとしたものじゃ……そうじゃ。大隈をやっつける時にも、来島と月成とが互いに競い合って、その役目を自分が成ろうと勇んだものじゃ。死を見る事、帰するが如しという風じゃった。

河豚《ふぐ》は食わさぬ

「河豚《ふぐ》を食うような奴は天下国家を論ずる資格がないのじゃ。無茶なことはつつしまんけりゃいかん」といって、私《わし》は玄洋社の者に河豚は食わせなかった。もちろん私《わし》も食わんのじゃ。得てやられる。

そこで、俺が福岡にいる間は、箱田でも誰でも一切河豚は食わせなかったのじゃ。処が、俺がいなくなると、また皆食い始めた。

薪《たきぎ》買わんか

玄洋社の維持には金がかかる。そこで松を伐って薪《たきぎ》を売ることにした。すると、侍たるものがそんな賤業をやっていかんなどという者がある。私《わし》は、賤業で宜しい、不正な金を持って来たり、他から無理な借金などするより、立派な生業なら宜しいと言うことにして、町へ薪を売りに出た。他の者共は、触れ売りの声が出ない。私《わし》は、最初から「薪買わんか」と大きな声で呼んで歩いた。一所《いっしょ》に行った大内というやつが「それしきのこと何んか！」

と言うて出かけたのじゃが、よう声を出さんで、終日唖《おし》の旅行じゃった。

私《わし》は、そんなことは何んともなかった。道で糞を垂れて、仲間のやつ共に拭かせたものじゃった。

来島が大野仁平を撲る

柴四郎が福岡へ来た時、常盤館で歓迎会というようなことをやったのじゃ。すると、大野仁平というのが、——これは俠客共じゃ、子分を連れて来て常盤館へ登楼して我々玄洋社の仲間の室へ乱入して来た。仁平の奴が元気者で、酒樽を提《さ》げてこちらの宴会の席へ邪魔をしたのじゃ。それを来島が、燭台で頭を叩き割った。血が流れるという騒ぎじゃ。すると仁平の子分共は大勢で入って来る。私《わし》が説き聞かせて彼奴《やつ》等も納まった。後には彼等も玄洋社と仲が好くなって、大変役に立ったことじゃ。

会心の友、荒尾精《せい》

荒尾は、最初私《わし》が福岡にいるところへ彼方《あっち》から訪ねて来たのじゃ。明治十九年の春ごろじゃ。温順な、正直な男であったから、何もむつかしい議論もなかった。私《わし》よりは四、五歳年下じゃった。一見故旧の如く、肝胆相照《あい》らす仲となった。

私《わし》が荒尾君に幾らか金を融通したのは、折角《せっかく》彼の志を遂げさせたいばかりの事であった。……私《わし》が四、五万も家を畳んで金を準備してあったのを荒尾にやったというのか、それは何も、もくろみがあったことでもないし、それほどの金でもなかった。

支那に対して、真の意味で、落ち着く処へ落ち着くような経営画策をしたのは、荒尾を措いてないのである。

「天寿を仮さず」で、台湾で黒死病で斃《たお》れた。真に残念なことじゃ。荒尾は恵比須顔で福々しく、千百歳に一人出《い》ずる英雄の相を備えたといわれた。自ら任ずる処も大なるものがあったのじゃ。

荒尾内閣を見たかった

座客「私共《わたくしども》が支那で荒尾先生の塾に居った時、大石正巳さんがまいりまして、町で演説をしました。私共《わたくしども》がそれを聴きに行って門限に遅れて帰りました。すると、翌日荒尾先生は、大石に世界の大勢や、支那の内情が解るものか、門限を過ごしてまで聴く要はないのだといって叱られました。荒尾さんは、よく先生の事を申して、『稀なる人物で智仁勇を備えた偉人である。世間では、ただ大胆な勇者と見ているようだが、大した智者なのだ』といって居りました」

翁、これを聞いて眉一つ動かさず、黙してしばし語なく、徐《おもむ》ろに口を開かれ、

「荒尾は、実に立派な人物であった。根津がその後を継いだのじゃ。惜しいことをした。三十八歳で死んだ。何から何まで能《よ》く届いたものじゃ。心事の潔白は類のないものであった、長命だったら立派な内閣を造れたろう……そうじゃ、総理に外務、内務と自分で兼ねてやられたろう。やらせたかった」

偉人は五百年に一度降る

私《わし》は大いに荒尾に恋《ほ》れて居った。

天は五百年に一度偉人をこの世に下《くだ》して人類を救済するというからには、この最も偉人を必要とする時に於て、荒尾こそはまさにその人であろうと思うたのじゃ。実際荒尾は、そうと信じて、自ら任じて、その事を口にして居った。この言葉も最初荒尾の口から出たのじゃ。私《わし》もそう信じて、彼を敬慕して居った。

荒尾の一言一行は凡《すべ》てその至誠より発し、天下の安危を一に己れの身にかかると自任し、日夜孜々《しし》としてその心身を労して意としなかった。多大の艱苦《かんく》を嘗《な》めて益々その志を励まし、毫《ごう》も一身一家を顧みなかった。唯全力を尽して東方経営の大業に貢献した。その献身的精神に対しては、敬服の外《ほか》ないのである。世上、区々たる小得

失に囚わるる輩《やから》とは全く選を異にし、真に偉人の器を具え、大西郷以後の大人傑であった。その容貌、識見、徳望、何《いず》れの点から見ても、彼は偉人たるの風格を示し、凛乎たる威風の裡に、一種いうべからざる、柔和にして能《よ》く人を安んじ、人を魅する力を持って居った。

この人ならば、必ず能《よ》く東亜の大計を定め、その抱負を世界に布《し》き、以て後世を益するの鴻業《こうぎょう》を成し遂げ得るものと、私《わし》は信じて居った。然《しか》るにこの超凡絶群の偉人、中道にして斃《たお》れんとは、実に思い設けぬ事であった。

荒尾が死んだ時、根津一は私《わし》に手書《しゅしょ》を送って、

「この時に於てこの英傑を奪い去るとは、天は何の意ぞ!」と非常に痛恨の意を洩らしたのである。

私《わし》とても、畢生《ひっせい》の恨事《こんじ》として真に同情に堪えなかった。私《わし》は真から荒尾を信じ、かつ敬慕して居っただけに、その死に対する悲しみも深かったのじゃ。

後藤象二郎の太肚

後藤象二郎は、それほど大きいというほどでもないが中肉で、それでも一寸《ちょっと》相撲取り位もあったろう。なかなかえらい奴で、大きいことをする……そうじゃ、大風呂敷は大風呂敷じゃったが、そんな法螺ばかりではない、仕事はやる方じゃった。

「今日天下に人がない」ということを後藤が頻《しき》りというから、私《わし》は、

「人がなければ、あなたが自ら任じてその人になったら好《よ》いでしょう。一つ樹木を抜き、石を飛ばすようなことを共にやろうじゃありませんか。それには金も入用であるし、私《わし》も有《も》っている福岡の炭山を売ったら百万円位にはなりましょうから、あなたが一つ私《わし》の片捧をかつぎなさい」というと、後藤は喜んで、百万円出来たら私《わし》に二十万円だけ貸して下さいといっていた。

それで、何処《どこ》へその炭山を売り付けようかという段になって、後藤の娘の婿の、岩崎弥之助に説き付ける、そ

れから福沢諭吉から岩崎久弥を説かせるで、三菱へ買わせることにしたが、出来なかった。岩崎弥太郎へ最初から打《ぶ》つかったら出来たであろうが。

条件付きの金は借りぬ

或る時、柴四郎、佐々友房、前田案山子、遠藤秀景、それに私《わし》と五、六人で、後藤象二郎から一万円借りる話が出来た。皆んな金に困っているのだから、後藤が貸すと聞いて喜んだ。そのころの一万円は一寸《ちょっと》役に立つ。そこで、連名で借用証を書いた。書き終えて、いよいよ金を受け取る段になって、後藤の子分の何んとかいうのが金を持って来たが、貸すについて何か条件のようなものが付く。自分勝手に遣《つか》う訳に行かんといったようなことじゃった。それで、私《わし》は面白くなくなった。その証書を引き裂いて、

「僕は折角《せっかく》だが、一万二万の金を借りて遣《つか》い途《みち》に注文を付けられるのは嫌いじゃ。諸君はまた別に証書を書いて借りるがよい。私《わし》はこの連名の証書にはかたらんことにする」というと、やがて佐々は私《わし》に同意して借りることを止《よ》したようじゃった。

天下人《ひと》無きを歎ずるなかれ

後藤象二郎から手を入れて、岩崎へ私《わし》の炭坑を百万円で売り付ける話のあった少し前の事じゃ。何か気に食わん事があって、私《わし》は後藤へ絶交状をやって居った。処が、後藤が工面の好《よ》い事があって三千円ばかり金を貸しそうな模様じゃから、新潟の山際七司を使者に立てた。山際は風邪を引いて臥せって居った。元気者が寝て居る位じゃから、熱もひどかったのじゃろうが、その頃の俺は病気でもなんでも勝ち抜く元気じゃ。足を出して蒲団にくるまって居れァ風邪など直《じ》き癒《なお》るのじゃから、山際が寝て居るのを起こして後藤の処へ出かけた。それが悪かったと見えて、山際は死んだ。気の毒な事じゃった。

今度は代わって剛の者、遠藤秀景が使者に立った。隔日に後藤の処へ出かけて三千円の催促じゃ。遠藤は北陸の鬼と言われたもので、柴田勝家と言った処じゃ。死士の三、四十人も有《も》って居ようというしたたか者で、俺の好《い》い相棒じゃった。それが一日置き出かけて後藤を攻めるのじゃから、堪《たま》らんだろう。その頃の三千円というと、当今では十倍余にも当たるので、一寸凌《ちょっとしの》ぎが付くのじゃ。

その中、正月になって、俺は遠藤と同行、後藤を訪ねた。長椅子に坐って閑談をした。後藤は、天下人《ひと》なしというから、俺は、

「人なきを歎ずる事はない。君自らその人となれ。そして大風を起こし、大石を飛ばそう、君は私《わし》の片棒を担げ」というと、後藤は喜んで、

「それは大いに愉快じゃ」と言って引き受ける。

それから、閑談、時を移す間に、前に言った俺の百万円の炭坑の話が出て、岩崎へ売りつける算段になったのじゃ。それが出来たら大いに面白い事が出来るはずじゃった。

今の一千万円もあれァ一ト仕事が出来よう。

「朝鮮と内地に亘って大いにやりましょう」と後藤も乗り気になった。

金玉均もまだ生きて居た時で、本当に俺が一生の仕事をしようと考えたのじゃが、褌《ふんどし》と何やらで、百万円は外《はず》れたのじゃ。

後、三浦（観樹）にその事を語ると、

「天は、君の為を患《うれ》えて、その金を出来《でか》さなかったのじゃろう」と言うた。

条約改正騒ぎ前後

明治二十二年、大隈の条約改正騒ぎの時、いろいろ会合が開かれたもので、その席上、始めて三浦（観樹）、鳥

尾、杉浦などに会うた。谷（干城）とはその前から土佐で会うている。私《わし》は「条約改正などいうことは、何も大隈一人でやるべきことでない、国民が皆んなでやるべきことじゃから、己《お》れは、断じてやらせぬと極《き》めて置けば、何もいうことはない」といって置いた。

この条約改正騒ぎの時、私《わし》は佐々（友房）と両人で松方を訪問したことはあるが、伊藤を訪問はしない。伊藤と会うたのは、その後、日清戦争の時じゃ。

大隈の条約改正は、前の井上の改正案よりも一層頑強に主張するので、在野の志士連は躍起となって反対する。それで、牛込の東五軒町に集会所を設けたのじゃ。浪人者の豪傑揃いで、たちまち梁山泊が出来上がった。そこでは谷（干城）と鳥尾が大いに議論をやったものじゃ。谷は鳥尾に向かって、

「貴様は昨日いうたことと今日いうことと異《ちが》う、怪《け》しからん」と怒る。

鳥尾は鳥尾で、

「昨日は昨日でよい。今日はモ些《ち》っとよい考えが浮かぶ。日に新たなりじゃ、貴様は愚劣でいかん」

こんなことで、この二人は盛んに議論をやったものじゃ。

何？……福富の話か、……あれは臨淵という号を付けていた。六尺もある赧《あか》い顔の大男で、正直な一刻者で、酒を飲むと手が付けられん。議論が面倒臭いというので直ぐ取り組み合い、撲《なぐ》り合いだ。皆、手に余していたようじゃが、私《わし》に留《と》めてくれという。私《わし》が宥《なだ》めると止《や》めた。

小身の豪傑、小村寿太郎

同じ条約改正騒ぎの時の豪傑に小村寿太郎がおった。小村が外務大臣になって大いに腕を揮《ふる》うたのはモっと後のことじゃが、この時から名を知られておった。

私《わし》は小村とは一度も顔を合わさんが、杉浦（重剛）と小村とは能《よ》う知り合っておったので、何時《いつ》も杉浦から話を

聞いて、私《わし》も小村と会うたと同様に知りおった。

小村が死ぬる二、三日前に、杉浦が私《わし》の家へ見えて、

「今、小村を見舞っての帰りで、小村は、私《わし》はモウ駄目だから山座を代わりにといっていました」と語った。山座は、玄洋社の前身の向陽塾《社》に一時居ったもので、小村に代わりとして推薦される位じゃから相当やれたはずじゃ、早死にで惜しいことであった。

小村は伊藤を出し抜いて日英同盟をやった位で、外務大臣でいて内閣を一人で背負《しょ》って立つ気組みであったようじゃ。そうか、陸奥は議会ではえらい権幕であったが伊藤の前では小さくなっていたというか。小村は異なったようじゃ。

小村の六升酒

小村は一日六升の酒を飲んだということじゃが、目方は九貫目しかなかったというのじゃ、不思議な体じゃ。私《わし》も三十ぐらいまでは五合の酒は飲んだが、その後は止めた。続けて飲んだら、一升そこらは飲めたのじゃろう。「酒を飲まんで豪傑が出来んくらいなら、豪傑を止めたがよい」と考えて、私《わし》は酒を止めたのじゃ。

小男の小村、暴魯《ロ》を挫く

小村は九貫目の身に、日本全国の運命を背負《しょ》って立ったのじゃ。元老などを彼の手腕で丸めたなど言うたものじゃが、実際の仕事は小村がやって居たという事じゃ。さもあろう。伊藤共が恐露病にかかって、日露同盟などいう腰抜け策に腐心して居る間に、小村はほとんど独断で以て日英同盟を成就したのじゃ。それで露の横暴を挫いたのじゃ。小国に小身の豪傑が居て国威を広大ならしめ、大男を顔色なからしむる処は痛快じゃな。

傑僧南天棒

六升酒で思い出すのは南天棒じゃ。南天棒和尚が仙台へ行った折、松島の瑞巌寺の伊達政宗の木像を見たが、悪戯をしてその鼻を煙草の火か何かで焼いた。仙台藩の連中が怒《いか》って南天棒を斬ってしまうという。すると南天棒は、

「これは已《お》れがやったことじゃなくて、貴公らが已《お》れに飲ませた酒の罪じゃ、ま、勘弁せ」といって逃げも隠れもせんので、そのままこと済みになったと言うことじゃ。南天棒は生来の下戸じゃったが、酒を飲まんと豪傑でないようなことをいわれて、酒席ではいつも弱らされる。それから稽古して遂《と》う遂《と》う五升酒を飲むまでになったという事じゃ。私《わし》が会うたは、モウ七十近い頃でもあったろう。

鹿鳴館の馬鹿踊り連を糞溜めへ

客「鹿鳴館の舞踏騒ぎの時、在野の志士の方では何か異論が無かったものでしょうか?」

翁「有ったどこじゃない、伊藤、井上共を生かして置いては日本人を外人の奴隷にするような事になるから、殺して了《しま》えというのじゃ。斬ったのでは日本刀の穢れになるから、これは糞溜めを大きく造って、皆んな埋めてやるが宜しいと言うた。

それで、伊藤を訪問する時には、寝巻きのままで沢山じゃ、袴を着けるなどはいかぬと言うた。この頃の大臣なら裸でよかろう。英米を日本開国の大恩人であるなどというのは、誤りじゃ。七割問題など何事じゃ、彼等を恩人らしくいうのは腰抜け根性じゃ、伊藤、井上を排斥したのは、その意味じゃ」

伊藤の智は横へ廻った

伊藤は書記か秘書官じゃ。井上は商人じゃ。井上は秋田辺の鉱山事件かで、司法卿の江藤新平に縛られるところであったのを、跣足《はだし》で遁《に》げたとかいうのじゃ。江藤があんな惨酷な即決裁判で死刑などになったのも、大久保の部下たる伊藤、井上に恨まれて居たからじゃろう。

伊藤は智も相当あるには有るが、横の方へ廻る。自分が失敗して総理の地位を去る際には別の地位を造って、やはり権威を握る事を考えたもので、枢密院議長になったり、または西園寺に後を譲って、自分は背後から糸を引くのじゃ。西園寺は、明治天皇陛下の御学友であったという点、また公卿出身の門地がある点などで、伊藤にしては身代わりをさせるに都合がよかったのじゃろう。西園寺も数度総理にはなったが、別段の仕事もしなかったようじゃ。私《わし》は会う要もない事で、顔を合わせて話をした事もない。

何んでもやるぞ

何時《いつ》か東京で、薩摩の樺山が酒を飲んでからずかずかと私《わし》の処へ来て、膝の上へ腰かけたのじゃ。わざと酔狂を粧うて私《わし》に挑むのじゃ。

私《わし》は、膝を崩さず、

「貴様何を欲しいか。何んでもやるぞ！」と叱り付けたら、彼奴《やつ》、こそこそ退って行った。

陸《くがみのる》 実は硬直

陸（実）とは、大隈の条約改正騒ぎの時、牛込の東五軒町の志士集会所で初対面であった。硬直な男で、杉浦なども陸とは能《よ》く知り合っていたのじゃ。何時《いつ》か皆んなで碁を打っておったが、陸は何時《いつ》もつぎ落としなどでやられているので、その時もそんな手ばかりやる。皆んなが陸に、君は碁は止《よ》せと言われたものじゃ、……うん、天下取りの野心を碁盤の上でばかりは存分やって見ようという肚《はら》か？……ま、そんな事じゃったろう。負けず嫌いじゃった。その点では三浦、犬養、陸、皆同じじゃろう。大石（正巳）はやや異《ちが》う。

三浦の碁は腕力で行く

何時《いつ》か上野の鶯谷で、三浦が大石と碁を打って負ける。勝てんもんじゃから口惜《くや》しがって、翌日まで止めぬ。大石は勝っているので、意地も立たん。眠くって堪らんと見えて、石を握りながら居眠りする。三浦はそれへ馬乗りになって押さえ付けて、

「まだ負けんか負けんか」といっていた。

そうか、熱海で古屋旅館の内田と打って三浦は負けたか。……うん四番負けて、石を盤面に叩き付けたか、……それで石が庭へ転がり落ちたのを自身下りて行って拾って来た……そこは流石に三浦じゃ……翌日、内田が行ったら、昨日失敬したと謝罪《あや》まったのか、……うん、そこがえらい処じゃ、そんな気象の男じゃった。

風鈴均一碁で三浦の大敗

或る年の正月に、五、六人寄って、犬養、古島など似寄った手合いで、正目《せいもく》風鈴均一碁というのをやろうという話が出来た。喜多文子を招《よ》んでやるのじゃ。

そこへ三浦（観樹）がひょっこりやって来た。

「よい処へ来た。風鈴均一でやるのじゃ、お前も一つ仲間になれ」というと、三浦は考えて居ったが、

「俺は嫌だ」というのじゃ。

「嫌という事があるものか、我々も皆風鈴でやるのじゃ。千載の好機じゃ、是非やれ」と、無理無理坐らせて

了《しま》った。

そこで喜多とやったが、三浦はたちまち中を皆取られた。

「なに、風鈴さえ取られなければよいのじゃ」と三浦が減らず口をたたき居る中に、風鈴も取られて了《しま》った。

鳥尾訪問の失敗

鳥尾（小弥太）は書く、しゃべる、撲《なぐ》るの三拍子揃ったやつで、伊藤、井上などが刎《は》ね返される。機鋒の鋭い奴で、伊藤などより十歳も若いが、却《かえ》って彼等を見下《くだ》しておったようじゃ。

杉山（茂丸）が鳥尾を知っているから、私《わし》も一度会って見ようと思うて杉山に案内をさせた。その以前、大隈の条約改正騒ぎの時、東五軒町の集会で鳥尾に会ってはいるのじゃが、大勢ごちゃごちゃの中であるし、私《わし》はその会合へは一度しか出なかったので、鳥尾と名乗り合いをしたでもなかった。それでこの時、初めて親しく会って口を利くことになったのじゃ。

前以て日を定めて、私《わし》が出かけた。鳥尾はその時、音羽の邸にいたのじゃ。行って見ると、鳥尾はおらん。約束をして置いて怪《け》しからんと思うて帰ると、鳥尾の方でも、

「私《わし》は貴族院へ出席するのを見合わせて待っていたに、頭山が来ん」というのじゃそうじゃ。

そこで、また日を定めて私《わし》が出かけて行くと、また鳥尾は居らんという。そして鳥尾の方でも、

「あんなに約束をして頭山が来んではないか、用を差し置いて待っていたに」という。

どうも変だと思うて聞いて見ると、漸《ようよ》う解った。それは団々珍聞《まるまるちんぶん》とかいうのをやっている何んとかいう男の家と、門構えが能《よ》う似ておるので、私《わし》はそこへ二度とも行ったのじゃ。

「鳥尾君はいるかな」とやれァよいのじゃが、私《わし》も約束はしてあるしするから「お在宅《うち》かな」とやったものじゃ。「主人、只今不在で御座います」と来る。それで、三度目にはじめて家を間違えずに会ったのじゃ。

鳥尾、井上を罵る

鳥尾は井上の人種改良論というやつをひどく嫌って、井上を攫《つか》まえて散々油を取った話がある。

「お前がそんなに人種改良を唱えるなら、よろしい。明日から日本の女と寝る事はならんぞ、西洋の女とばかり一緒におれ。そして日本の女は、お前の娘共も、みんな西洋人とばかり交際させる事じゃ。もし、お前が西洋の女と一緒になる事が嫌《いや》といったら、日本女と一緒になる事はならん。△△一方じゃ。それでよろしいか」と鳥尾がやったものだ。

「いやそれは迷惑な事じゃ」と井上がいうと、「それ見ろ。自分に出来なかろう。自分に出来ないことを人に強いて、人種改良もあるか」と鳥尾に散々やっつけられて、グウの音《ね》も出なかったのじゃ。

鳥尾でも三浦でも、伊藤、井上などはてんから駄目じゃといって見くびっておった。ただ品川ばかりは、鳥尾や三浦とも気が合うし、一方、伊藤、井上とも友達になっておったのじゃ。

鳥尾に始めて会うた時であった。私《わし》も禅をやると思ったのじゃろう。

「頭山さんは禅学の方は大分おやりですか」というから、私《わし》は、

「いや、私《わし》は無学の方で」と答えた。

来島《くるしま》（恒喜）が大隈をやった時には、私《わし》は広島の条約改正反対会合へ臨んで、その帰途を大阪に立ち寄っていた。そこへ警察から私《わし》を呼びに来た。警察では「来島恒喜という者を知っているか」というから、「知っとる処じゃない、自分の弟のような奴じゃ」と答えてやった。

「それでは、大隈をやったことを知っているだろう」というから、「来島という人間はよう知っとるが、大隈をやっ付けたことは何も知らん」というてやった。私《わし》はそれで、朝から晩まで警察へ留《と》められたが、その日の中に帰された。他の者共は一ヶ月だの十日のと、長い間牢に入れられたが、私《わし》ばかりは一日で済んだのじゃ。

犬養とは条約改正の翌年始めて会うた。犬養が私《わし》の処へやって来て、私《わし》に一ツ纏めてくれというのじゃ。つまり板垣の方の自由党と大隈の方の改進党と一緒にしてくれというのじゃ。これは民間党を合同して藩閥政府に当たろうというので、後の板隈内閣の下地じゃったろう。私《わし》は、

「叩きこわす事は出来るが、まとめる事は駄目じゃ」というと、犬養はしばらく一言も発せずにそのまま帰って了《しま》った。

「お前は許さん」と井上へ

私《わし》が豊前の炭坑区を願い出た時であった。丁度、藤田伝三郎からも同じ願いがあったというのじゃ。それが場所も同じ処で、坪数まで同じなのじゃ。

これは些《ち》とおかしな事と思うて居ると、その時福岡の知事をして居た――誰やらいうたな、あれは。……その知事が聞いたというので、……ここへは名が出ん方がよかろう。隠すより現わるるはなし、天に口なし、人をして言わしむるで、柴四郎が来て、その知事から聞いたという話をしたのじゃ。

それは、大蔵卿の井上（馨）から知事へ内命があって、「その炭田は、藤田伝三郎へ許可せよ」という。そして藤田の方が願い出《い》でが後になって居るのに、井上が藤田の方が正しいと言うて来たとの事じゃ。

この話を聞いたから、私《わし》は、

「ようし、これは〆《し》めたもの」と思うた。

それから、うんと叱り付けた手紙を井上へやって、

「時と日を定めて会うから返答せよ、三日間の猶予をする」と言ってやった。

「どっちが正しいか、会って話したら分かるのじゃ。後のものを先にして、怪《け》しからん事をする。他の者なら許すが、お前は許さぬ」と書いてやったのじゃ。随分強く言ったものじゃ。

井上は余程驚いたと見えて、和田維《つな》四郎を介して、

「私《わし》は知らん事である。藤田とは従来知って居る間で、何やかや面倒見てやった事もあるが、その炭坑の事は能《よ》く知らなかった。藤田が泣き付いて来たので、何心なく許すようにと言ったのじゃ。これは内からやらせん事にするから、君は藤田の兄の鹿十郎を呼んで、伝三郎へそうと因果を含めるように」

こういう意味の事を和田にふくめて、同郷の三浦（観樹）に頼んで、私《わし》へ取りなす事にしたのじゃ。そこで三浦は私《わし》の処へ来て、

「面白い事があるよ、井上からこういう話があるのじゃ」と、和田の今の話を伝えたのじゃ。

いよいよ〆《し》めたものと見て、私《わし》の方では鹿十郎を呼んで伝三郎の方へ話を付け、願書を引っ込めさせた。遂々《とうとう》井上は私《わし》に加勢して、私《わし》の出願は許可になった。

井上と藤田伝三郎とは、そんな関係があったもので、尾去沢銅山事件というのもあった。江藤新平が司法卿で、裁判するといきまいたのじゃ。井上にはそんなような事が幾つもあったようじゃ。

大晦日に廻る金

何時《いつ》か大晦日に遠藤秀景が来て、

「千五百円ばかりないと腹を切らんければならん」という。

真剣な奴で、本当に腹を切りかねない奴じゃった。私《わし》の手元には千円だけ有った。それを遠藤にやった。

すると私《わし》の賄《まかない》をしおる梶川が二階へ上がって来て、この話を聞いて頻《しき》りとこぼす。

「押し詰まった今日というに、それでは支払いが出来ない。どうにもならん」というのじゃ。

しかし、腹を切るというものを、現在持っている金をやらんという訳には行かんのじゃが、梶川にしてはそう単純には承知してくれん。「ま、仕方がない、金は天下の廻り物じゃ。こんな時は鼻唄でも歌っている事じゃ」と

いうと、梶川は、そんな歌なんか謡っていられる処じゃありませんがなと、ぶつぶついう。

「こんな時、唄も謡えんような事でどうするか、下へ行って寝ておれ」と叱り付けた。

その午後、赤羽四郎が来て、話をして帰った。梶川が上がって来て見ると、座に包物がある。

「赤羽さんの忘れ物でしょう」というから、「いや、黙って置いて行ったのじゃが、帰る時、わざと差し出して行ったからには、忘れ物でもあるまい。ま、開けて見ろ」と私《わし》がいう。開けて見ると、千円入っている。

「それ見ろ、モウ廻って来たではないか」

これで、年がどうにか越せることになった。

浜の家《や》無銭寄留

私《わし》はその日の夕方、ぶらりと家を出て浜の家へ遊びに行ったのじゃ。

何？……浜の家へはその時が始めてじゃ。……そうじゃ、そのまま居続けて、暮れも正月も一緒じゃ。それが私《わし》の年中正月じゃ。……そうじゃ、それから二年ばかり浜の家無銭寄留じゃ。

浜の家の嬶《かかあ》は待ち合いの寄り合いなどへ行って帰って来て、「今日はおかげで威張って来ました」というから、何んのことかと思うと、そんな寄り合いの席では、能《よ》く懸けが取れない話が出るので、私《わし》が一年あまりも浜の家に寝転んでいて一文も払わんからその懸けが大きい。それで女将共がその話になると、お浜は俺のことを引き合いに出して、「その点なら、妾《わたし》の家は、どこにも劣《ま》けません」と威張ったということじゃ。

副島の色男気取り

浜の家のお浜は美人じゃった。大木（喬任《たかとう》）が惚れて、その時の金で二百円を持って来た。お浜は知らん顔してその金は取ったが、情は許さん。

お浜は却《かえ》って副島《そえじま》（種臣）に許した。着物から何から一式仕立ててやって、とんと情夫扱いじゃ。副島は中肉じゃったが、腹は出ていた。それから、副島は私《わし》に会った時、「私《わし》も芸者買いを致します」と、色男気取りでおったようじゃ。

佐々の「禿《は》げ」

この浜の家時代に、能《よ》く佐々（友房）が遊びに来たのじゃ。佐々とは福岡にいる時から知っていた。佐々は二十歳位の時から頭が禿げておった。それで、先生といわれた、「さっさ先生」で通ったものじゃ。神童じゃったろう。私共《わしども》は、佐々の禿げといっておった。するとその後、私《わし》の頭に一ヶ所、禿げが出来て困った。見っともないから、くりくり坊主にそって了《しま》った。佐々は、それを見て、「私《わし》の事を禿げというから、罰が当たったのじゃ」といって、却《かえ》って今度は、私《わし》は「禿げ」にされた。

佐々は私《わし》に向かって、

「君は獅子の口へ手を突っ込むような事をやるが、私《わし》には出来ん」

と能《よ》くいうた。

佐々が死んで二十年、法事をした事がある。その席上、佐々の門下生といった人達が大勢おって、私《わし》に、

「先生から私《わし》の方の先生へのお手紙は、悉《ことごと》く拝見致しました。随分猛烈な文言で多く金を借りる用向きのようですが、金を借りるのだか、取るのだか解らんです」という。

「三百円渡せ」などいう文面じゃから、借りるのか取るのかわからんはずじゃ。

佐々は、「金と女は君の真似は出来ぬ」

といっていた。

これが誠の道じゃろう

そのころ、土佐の宮地茂平、千葉勘次郎が揃って浜の家に来て、何んでも私《わし》に金を貰《もら》いに来たのであったろう。

「先生は何時《いつ》もこの家におらるるが、一体何をしていらっしゃいますか」というから、

「俺は誠の道をやっている」と答えると両人は、怪訝な顔をして居る。

「俺は怠け者で何事も永続きせんが、この家は面白くて何時《いつ》までおっても飽かん。これが一番誠の道じゃろう」

というと「アーン」といって、彼等は金の相談もし切らずに帰ってしまった。

安場《やすば》の三ば

安場（和）（安場保和。やすば・やすかず）の三ばと言われたもので、安場の落馬のちんば（跛行《びっこ》）じゃ。馬が好きで乗ったのが落馬をして、跛行《びっこ》になった。妙な鴨あしのような足どりで歩くのじゃ。

熊本の出身で、横井小楠《しょうなん》の高弟じゃ。嘉悦とモ一人の内弟子と三人並び称せられたのじゃ。年は俺共より二十も多かった。西郷あたりよりは十歳年下かな。人から年を聞かれる事が嫌いで、「俺は馬鹿じゃから自分の年は知らん、馬鹿に年はないのじゃ」と言うて居った。


福岡の知事をして居る時、福岡からは議員が九人出る。その中、八人までは俺共の方で取ったが、柳川に一人残る。それを是非こっちへ取らんければというので、俺に柳川から候補に立てというのじゃ。そこで安場が料理屋へ俺を招《よ》んで、是非にと勧める。俺は議員などにはなる気はないのだから、てんで受け付けない。安場は、

「これで聴かんけれァ組む」という。熊本言葉で組むというのは、組み打ちの事じゃ。俺は、

「やらん事は、誰が引っ張り出しても決してやらんのじゃ」というと、

「こげん剛情な奴もない」と、安場は呆れて、「俺が堤防の金を東京へ行って大臣から取るは易いが、貴様を議

員にするのは骨じゃ」という。

「大臣などと同じものにされて堪《たま》るか」と俺は言うて、大笑いした事じゃ。

その後間もなく農商務大臣かの高島鞆《とも》之助に会うたら、

「安場の奴にキャンキャン言われると気分が悪うなる」という。

堤防の金の話が思い合わされておかしかった。高島は、黒田も恐れる剛の者であったのじゃ。

モッと下らん奴じゃったら、東京へ出て大臣にでもなったろうが、安場の眼中、大臣も総理もないのじゃ。伊藤総理の頭から小便の飛沫を浴びせる豪傑じゃ。知事をして居るのも、大臣をするのも同じ事なのじゃ。それでその後、北海道長官になった。気が向けば何んでもやるのじゃ。その北海道へ行く時、誰かが、

「北海道もこれからはお寒いので」というと、

「何！　寒い位でへこたれる奴があるか」と、やんちゃをいうのじゃ。

処が内閣が変わって今度は伊藤（博文）がやる事になると、安場は辞職《やめ》るというから、俺はやめさせん。訪ねて行くと、杉山など居るから、

「俺が話があるのじゃ、貴様達はあっちへ行って居れ」と避けさせて、それから安場に、

「あなたは、やめんで宜しい」というと、

「伊藤の方からやめさせるだろう」という。

「否《い》や、伊藤はやめさせません」というて辞表は出させぬ事にして、それから俺は三浦に伊藤を説かさせ、安場をそのままにして置かせた。

大隈の時代になって、安場は遂にやめてしまった。伊藤以上に大隈を嫌って居ったようじゃ。

俺を議員にする話は方々から持ちかけられたもので、安場の後に、今度は佐々も頻《しき》りと勧めた。俺は佐々に、

「貴様の議員になる事を止《と》めないから、貴様も俺の議員にならぬ事を止《と》めるな」というたら、佐々も返答に

支《ささ》えた。

安場の書生をした後藤（新平）とは、早くから顔を知って居った。後藤は安場の女婿となったので、安場の感化が多大なるものがあろう。今度の復興祭では、後藤の名が第一に語らるるのじゃ、却々《なかなか》大きい事をやる奴じゃった。

「今日天下の急務は頭山が金を作る事です」

副島《そえじま》とは佐々友房の案内で始めて会うたのじゃ。佐々は私《わし》に、

「副島は会って置いてよい人です」

というから、私《わし》もその気になって佐々に連れられて行って会うた。

その時、副島は、

「今日、天下の急務は何んでしょう？」と問うから、私《わし》は、

「頭山が金を造る事です」というと、副島は「これは近ごろ面白い事を聞きました」と真実面白そうな顔をする。

私《わし》は、前にいった後藤象二郎から岩崎に説かせて炭坑を百万円ばかりに売る話を進めていた折りであったから、そんな事をいって見たので、まるきり根もない事を口外した訳ではないのじゃ。処が副島もそのころ炭坑を有《も》っていて金にしようという際であったとかいう事で、私《わし》が金儲けの事をいい出したのが、気に合ったのであったろう。

私《わし》を漢の高祖に見立てた

副島は初めて会って大いに胸襟を披《ひら》いて語ったような次第で、

「漢の高祖劉邦というのはあなたのような人でもあったでしょう」といっていた。

副島の家を出て帰る途中、佐々は、当今の急務の答えが余っ程変なことと思うたと見えて、

「あんな真面目な男に、頭山が金を作ることですなどと、一体何処《どこ》を押せばそんな言葉が出るか」と呆れておった。

私《わし》は唯本当のことをいったに過ぎんのじゃ。全く炭坑を売りつけて百万円も握ったら一寸《ちょっと》面白いことが出来るはずじゃった。

副島は腹は相当出ておった。腹を撫《な》でて、

「私《わし》は何時《いつ》も貧乏はしておりますが、浩然の気はこの通りです」といっておった。

副島の胆《きも》伸ばし

その後、金玉均が来て、「副島さんが大変お困りの様子ですが、何んとかなりませんか」という。借金で苦しんでいるというのじゃ。正直な真面目な男じゃから、方々借金がかさんで気を腐らしている様子じゃ。

そこで私《わし》は、「私《わし》にも金は直《す》ぐ出来んが、借金位のことはどうでもよい。一ッ行って副島の胆《きも》伸ばしをする位、造作ない。今からでも行こう」といって、副島の家へ行った。そして、

「国家の柱石たるあなたが、その位の事に心配するのは宜しくありません。人には能不能あり、そんな金の事などはあなたが心配なさらんでも、あなたの知られる人間でその方の能のあるものが何んとか致しましょう。私《わし》共は、拍手《かしわで》一ッ打ってもそんな金位は出来ますが、そんな事は、土台あなたの御心配なさる問題でないのですから」といってやった。副島は大層喜んで、

「いや、金のお世話をして下さらんでも、その御一言は難有《ありがた》い。仲間《ちゅうげん》になってもこの御親切に報います」と大

いに愁眉を開いておった。

副島の借金といっても、私《わし》の高利貸共から借りていたのに比べたら問題にもならんものであったろう。伊藤や大木などが、その借金を支払ったということじゃ。

岡田の女将を驚かす

あのころの待ち合いには、滅多に我々を上げん家があって、何んとかいった、……岡田か？　その岡田というのは当時の大官といった連中ばかり行くのじゃ。伊藤、井上などが能《よ》く行くそうで、よほど金でも棄てるようなものでなくては上げんというから、私《わし》は一ッ上がってやろうと思って、玄関からいきなり二階へ上がった。

「今日は遊んで行くよ」といって上がってしまったものだから、下ではごたごたやっている様子じゃ。女将が、そんな知らん客を上げたのが悪いといって、女中に文句をいう。女中は、上げたのでない、上がって了《しま》ったのだという。私《わし》は二階へ上がっておるが、一向女共も出て来ん。私《わし》はそのころ、浜の家の嬶《かかあ》から習った太閤記十段目を大声で謡っていた。節も何も出来ておらんのじゃが、そんな事は構わん、大きな声でやるのじゃ。

ところが、しばらくすると、打って変わって大いに歓待し出した。全く下へも置かん取り扱いじゃ。これは風向きが変わったぞと思って、遠慮せずに御馳走を食う。妓《おんな》も大勢出る。

「俺を知っているか」と問うと女将が、

「浜の家の頭《とう》様でございましょう」という。

「能《よ》く知っているな」といってやった。大いに遊んで浜の家へ帰って来た。

すると二、三日して浜の家の嬶《かかあ》が俺に、

「この間、岡田へ面白いお客があったそうで御座いますね」という。

「誰がそんなことをいったか」と問うと、

「昨晩、後藤様が見えられてそう申しました。最初岡田では物騒な客だといって、二階へ行く者もなし、困っていたそうでございます。そこへ後藤様がお出《いで》になって、窃《そ》っと二階の室《へや》を覗いて見て、あれは怪しい者でない、浜の家の頭山だ、うんと御馳走してやれ、決して損の行く客でないといいましたので、それから打って変わってのおもてなしであったそうでございます」というのじゃ。後藤象二郎のことじゃ。私《わし》の事を能《よ》う知りおるので、私《わし》も仕合わせをしたのじゃ。

後藤は容堂侯に可愛がられて、藩内では勢力があった。板垣の方は、正直で信用があったために外藩の志士達から買われた事は、後藤以上であったようじゃ。後藤は、豪胆なところがあって、強《したた》か者じゃった。

年中正月、常二十才

私《わし》は三十までは品行方正で、待ち合い入りも芸者買いもせんのじゃ。ま、不良老年の方で、三十後から放蕩を始めたのじゃ。何時《いつ》も気が若く元気で、「年中正月、常二十歳《はたち》」というのじゃ。

頭山とは如何なる仁か？

結城寅五郎を使者にして、佐々（友房）から二千円借りた事がある。

処が、そこに居合わした者が、佐々に向かって、

「その頭山とは如何なる仁か？」とたずねた。

「御尤《ごもっと》も、あなたが私《わし》を驚く距離を一寸とすると私《わし》が頭山を驚く距離は一尺です。頭山から証文を取る位なら金を貸さん方がよろしいので」と佐々が答えた。

「ハー！」と、その男が啞然として居たと、後で佐々が笑って話して居った。

佐々は策士のように言われたが、却々《なかなか》真面目で信用があった。勤王の大義に根本を置いた、立派な精神が

あった。

その頃、私《わし》は炭坑の払い下げ運動で、毎日百円ずつも入用、それで佐々から二千円都合してもろうたのじゃ。証文なしで貸して呉れた。

佐々は操守あり、確然たる意志あり、偏狭ならず、道義に叶う処は、伊藤でも誰にでも賛成した。決して利害の徒ではなかった。大臣の名称などを望んで居なかった。

佐々は念入りな男で、何事に当たっても上中下、三段の策を立ててかかったようじゃ。

お妻の髪を切った話か？

お妻（洗い髪のお妻として当時評判の美人芸妓）の髪を切った話か？

あれは、反対じゃ。

お妻の弟が来て、

「姉はこの頃不品行でいかぬ」

と云うから、私《わし》は、お妻を妾《めかけ》にするつもりはないというて、お妻が何も私《わし》に気兼ねはいらん。好きな男と一緒になって居たらよかろうというような事を話してやったのじゃ。

すると、お妻が自身切った髪を持って詫びに来たのじゃ。

政府の腰抜けを追い分けで諷ずる

私《わし》の追い分けは、腰抜け政府の者を片目船頭に見立てた唄から始まったのじゃ。西洋の真似ばかりして、日本人だか西洋人だか分からん様な事ばかり言う。大学に居ったロバートという英国人が、教授を罷《や》めて国に帰る時、この家へ来て言うた事に、

「こんなにして日本という国はどうなりましょう。日本という事を忘れて、何もかも西洋の通りにしては、御国は持てますまい」というた事じゃ。

もちろん、私共《わし》は最初から、伊藤あたりの腰の弱いのが困りものと見て居ったので、例の追い分けの文句を謡ったのじゃ。

「船は破れ船、船頭は片目、乗ったお客は皆沈没」というのじゃ。

それを或る家の祝言《しゅうげん》の席で謡って、嬶《かかあ》に叱られた。

客「御祝言《しゅうげん》が目出度く納まったら結構な事で、却《かえ》って逸話という事になりましょう」

翁「処が、たちまち破鏡に終わったのじゃ」

鼻かけの英雄

あれは私《わし》が三十七、八歳の頃じゃ。鼻が赤くなった。腐って障子が落つるかなどというのじゃ。

それを心配して呉れて、荒尾が梅毒《かさ》のひどいやつになったものと思ったろう。

「古今の英雄を調べて見ましたが」と尤《もっと》もらしい口調でいうのじゃ。

「鼻かけの英雄というのがないようで御ざいます」と、忠告じゃ。

私《わし》は一向無頓着じゃから、

「そんなら、私《わし》は英雄の範囲を広めてやろう」というと、

「そんなのは広めぬ方が宜しいので」と、荒尾は恐縮じゃ。

副島（種臣伯）までがその話を聞いて心配して見舞って呉れる。

「あなたが、そんな事になっては、困ります」と御挨拶じゃ。

それでも、その頃の新聞にも、そんな私《わし》の噂が出なかった。新聞は、私《わし》の事は滅多に書かんのであった。

従道、大西郷に叱らる

海軍拡張の時には西郷従道が海軍大臣で、議会では変わった演説をしたのじゃ、「軍艦は鉄にて造り、大砲を射《う》つものなり」といった具合で、民党の議員共を煙に巻いたのじゃ。

その従道に「家屋敷を売って了《しま》え」と私《わし》がいうた話か？

それはいうた。従道が世道人心の頽廃を嘆き、奢侈の風を戒めなくてはいかんというような事をいうから、私《わし》は、

「先ず貴下《あなた》の邸宅を売って、それを時弊救済の資金に提供なさい。仕事は頭山が引き受けましょう」というような事をいうたのじゃ。否《い》や、従道は困った顔をしない、却《かえ》って喜んでおった。

従道は、兄貴ほどには行かないが、明治十年後は従道を筆頭に、副島、品川などが人物で、それに鳥尾、三浦（観樹）などもおった。

従道はなかなかの利《き》けもので、明治初年、政府が陸軍中将を任命する際、誰にしようかという評議になった。そのころの中将というのは今の大将以上の地位で、維新の豪傑連の中にも、一寸《ちょっと》適任者が見当たらんくらいであったのじゃろう。すると大西郷は、遠慮気兼ねの様子もなく、

「それには金吾がようございましょう」と自分の弟を推薦したというのじゃから、余ほど重んじられていたものじゃろう。

大西郷が征韓論破れて故山に帰臥したころ、西郷の家に書生をしていた荒尾精《せい》の話では、一家の私事の如きは更に顧みなかったようじゃ。家屋は破れて雨漏りがひどい。奥さんがそのことをいうと、西郷は、

「まだ解らんか！」といったきり、奥さんも何も言えなかったという事じゃ。

これはその前の話じゃが、ある時の政府の会議の折、西郷は遅刻じゃ。皆んなが待ち切れず使いをやると、西

郷は一枚の浴衣を洗濯したのがまだ乾かないから待って呉れという。そこで浴衣を送ってやっと間に合わせたという話がある。

従道はひどく大西郷に叱られたもので、彼ほどの豪傑も兄の前には頭が上がらなかったそうじゃ。従道は兄の俸給を皆そっと持って行って費《つか》うという風であったそうじゃ。それでもいろいろと一家内のことを心配もしていたものと見えて、

「兄貴のようでも後で困ることになろう。己《おれ》が一つ工夫して生活に困らんようにする」ということで、地所を売ったり、家を建てるような算段をしたということじゃ。

処が大西郷がこれを知って、非常に憤《おこ》った。

「汝《きさま》は碌《ろく》なことをしでかさん。有害無益な奴じゃ、死んで了《しま》え」と叱り付けたという。

子孫のために美田を買わずという詩は詩人の洒落にいったのでなく、大西郷は肚《はら》の底からそう覚悟していたのじゃ。それを、地所の家屋のと、弟の従道が計画したものじゃから、舌を食うほど叱られたというので、従道はそのことを話して、

「あんなひどい目に逢ったことはありません」といいおった。

大西郷、橋本左内に叱らる

大西郷は二十八貫もある大男であった。或る時、鹿児島で大勢集まって相撲を取っていた処へ橋本左内が来た。白面の書生と見えたじゃろう。西郷は相撲は誰にも劣《ま》けんのじゃから、橋本の弱々しい体格を見て、

「あんたは、相撲は取れまい」と、軽蔑する様子でいった。

橋本は開き直って、

「私《わたし》はあなたを相撲取りと思って来たのではありません」とやった。

それから盛んに議論を吹きかけて、容赦なく西郷をやり込めたので、西郷もあやまった。

橋本が帰ってから、西郷は、

「今日失敗をやった」といって、袴羽織で出直して、橋本を宿所に訪《と》うて答礼をいった。

大西郷の師友、伊知地正治

鹿児島では西郷が第一の人物じゃが、人格者としては伊地知正治の方が一段優っておったということじゃ。伊地知は、南洲自らが自分の師友と呼んでいたほどの豪傑で、清廉は薩藩第一、仙骨は南洲以上といわれた。参議としてそのころ五十円の月給取りが家賃五十銭の借家に入っておった。戦争は上手で、板垣も戦争は上手といわれたものじゃが、板垣が何か戦争のことをいい出すと、直《す》ぐそれはいかんと頭から怒鳴り付けたという。不愛想第一という人間であったという。

伊地知は、裸百石といわれた。元は小身で微禄であったが、鹿児島湾で英艦と戦った時、伊地知は丸裸になって大砲へ馬乗りで戦ったので、その功で百石に加増されたということじゃ。

何時《いつ》か、米沢の中条という男が伊地知を訪うと、伊地知は自分で不在だという、

「本人が居るではないか」と中条がいうと、

「本人がそう言うのだから確かだ」と答えた話がある。伊地知の不愛想は有名なものであったという。

仕事は西郷ほどやれんじゃったが、人間としては伊地知は立派なものであった。西郷が師友と敬しておったというのでも知れよう。

しかし、西郷がモッと畏敬した人間に久坂玄瑞がある。

大西郷の敬服した久坂玄瑞

「久坂が生きておったら、私共《わし》は大きな顔をしてはおれんのじゃ」と西郷は常に木戸に語ったということじゃ。久坂や高杉は若《わこ》うして死んだのじゃ、惜しいものであった。久坂は座右銘に「有事、無事《むじ》の如く、無事、有事の如し」と書いておったということで、鳥羽伏見の戦いの折でもあったか、長州の監軍の何んとかいう男が、夜、陣中の見廻りをすると、皆疲れて他愛なく眠っている間に、久坂のみは燈下に端坐して書を読んでおったということで、それが無事有事の如しという心境なのじゃ。

南洲が征韓論の否決されて故山に帰臥した折、木戸は、モ一度、西郷や副島を出さなくてはいかんというて心配をした。そして、大久保が、伊藤、井上輩を用いるのを嗤《わら》って鼠輩内閣と罵《ののし》り、かくの如き内閣は無きの優《まさ》れるに如《し》かずといい、むしろ、空位にして置いた方が宜しいというたそうじゃ。

木戸、大久保を罵る

木戸は、征韓論破裂後、何んとしても、モ一度、西郷、副島、江藤、板垣などの元勲を廟堂へ引き戻して、折角《せっかく》維新の大業を終わり有らしめなければならぬと主張した。これ等の人々が去って、大久保が、伊藤、井上の徒を要職に就かしめたのでは、維新の業が無益になると嘆いたものじゃ。

「こんな事では、道義を本《もと》とする政治は出来ぬ」と心配して「五参議を旧に復そう」という、熱烈な希望を抱いて居った。

「今日の事情、見るに忍びんから、已《お》れは郷里に退隠する」という。

伊藤はそれを見て、今ここで木戸にまで去られては、親分の大久保はじめ自分等まで悪評を蒙《こうむ》って、立つ瀬がなくなると考えて、これを引き留《と》めようとする。

そこで、長州出身の鳥尾に頼んで、木戸を説かせる事にした。

鳥尾が木戸を訪問すると、玄関払いじゃ。鳥尾が伊藤等にその事を報告して、その晩遅くまで話をして居ると、十二時頃、自宅から使いが来て、今、木戸さんが見えましたという。鳥尾は急ぎ帰って見ると、木戸は黙然と坐って居った。

徐《おもむ》ろに口を開いて、

「己《お》れはモウ、こんな状《さま》を見るに忍びんから、東京を去る決心をした」という。

「それは、貴下《あなた》として女々しい事です」と、鳥尾は大いに元気を出して、「郷里に帰って何をなされます。ここを一歩も去ってはいけません。今ここで思う事を存分に仰言《おっしゃ》りなさい。私《わたし》が承って、先頭に立って、貴下《あなた》の為に死にましょう」という。

木戸はこれを聞いて、

「それなら言うが、あんな伊藤、山県、井上のような鼠輩《そはい》に、がらにもない位を与えて居る事は、全く国を誤まるから、どうでも五参議を旧へ戻して、国事に当たらせなければいかん。あんな鼠輩は、むしろ空位の方が宜しい、五参議が戻るまでは大久保と俺と二人でやろう。それなら留《とど》まる」というのだ。

山県、伊藤に頼まれて来た鳥尾は大いに困ったが、そこは豪傑じゃな。

「宜しゅうございます」と言うて帰って、そのままを伊藤等に告げ、「木戸の言の如くしなければならん」と説いた。

伊藤、井上、山県の三人は、顔を見合わせて大いに困った。困ったといっても埒が明かんから、それでは、「岩倉さんへ行って相談しよう」という事になり、翌日早々岩倉を訪問した。

岩倉は流石に、何んとも思わんような顔をして、

「木戸はそう言うたか！　己《お》れもそう思う。しかし、己《お》れはどうでもよいが、大久保は何んというかな」というのだ。

そこで今度は、鳥尾は大久保の処へ行って一切を語った。大久保は癇《かん》持ちのような人間で、足を顫《ふる》わせながら

聞いて居ったそうじゃが、

「ああ、そうですか。木戸さんがそういうお話なら、今から御一緒に木戸さんの処へ行って、モ一度直接に承りましょう」とあって、鳥尾と一緒に出かけた。

木戸は非常に大久保を罵倒した。

「貴様のおかげで、折角《せっかく》の維新大業が壊《こ》われた。凡《すべ》て貴様が天下を誤る」と畳みかけて罵倒した。

黙って聞いて居た大久保は、やがて口を開き、

「承知致しました。貴下《あなた》の御趣意は御尤《ごもっと》もな次第です。しかし、已往《きおう》は取り返せません。今後如何致して宜しいでしょう、腹蔵のない処を承りましょう」

「西郷等五参議が戻って来るまで、お前と二人でやればよい。他の者は排除して了《しま》おう」

「宜しい、それも承知致しました」

これで話はさっぱり付いた。木戸の意志通りになるという好機会に、たちまち鹿児島の乱となって万事休す。

その中、木戸は病気で死ぬる。

鳥尾のいう事には、

「木戸が生きて居て、鹿児島の乱が起これば、たとえ殺されるまでも、木戸は西郷を諫《いさ》めに行ったに相違ないのじゃ」と。

木戸、黒田を投げ倒す

木戸は却々《なかなか》の正直者で、伊藤などとは比べ者にならん大きい人間じゃった。それで、大久保との会見後、間もなく、大阪の料理屋で木戸は板垣と会飲し、西郷等を呼び戻そうという事を頻《しき》りと話して居る処へ、黒田清隆が入って来た。大分酒に酔うて居た様子じゃ。

そこで木戸は、黒田に向かい、

「今用談中じゃ、一時貴様は座を避けよ」という。

黒田は酒気荒く、激した声で、

「君等の話を己《お》れが聞いたって差し支えないじゃないか、秘密でもなかろう」と反抗する。

「そんな事を言わんでも、ま、別席せ」と木戸は抑える。

「訳を言わなければ去らぬ。どうして己《お》れが君等の話を聞いて悪いかを言え」と黒田。

「訳をいうのは何んでもないが、そんな事は、貴様が聞かん方がよかろう」と木戸。

「是非言え！」

「それでは、是非というなら言うて聞かせる。貴様はずっと以前、まだ格別身分のない時の黒田は、見る聞くべき言動もあったが、今、大いに重責の地にあり、君恩を忝《かたじけの》うする身分となって、その言動、一も見るべきものなく、大いに劣った奴になった。そういう奴共に謀る要がないから、避けよ、というのじゃ」

黒田はこれを聞くや、満面朱を注いで、木戸が便所へ立とうとする処へ鎌かけて投げ付けようとする。

「何をこの小僧が！」と木戸は、強力《ごうりき》を誇って居る黒田を一遍に投げ倒して、〆《し》め殺すかと見えた。木戸は武芸に長じ、力量もえらいものだ。板垣は見かねて、これを支えて留め、俥《くるま》を呼ばせて黒田を帰したというのじゃ。

南洲の無頓着

南洲は思い切った事を平気でやる無頓着な人間で、些細な事にもその一端が現われて居るようじゃ。

南洲の友人で、奈良原繁の兄に喜左衛門とか言うたのがある。これが、同年配の親友であったらしい。するとこの喜左衛門が、新婦を娶《めと》って間もなく上京した。南洲がその留守宅を見舞った話じゃ。

「奥さん、喜左どんの○○と私《わし》の○○とは能《よ》う似てござる。でか○○じゃて」というのじゃ。

新婦は真っ赤になって口も利けなかったと、南洲の供をして行った高島鞆《とも》之助の話じゃ。高島は南洲に愛せられて、随《つ》いて歩いたのじゃ。

そうか。南洲は、字を書く時、股の毛を吹き吹き筆を運ばしたというか。有りそうな話じゃ。南洲の大睾丸《きんたま》は名代《なだい》のものじゃ。

高田が斬られた時の事か？

何？保安条例の時の事か（明治二十＝一八八七年。明治憲法制定の直前に自由民権運動を弾圧するため制定された法令。多くの自由民権論者が東京から追放された。）――。私《わし》は、あれには二度とも何んのかかりあいもなかった。唯《ただ》、高田早苗が斬られた時、私《わし》は浜の家におったのじゃが、そこへ警察からやって来て、

「お手間は取らせませんから一寸《ちょっと》お出《い》でを願います」という。

私《わし》は「別に、警察へ行く事もない」というて出んので、今度は、

「それでは、浜の家へこちらから出向いてお聞きしたい」というて来る。

「それほどにするのなら、何も役人が態々《わざわざ》この家へ来んでもよい、私《わし》の方から出て行く」と答えて、やがて出向いた。

すると、高田を斬った者を知らんかという事を何回も訊《き》くのじゃ。私《わし》は知らんと答えているに、同じ事を繰り返して訊《き》くから、これは能《よ》う聞こえんのじゃろうと思うて、「知らん！」と大きな声でいってやった。それで用が済んで私《わし》は帰って来た。

高田が読売の主筆じゃというので、番町に居った若い者共が簡単に狙って斬り付けたのじゃろう。血気の者ばかりいるので、新聞社の内部を調べもしなかったのじゃろう。私《わし》は浜の家におった。

同じような事が大阪にもあった。ある雑誌で、私《わし》の事を梟帥《たける》（勇猛な異種族のかしら）とか何んとか書いたのじゃ。若い者共が、その雑誌社主を斬ってしまうというから、私《わし》は止《と》めた。

番町屋敷の化物

第二回目の保安条例の際にも、私《わし》は浜の家におった。福岡から来た若い連中が五十何人か、番町の方におった。その番町の家というのは、化物屋敷と言われ、二十幾間あった。その中、一室に寝ると何か出るとか、うなされるとかいって、誰もよう寝んのじゃ。私《わし》が寝て見たが、何んにも出なかった。

頭山が吏党になった

私《わし》が吏党となったのは、最初に安場和（安場保和）と往来して、それから政府の者と縁が出来たのじゃ。何んでもよい、海軍拡張さえ出来ればよいので、私《わし》にしては吏党も民党もないのじゃ。国家の為によければ、それでよいのじゃった。

安場は今時にはない知事じゃった。佐々よりは二十も年が多かった。かつて馬関で船遊びをした時、船べりから小便を放すと烈風なもので、風下にいる伊藤博文の頭へ飛沫が行った。他の者なら低頭平身、謝罪する処だが「や、総理のお△△貸さんかい！　ワハハハ」と大声で無遠慮なことをいっていた。

安場は野心もなく、十年も福岡の知事をして、中央へ出て立身しようなどとも考えなかったのじゃ。……そうじゃ隠君子の方じゃ。何時か高島（鞆《とも》之助）が、「安場の奴、キャンキャンいって叶わん」などとこぼしおった。誰にでも遠慮会釈なく、気に食わんと怒鳴り付けるので、皆んなが恐れていた。

「頭山を斬る」という

私《わし》が吏党になったのは、松方を助けて支那と戦う準備をしようという考えであったが、民間党は、私《わし》を藩閥政府に降ったというので、断って了《しま》うというのじゃ。

この時は警察の方からも再三注意があった。民間党の方でも、賭博打ちなどを手先に使ってまで私《わし》を狙わせるという。私《わし》の方の玄洋社の壮士と三多摩壮士とが睨《にら》み合いじゃ。

その折、民間党壮士の牛耳を執った大井憲太郎が、私《わし》と一度会ったら私《わし》を信じて莫逆の仲となった。当時、大井憲太郎は鍋町の福吉旅館におった。私《わし》は単身そこへ出かけて大井に会ったのじゃ。会うて語ると、大井は私《わし》と離れんことになった。百年の友のようになった。それがために、今度は大井が民間党から排斥されることになった。大井が私《わし》の味方になって、星（亨）が代わって三多摩壮士の頭になり、大井と睨《にら》み合うたのじゃが、大井は星を眼中に置かなかった。

小身非力の豪傑、大井憲太郎

大井憲太郎は小身の豪傑で、気の強いことは大したものであった。小身非力じゃから誰と取り組み合っても直《す》ぐ下にされるのじゃが、気魄《きはく》の強いことは驚くべきもので、どんなに負けたからって負けたとはいわん。人を見ると、直《す》ぐ「馬鹿野郎」と来るから喧嘩になる。体力では負けるが、精神は決して負けない、生命《いのち》など気にしていなかった。大分《おおいた》の人間としては異数《いすう》じゃった。大井は何時《いつ》も爆裂弾を沢山貯えておった。

星も伊藤も、私《わし》を仲間に引き入れようとして、政友会になって呉れと頼んだのじゃ。それを大井は、「そんな事はいかん、詰らん。いっそ彼奴等《きゃつら》臆病者共を倒して、我々の手で天下を取って了《しま》った方が手早い。政友会へ行くよりはその方が宜しい」といって、河野（広中）と私《わし》と三人で、相談をしたのじゃ。

「これは河野広中の記念品として贈られたものじゃ」と、翁は一本の古筆を示した。その軸には、「盤州逸品」と彫られて、毛は使用して可《か》なり切れていた。

河野の死後、これと千五百年前の瓦を硯《すずり》にしたのと二品を贈って来た、……そうじゃ、記念としてよい趣向じゃ。三浦（観樹）からの記念の中に如意があった。……そうじゃ、それぞれ趣向が面白い、長く生き残る者は、皆んなから、かたみ分けを貰《もら》うのじゃ。

大井の臍《へそ》

大井憲太郎が喜んで来て、

「小坂の鉄鉱が五万トンばかりあるから、大分の金になる。製鉄所へ買ってもらいたい」という。

それァうまい話じゃ、早速やるがよいという事にして、私《わし》が製鉄所長の和田維《つな》四郎へ頼んでやった。処が、蓋《ふた》を開けて見ると、五万トンどころか、二千トンもないというのじゃ。

「なんだ、女の臍《へそ》へつばを付けて押したところで何んになる。貴様の鉄鉱は臍《へそ》の方じゃ」と言うてやったら、大井のやつ、笑うに笑われず、泣くに泣かれず、悄気《しょげ》た。以来、大井の臍《へそ》ということにした。

星も大井には閉口

星（享）は、相当肚《はら》の太い奴であった。深く交わるまでに至らなかった。というのは、星の敵たる大井と深く交わったからじゃ。星は、俺にも政友会へ入って纏めて呉れというから、

「俺よりは大井を入れるがよい」というと、

「大井は直《す》ぐ向かッ腹を立てますから」と言った。大井の眼中、星などはなかったのだから、星も大井には閉口じゃったろう。

星が私《わし》を議員に担ごうとした

星が私《わし》の所へ来て、政友会を組織するから是非仲間へ入って呉れというのを断ったら、今度は私《わし》を議員にする

というので、準備をした。折角《せっかく》かつぎ上げた後で叱られては堪らぬから、黙許してもらうつもりで、自由党の壮士頭で川上という、二人も人を斬ったとかいうやつをよこして、その事を承諾を求めた。

私《わし》は、途方もない、黙許も何も出来ぬと断ってやった。私《わし》が議員になろうと思うなら、疾《と》くになったので、最初、玄洋社の者がそのつもりにして、社の財産を皆んな私《わし》の名にして議員にすると極《き》めたのじゃ。私《わし》は反対に、自分の金を一万も出して、福岡から四人も議員を出してやったのじゃ。

折角《せっかく》準備したものを私《わし》がはねつけたもので、玄洋社の者共は失望して、今後は凡《すべ》ての運動をしてやらぬと駄々を言った。

星を助けた

星は私《わし》を横着者と言うておったという事じゃ。自分が横着者じゃから、私《わし》もそう見えたのじゃろう。星は、伊庭《いば》にやられる五年前にも、一度やられる処を助けてやったことがある。爆裂弾でやっつけるという奴がおったが、私《わし》は「まァ、助けて置け」といって留《と》めた。

星には二度ばかり会うた。最初は政友会の出来る時で、人間がなくて困るから、私《わし》に一つ出てくれというような話であった。二時間ばかり会って夕飯を一緒に食うた。

剣難もぐり

人相観が私《わし》の事を「剣難もぐり」というた。その後、平岡（浩太郎）と他二人で、また別の人相観に会うた。他二人は、楽に世を送る人という観相じゃった。さて平岡の番になって、「この人は名を揚げる人」ということであった。

私《わし》の番になると、やはり、「大きい事をして名を揚げる人」というのじゃが、「但し、あなたは危険な事をする人です」というた。

この時、一座客「あなたは笑う時、可愛い顔になりますが、怒った時は恐いのです。何もいわんでも怒いのです」

翁、破顔一笑。

「聞いて怖ろし、見て恐《こわ》らしい、添うて嬉しい頭山さん」というのを芸者共が謡ったのじゃ。

その後も一度、杉山（茂丸）と二人で或る人相観に会うた。杉山のことを、天下の富を成す人じゃというた。

私《わし》の事をば「長命はするが、一生貧乏する」というた。

地税軽減問題

地税軽減問題の時じゃ。

「天下みな、そんな俗論に傾くようではいかぬ。今は一時の苦痛を忍んでも、大いに財用を裕《ゆるや》かにして対外策を講じなくてはならん時じゃ」というので、香月恕経に、これが反対をやらせた。何んでも今年は五十人の味方があったら、来年は満場一致になるまでに努力せよというので、それには香月は耳が聞こえんから、敵党のいう事には知らん顔して飽くまで反対せいといってやった。遂にその通りになったのじゃ。

松方総理を叱る

松方総理の時は、うんと怒《ど》なり付けたら、椅子からひょいと立ち上がってまた坐った。

その前に言質《げんち》を取って、私《わし》が助けてやるからには、徹底的にやらなければいかんというと、宜しいと約束をしておったのじゃ。それが、民間の奴等から騒がれて辞職をする、内閣を投げ出して逃げるというのじゃ。私《わし》の立場がなくなる、品川や、安場（和）（安場保和）などと策謀をして選挙干渉もやる。どうでも吏党の議員を多く造って製艦費を可決させ、海軍拡張をやるという事で、松方に乗り切らせるつもりであったのが、投げ出すとなると、私《わし》の吏党も無駄骨じゃ。それで私《わし》が出かけて行って、うんと叱り付けたのじゃ。人間はびっくりすると、はね上がるものじゃ。

当時、伊藤などが、我々のやり方がひどいので気を揉んで、

「こんな事では困る。頭山などの乱暴な事を聞いて支那と戦争でも起こしたら、日本は負ける」などと心配をして、頻《しき》りと松方へ説いたのじゃろう。松方は根が正直者じゃから、伊藤あたりからそんな事をいわれると、居堪らなくなって逃げ出したのじゃ。

伊藤は能《よ》く人才を用いた

その折、私《わし》は遠藤秀景と二人で、二日続けて伊藤を訪《と》うたが、おらんとかいうて、とうとう会わん事じゃった。

その後、伊東巳代治が浜の家の嬶《かかあ》を説き付けて私《わし》に会いたいというのじゃ。

「会う用もないから」というて置いたが、浜の家の嬶《かかあ》が再三そういうて、一度会うてやって下さいというものだから、会うた。

伊東巳代治は頻《しき》りと弁解をして、

「伊藤さんも、そんな悪いつもりではなかったので、全く不在でお会いが出来なかったので」といったようなことを骨を折って弁解しおった。

その後に、伊藤自身が私《わし》に会いたいというて来た。が、今度は私《わし》の方から「会う必要はない」と断った。

その後、日清戦争前、始めて伊藤（博文）に会うたのじゃが、その時伊藤は、

「頭山さんは子分を沢山お持ちでしょう」というた。

私《わし》を町奴《まちやっこ》共のように思うたのじゃろう。

伊藤は人を用いた。自分の郷国の長藩の者ばかりでなく、能《よ》く人才を集めて仕事をした。従って人望を得た。賢い処があった。井上の方は下の者へばかり我がままをいったもので、伊藤よりは劣っていたろう。伊藤は勇気が欠けたようじゃが「私心《わたくし》」が少なかった。

品川へ借金の相談

私《わし》の芝の桜川町時代というのは、借金時代じゃ。松方を叱り飛ばして見たが、松方は内閣を投げ出して了《しま》ったのじゃから仕方がない。吏党になって最後まで突っ張るはずが、こんなことになって、私《わし》の立場がなくなった。浜の家から足を洗って桜川へ転《うつ》ったのじゃから、金に困るは当然じゃ。

そこで或る時、品川の処へ金を借りに行った。

「今日はあなたに御相談があって参りましたが、些《ち》と金が入用なのです」というと、品川は大いに驚いて低頭平身、

「外《ほか》のことなら何んでもないが、金のことばかりは私《わし》には出来ませんので、実に困りました」と如何にも困った様子じゃ。

私《わし》は気の毒でもあり、

「あなたに金のことはお門違いとは存じておりますが、出来る出来んは別として、あなたなら御相談して宜しいと信じておりますので申したような次第で、実はあなたにお出来にならんのが当たり前と思うております」といった。

別れて帰る時、品川は、

「とても私《わし》には金の事は駄目と思いますが、何《ど》れだけの事でしょうか、それだけを伺って置きたいので」というから、

「いや、一寸《ちょっと》入用なので、五百円ばかり」というと、品川はまた驚いて、「私《わし》は、あなたの事ですから、途方もない大金の御相談かと思ってお断りしたのですが、五百位なら、私《わし》にでも何《ど》うにかなりましょう、後でお届け致しましょう」といって和田維《つな》四郎に持たして、直《す》ぐ私《わし》の宿へ届けてくれた。和田は私《わし》にも双方に懇意なので、その辺も品川は思いやりがよいのじゃ。

その金高は六百円じゃったが、翌日には古荘（嘉門）にまた五百円持たせてよこした。

品川は何万という金額と思って、最初低頭平身、恐れ入ったのであった。正直潔白な男で、吉田松陰の門生中一番年少で、松陰の衣鉢を最も好《よ》く継いだ人といわれる。表面は優しく、猛烈な処はないが、やるとなったら実践躬行、水火を辞せざる気魄《きはく》はえらいものであった。

私《わし》も、後藤（象二郎）になら百万円の相談を持ちかけるが、品川にはそんな間違った話はしないつもりじゃった。

品川は善人じゃった

品川ばかりは、決して悪銭を取らなかったようじゃ。何か当節の利権屋のような賄賂を持って行く者があると、品川は、

「私《わし》はやるべきことなら、あなた方の方から望んで来なくともやります」といって、その持って来たものは皆返したということじゃ。

そのころ岩崎から金を取らん者はないというほどであったが、品川ばかりは、三万とかを持って来たのを取らんで返したということじゃ。直情径行で、才物で、温順《おとな》しい人間じゃった。選挙干渉も品川がやったというよりは、俺共がやったようなものじゃ。品川の発意ではなかった。内務の地位にいるから、責任が落ちて行ったのじゃ。善人であった。「とことんやれ」の歌も品川が作ったので、洒脱な処もあった。

丸裸で高利貸撃退

信濃屋の二階にいる時じゃ。昼寝をしようという処へ、高利貸の奴が二人揃うてやって来た。一人では、毎々のことで文句もいいづらいから、誘い合わせて来たのじゃろう。下座敷へ待たせて置いて、一先ず昼寝をした。二時間もして目を覚まして、

「まだ彼奴《あいつ》らがいるか」と聞くと、待っているという。挺《てこ》でも動かぬ了見らしい。

それから私《わし》は丸裸で下座敷へ行って坐って、二人の顔をずうと見た。二人は丁寧に叩頭《じぎ》をして、「お金は何時頃《いつ》頂けましょう」という。自分の金を人に貸したのだから、返してもらいたいであろう。私《わし》の方でも返したいは山々だが、今はない。

「金が出来たら、こっちから返しにも行こう、また呼びにもやろう。その方共の催促を受けるまでもない、返したいのじゃ。無いからどうも仕方がない、そこの処を了解して貰《もら》いたい」。こっちも丁寧にいった。

何せよ丸裸で出たので、着ている物でも取って行くともいえないのじゃ。

「ハァー」といって、何んにもいわず帰って行った。

国民協会入党拒絶

国民協会が出来る時じゃった。

私《わし》は、松方内閣瓦解後は、一旦民間党をやめて吏党になったのじゃから、モウ隠退じゃ、世間のことには口を出さんつもりでおった。

すると、品川、佐々、古荘に松方、西郷（従道）などで国民協会を造るから、私《わし》にも出て呉れという。私《わし》はその時、「思うことがあるから出ぬ」と断った。

すると、二度も三度も、呼び出しに来る。山本という警部長を使いによこして、

「あなたが会合の席へお出《い》で下さることが御都合が悪ければ、こちらから伺いましょう」というのじゃ。

「それほどまでにいうのなら、私《わし》の方から行くから、来るには及びません」といってやって、私《わし》の方から出かけた。

国民協会の連中が顔を揃えて待っておった。私《わし》はその席へ出て、こういうた。

「世間には、やるというてやらんのがある。またやらんというてやらんのがある。私《わし》はやるというてやらんようなことはせん。私《わし》は、今度のことは、やらんというてやらんつもりじゃ。私《わし》はモウ一切何処《どこ》へもそんな政党などへは出んことに思うとる。もし、一旦国家の大事で、是非にも出なければならんと思う時には、君等の催促は受けん。私《わし》から出る」

こういうて座を起《た》ったら、誰も引き留《と》めなかった。皆私《わし》のいっこくを知っとるからじゃ。

大津事件の時

青木周蔵が外務大臣の時、その下にいた赤羽四郎が湖南事件の日、私《わし》の処へ来て、

「先生、大変な事が起こりました」という。津田三造が露国の皇太子を大津で傷つけたのじゃ。

「今直《す》ぐ戦争が始まるとよいのじゃが、これで戦争にはならん。ま、安心をして私《わし》の浄るりでも聞いて行け」と私《わし》はいうて、当時浜の家におったのじゃから、浜の家の嬶《かかあ》を呼んで三味線を弾かせ、太閤記十段目を十日ばかり稽古した処を語ってやった。

赤羽は手をこんな風に頭へ上げて、「頭山さんの浄るりは始めてだ」と大笑いをして帰った。

あれも、役人にしては変わった男だ。会津の三四郎というて、柴四郎、池上四郎と三人男に立てられたものじゃ。後に肺病になってからは、何処《どこ》へも行かずに私《わし》の家へ来て、「この家なら来てもよかろうと思う」という

て、余ほど悪くなってからも来ておった。

何？　赤羽が動けなくなってから、私《わし》が見舞って行って碁を打ってやったという話か……負けてやって病人を喜ばせた？　……うん、そんなこともあったようじゃ。

硬骨漢、児島惟謙

児島惟謙《これかね》は硬直な奴で、策略の人ではないが、真っ向からぶつかって行くやり方で、所信を曲げんのじゃ。あの大津事件の時、裁判官であったのじゃ。津田三造が露国の皇太子を傷つけたのを大逆罪に問おうと皆んながいうのを、児島だけは単なる傷害罪であると主張して、最後まで頑張ったのじゃ。それで我が国の体面も保たれたのじゃ。そのころ星亨は勢力を張り、三多摩の壮士を率いて威張っていたが、児島の眼中には星など無かったようじゃ。議院の廊下で出会わして、星を面責したという話もあったようじゃ。

日露戦争、桂太郎

日露戦争直前のこと、児玉、小村、八代などが見えて、どうでもロシヤと一戦を交えて根本的に解決するほかないというのじゃ。私《わし》も賛成したのじゃ。八代がいうことに、

「これは、半年遅いと早いとで、大変な違いになります」と。

一日も早く開戦しなくてはならんというのじゃ。それから、私《わし》は時の総理桂に会うて見た。桂がいうには、

「この際、ロシヤに対して満韓交換などいう事は決して致しません。私《わし》は肉体の頭は下げても、精神の頭は下げません」という。これは脈があると思って話を進めたのじゃ。すると桂は、

「従来国家の大方針が定まりませんので困りましたが、今度はきまりました」とはっきりした返事じゃったので、私《わし》も安心した。

桂は軍人でもあり、伊藤、井上如き軟弱な者ではなかった。あれが伊藤や井上の内閣だったら、日露戦争は出来なかったろう。井上は、雷などといわれたようじゃが、それは自分の部下や、出入りの町人共への雷で、あの男は我が輩を恐れて一度も面会しなかった。

大分早いころ、大隈の条約改正の前じゃった。井上が福岡へ来たことがある。すると、来島《くるしま》が彼を生かして帰さぬというのじゃ。その相談が定まって、私《わし》の処へ承諾を求めに来た。

「ま、一時《いっとき》生かして置け」と私《わし》は止めたので、井上は三十年生き延びたのじゃ。

その以前に、近衛内閣を造って対露問題を解決しよう、そして新日本を造ろうという話があった。根津一が来て、その内閣の献立、顔触れを見せたのじゃ。近衛公を総理にし、佐々、神鞭、小村などが閣員になり、私《わし》もそれに加われというのじゃ。然《しか》るに、間もなく近衛公が死なれて惜しい事であった。

近衛公は、しっかりした肚《きも》があったようじゃ。物いう事のやさしい人で、私《わし》が会った時、「私《わし》は井上さんは、伊藤さんよりも嫌いです」といっていた。

シルクハット問題

私《わし》は不精者で、四十ごろまでも袴《はかま》を穿《は》いた事がほとんどない。褌《ふんどし》もないのだから居ずまいを悪くすると、険呑な事じゃった。それで、大臣だろうが総理だろうが、遠慮なく訪問する。日露戦の前の事じゃ。神鞭その他四、五人揃うて、伊藤（博文）を訪問した時も、やはり袴なしで出かけたのじゃ。二度目の伊藤訪問の折、神鞭は気にして、

「伊藤さんへ出る時ばかりは袴を着けた方がよいでしょう」という。そこで、私《わし》は始めて袴を穿《は》いて訪問したのじゃ。帰る時、振り顧《かえ》ると、神鞭は窮窟そうに洋服を着てシルクハットを被っている。

「僕は一生そんな物は被《かぶ》らんぞ」といって笑ったのじゃが、とうとう神鞭に対して嘘を吐《つ》いた事になった。一昨

年の御大典の時、京都へ出かけるにシルクハットを被って洋服を着たのじゃ。

神鞭（知常）は清廉と人情深い点は群を抜いておった。誠に正直でさっぱりした男であった。

聴かなければ伊藤を斬る

日露戦争の時は、今日米国に対する以上に、政府の連中が露国を恐れて居った。私《わし》は直覚で以て露国など恐るるに足らんと感じて居た。それで、もし伊藤が戦争を恐れるというなら、先ずこれを斬って後、露国と戦うつもりであった。

南洋視察費を飲む

松隈内閣の時、大石が農商務大臣になった。大井が来て、

「農商務省に金があるから己《お》れに南洋視察に行かんかというがどうじゃろう」というから、

「幾らあるのじゃ」ときくと、三万円ばかり遊んでいるという。

「しかし、それを皆出す訳にも行かんということじゃ」というから、

「皆でなくともよい、出かけるがよい」というてやった。すると、また大井が来て、

「途方もない、たった二千円しかよこさんというのじゃ」とふくれるから、

「二千円でも取れるなら取って来い」といってやった。その金を取って来たが、二千円ばかり詰らんと大井が呟《つぶや》いた。

「それでは一つ貴様の送別会を兼ねて皆んな呼んで飲もう」という事になり、大石や河野その他多勢呼んで、己《お》れは遠慮なし食うて居ると、大井は大井で真っ先にへべれけで、散々罵倒をやる。

「大臣なんかというのは、余程へなちょこな奴がする事じゃ」などと、途方もない事をいうのじゃ。

私《わし》も御馳走を食うて、妓《おんな》共に戯談《じょうだん》をいって、招《よ》んだ連中に一向お構いなしじゃ。で、二千円はこの大振る舞いに消えて了《しも》うた。処が、農商務省の方では、行くというて取った金が振る舞いでなくなったでは困る。どうでも大井が南洋へ出かけてくれなくてはいかぬというのじゃ。大井の奴、向こう腹を立てて、

「二千円ばかり何んじゃ。鼻糞の様な金で、彼これいわれて堪るか、そればかりの金は元へ返したら文句は無かろう」という。それでも、その金はおいそれと直《す》ぐ出て来ないのじゃ。大石か、また二千円拵《こしら》えて来て、大井は南洋へ出かけた。後で私《わし》は大石に会って、

「大井の旅費二重取りの張本は已《お》れじゃよ」といったら、

「ううん！」と大石の奴、眼をみはっておった。

金の貸しっぷり、金子元二郎

北海道の炭坑を買う時、金子元二郎《もと》が見えた。実は四万円で買い取る話でおったのじゃが、二万円は出来て、後の二万円が無い。金子は商人で親の遺産もあり、相当資産があった。何んでも、支那の方へ出かけるとかいって、その途中、私《わし》の処へ立ち寄ったのじゃ。

「急に要る金で、二万円ほしいのじゃが」というと、

「どうも急な事では、私《わし》も旅中ではあるし、方法は付きませんが」と金子の答えじゃ。それも尤《もっと》もな話で、私《わし》の方でも借りる金を無理もいえんのじゃ。その中、金子が、「その期日は何日ごろまでに間に合いますれば宜しいので？」というから、「長くは待てん、三週間ばかりということで、彼方《むこう》に待たせてあるのじゃ」というと、金子は考えておったが、

「左様に期日が迫っているのでは、彼これいっては居られません。それなら私《わし》が一旦家へ帰って持って参ります」といって辞し去った。

何んでも、番頭共が留める、家内も不賛成というので面倒であったらしいが、そうと一旦決めて帰ったのじゃから、否や応なし、持って行かなくてはというて、二万三千円を持ってまた私《わし》の処へ見えた。それを皆出したから、「その三千円は何かの」ときくと、「これは先生当座のお小遣いに」という。

「否《い》や、それは有難い事じゃが、二万円あれば宜しい。その三千円はあった処で私《わし》は有れば直《す》ぐ使って了《しま》う。無ければ無くて済む。同じ事じゃからそっちへ蔵《しま》って置いた方が宜しい」といって返した。

後でその炭坑が売れた時、十倍にして金子へやった。金子の貸しッぷりがよかったから、私《わし》も返しッぷりを好《よ》くしてやった。

炭坑を売った七十万円の行方か？

「何？……炭坑を売った七十万円の行方か？……借りていた金の方が多かったので、直《じ》き無くなった」

座客「先生は一生借金生活ですな。二十代で三万円の借金を造られたと聞きますが？」

翁、これを受けて無造作に、

「そんなことであった。一番最初の借金は福岡にいるころで、筒井主税《ちから》という男からであった。私《わし》よりも八歳も年が多い、元は武士《さむらい》じゃったが、床屋をやりおった。この床屋が借金の始まりじゃ。女の方も床屋の案内が始まりで、これは東京へ出てから芝口の床屋じゃ……そうじゃ、床屋で髪を苅っている処で見た妓《こ》を、その床屋に案内さしたのじゃ。

この筒井主税というのは、早くから知ったのでなく、二十歳後の交際じゃった。矯志社で顔を知り合ったのじゃ。それが、十円、五円と直《す》ぐ金を貸してくれた。そのころは、東京の下宿は二円もあればいられるというので、十円は大金じゃった」

借金証書は正気歌《せいきのうた》の文句

証文は、返すまでのしるしに正気歌《せいきのうた》の一句を書いたりしたものじゃ、「鼎鑊甘如飴」（鼎鑊（ていかく・煮殺しの刑具）甘きこと飴の如し）などいうので、金額も返済期日も書いてないのじゃ。その方は、ほんの小口の方で、それから追々と借金も太くなった。炭坑区を願い下げたのを抵当に、千円、五百円、三百円などと、段々積って三十ごろには三万円ばかりになった。東京へ出てから、高利貸共から借金をした。何んとか徳蔵という金貸しは今も生きているはずじゃ、私《わし》より年が多いはずじゃ。モウ八十にもなるじゃろう。

支那へ入院したようじゃ

第一革命（辛亥革命）の時、支那へ行くに腸が悪くて、皆んなが、「先ず入院でもして、身体《からだ》を治してから行け」という。

しかし私《わし》は生来の頑健じゃ。三尺も深い雪の中でも、百姓共が足拵《こしら》えをしてやっと出る時、私《わし》は足袋も穿《は》かず、睾丸《きんたま》が出る程のさまで雪藪《やぶ》を歩いて何んともなかった位じゃから、支那へ行こうという話が出来て、今更入院でもあるまい。

「俺は三十年、歳を投げ棄てて若くなって行くから、貴様達も三十年棄てて来い」と若い者共に言って、十人ばかり連れて出かけた。寺尾（亨博士）なども行った。

すると彼地《あちら》へ渡ると、却《かえ》って達者になって、何んともなかった。

支那へ入院したようなものじゃ。

彼方《あちら》へ渡っては、唯黎元洪と無言の挨拶をしただけじゃ。船中で犬養と碁を打った。

美和も気の強い奴じゃ

私《わし》が最初に支那へ行った時、彼地《あちら》で大勢客をした。その席で美和作次郎が、客に呼んだ柴五郎を撲《なぐ》った。美和は気の強い奴で、酔うと手を出す。散々柴五郎を打《ぶ》ったから、私《わし》がうんと懲《こら》してやった。翌朝酔いが醒めると、あやまりにやった。

その後も一度、酒席で美和がまた荒《あば》れ出した。懲《こら》してやろうとしたが、犬養が留め男に出た、美和も気の強い奴じゃ。

この第一回の支那行きの帰りに朝鮮へ廻った。京城で統監《(総督)》の寺内が私《わし》共の歓迎会を開いて呉れた。洋食が出たのじゃ。そこで寺内は、

「頭山さんは洋食はお嫌いで御ざいましたろうか？」という。食いにかかってからそういうのじゃ。

「私《わし》は洋食は嫌いじゃ。それでも一人前は食います」と答えて、私《わし》はきれいに食うた。

仏人リシャール来訪

洋食を嫌いなように、私《わし》は西洋人も嫌いじゃ。何時《いつ》かフランス人のリシャール（Paul Richard）というのが私《わし》の家へ見えて、私《わし》の写真を持って来て、「私《わし》の記念にしたいから、先生の署名をして下さい」とかいうのじゃ。そして、ペンを出した。

その時、私《わし》は、

「私《わし》は西洋人が嫌いじゃから、一度も私《わし》の処へ西洋人が来た事がありません。あなたは始めてです。また私《わし》は日本の筆を使うので、この金属で作ったペンを使うのも始めてです」

といって、そのペンをこう、筆の様にして書こうとすると、ペンがピンと飛んで行った。リシャールは、

「私は西洋人ではありません。西洋人を止《や》めました。西洋文明は皮が美しいだけです」というておった。

大隈との会見

大隈とは板隈内閣の時、はじめて会うた。最初私《わし》にもその内閣へ入って呉れというから、「いや、俺は入る要はない、俺の北海道の山へ五十万位、三菱あたりから出るように、それを取り計らって貰《もら》いたい」というようなことを言うてやった。

そんな無理難題を吹っかけて、相手にもならなかったのじゃが、一日、鳩山和夫が使者になって来て、

「是非一度大隈さんがお会いしたいから御都合の日を」という。

「私《わし》は何時《いつ》でも宜しいが、不自由な脚でこんなせまくるしい処へわざわざ出かけんでも、私《わし》の方から行って会おう」と答えた。すると、また鳩山が来て、

「明日は午前、客を謝してお待ち致しますから、どうぞお出《い》でを願います」という。

それで私《わし》は出かけて大隈の家で会うた。大隈は「若い人に譲りたい」というような事を頻《しき》りという。国家多難の際じゃから、維新の際の豪傑が何《いず》れも若手揃いで回天の事業をやり遂げたように、日本が世界に対してやる大仕事も、若手でやりたいという意味じゃ。口が達者なのじゃから、そこのところを立派にいう。

「いや、それはいかん、あなたがすでに実権を握って責任の地位に立ってから、そんな事をいうのはいかん。支那に対する政策などは実際是非決定して断行せにゃならん」と、私《わし》は押えて、

「支那のことは、大きな戦争に金を費《つか》ったと思うて、平時の外交にそれだけの金をかけなさい、大胆にやらなくては」というと、大隈は伊藤などよりは胆気もあるようで、「それはやりましょう」と承諾をしたのじゃ。そして、別れる時には「今度これを一ツやりましょう」と、手真似で碁を打つ約束をしたのじゃ。

しかし外交に金をかけるというても私《わし》のは何億というもので、大隈の肚《はら》とはけたが違うのでやり切れんじゃっ

た。その後、夕張炭坑のことを杉山（茂丸）を介して突っ込んで見たが、話は纏まらなかった。

室蘭埋め立て願い

北海道の炭坑会社が四万坪ばかりの埋め立てを出願するのに、頭山が個人で八万四千坪の室蘭港埋め立て出願は多過ぎるという苦情が役人共から出た。その時、長官の安場は役人共に向かい、

「他の者なら多過ぎるという事もあろうが、頭山には多過ぎるの広過ぎるのという事はない」といったので、私《わし》の埋め立て願いは許可になった。

安場がこんな事をいったに訳がある。最初私《わし》が福岡で五十何万坪の炭坑を土地の者と共同で出願したことがある。これについては、土地の郡長の久野や、知事の安場も心配して呉れたのじゃ。五十万坪と口でいうと小さいが、随分広いものじゃ。そこで、ほかにも出願者があるのじゃから、それと半分ずつ分けて呉れると仕合わせじゃという。私《わし》はこれに答えて、「五十万坪、百万坪という土地は相当広いものである位は私《わし》もよう知っている。しかし、私《わし》が石炭山を手に入れようという意志からすると、豊、筑の坑区を悉く《ことごと》私《わし》が手に取っても、大海の一滴じゃ。私《わし》に多過ぎるという心配はいらん。もし他日、頭山に百万坪の坑区許可が多過ぎたということになった際には、私《わし》の首を取りに来るがよい」といってやった。すると彼方《あちら》では、「左様でございますか」と引き退ったのじゃ。

この話を安場が能《よ》う知り居るので、今度の北海道の埋め立て出願も、多過ぎるということはないといい添えをして呉れたのじゃ。それで室蘭埋め立てが許可になった。処が、石垣もなし、その埋め立て区域が判《はっ》きりしない。その中、一万坪ばかり埋め立てたのが、風波《しけ》で流された。

その中、河島醇が北海道長官になって、この埋め立ての事を知り、「折角《せっかく》許可になったものを、そのまま放棄して置くのは惜しい」といって注意をして呉れた。とにかく、それだけ囲いをつくれば宜しいというから三千三百

坪を囲いして工事を始めた。それが、今も残っているのじゃ。

陸奥宗光が外務大臣の時、同じ紀州の岡本柳之助が来て、私《わし》に南洋へ出かけてもらいたいという。陸奥の手から三十万円を出すというのじゃ。

私《わし》はこういってやった。

「とにかく三十万円持って来るがよい、但し己《お》れは南洋へは行かんのじゃ。頭山の嘘は、公然とやるのじゃ、名乗って置く。しかし、有り余っている金があるなら己《お》れはそれが入用なのじゃ」

「そんなことといわんで、ま、出かけるときめなさらんか、その中、五万円ばかり私《わし》に融通してくれることに」と岡本が頻《しき》りと勧める。

何んでも陸奥は、私《わし》を南洋へ追っ払って壮士共も一緒に連れて行かせ、その後で条約改正をやろうという肚《はら》と私《わし》は睨《にら》んだから、出来んような注文を出してやったのじゃ。大隈の爆弾以来、条約改正にはこの爆弾が恐いものじゃから、恐い顔を皆んな南洋へやって、その留守にさっさと条約の方を片付けようというのじゃったろう。岡本は面白い奴で、働ける奴であった。後では困っている様子で「知事の口でもいいが無かろうか」と言うておった。

その後、岡本は朝鮮へ渡ったが、順調に軍人で出世したら、えらい元帥になったことじゃろう。

陸奥とは遂に一度も顔を合わせなかった。この時、私《わし》が南洋に行くことにしたら、陸奥とも会うて話さにゃならぬのであったろうが、行かないことに最初きめておったから、会う要もなかったのじゃ。

青木周蔵は変わり者

青木が外務大臣の時じゃ、明治三十六年ごろじゃった。私《わし》の炭坑を米国人と共同でやりたいという事で、赤羽四郎が使者になって来た。先ず十万円は、私《わし》の当座の小使いによこす。それから、三十万円の会社にして石炭を掘る。この資本は全部米国人の手から出す。それで利益は四分六分に分けるというのじゃ。

私《わし》は、また例の緩和策じゃと気が付いた。十万円などいうことで我々を去勢して置いて、条約改正をやろうという肚《はら》らしい。そこで私《わし》は、

「それはもちろん、頭山の方が六分、米国人へ四分ということと信じてはいるが、しかし、私《わし》は、一体四分六分などいう吝《けち》なことは嫌いじゃ。凡《すべ》てが対等の五分五分で行くのが頭山の立て前じゃ。よってこの話も五分五分の分配にする。十万円など先取りはいらぬことじゃ。五分が一厘《りん》欠けてもいやじゃ」といってやったら、それきり話が止《や》んだ。

青木とは二、三度会うた。ロシヤと開戦にでもなったら困るというので心配をしているから、私《わし》は、「そんなに心配せんでもよい。どうせ一度は戦争をせにゃならんのじゃから、それは必ず覚悟を定《き》めておれ。しかし、今が今、戦争にはならん。大体の見当をして置いて、余りくよくよ心配せん事じゃ」といって、それから、地獄へ落ちた話をして聞かせたのじゃ。

「私《わし》が地獄のような処へ落ちて行って、閻魔と戦った話じゃ。閻魔が高い処におって、行く手を塞《ふさ》ぎ居る。後の門は厳重に閂《かんぬき》がかかって逃げる口はない。そこで、私《わし》は覚悟を極《き》めて閻魔へ突っかかると、閻魔が一堪まりもなく瀬戸かけの様に砕けたのじゃ」

青木の奴、本に書いてないことは承知せんという妙な癖があって、私《わし》のいうたことが本に書いてあるのじゃろうというので、毎日、書斎に積んだ本をひっくり返しておったというのじゃ。

とうとう同じような話が見付かった。何んでもドイツの皇帝が仏国との戦争に負けて意気銷沈《しょうちん》した時、ビスマークが夢物語りをして皇帝を励ましたという話じゃ。何かこう谷間に追い詰められて、断崖絶壁というような逃げる路もない処で、ビスマークは一方の断崖目がけて突っかかって行ったら、屏風でも倒す様にそこが開けて

活路を得たというような筋じゃという。それで青木は、「頭山の話と同じじゃ、本に書いてあるわい」と言ったと云う事じゃった。

権兵衛大臣

山本権兵衛は、時と処を得なかった。大いにやるはずで、桂などよりもやれるはずであったが、相撲取りでも、場所で病気などして出世が出来ないような不幸がある。シーメンス事件の打撃で、敢《あえ》なく攻落《こうらく》された。惜しいことであった。

山本は、権兵衛大臣と早くからいわれた位で、大臣総理の貫禄が早くから備わっていたのじゃ。

孫文をどうする

山本権兵衛に最初の交渉は、孫文が亡命の時だった。当時、支那は袁世凱が総統で、孫を邪魔にして排斥する。支那公使は伊集院（彦吉）で、山本の意を受けて孫が日本を経由して米国へ赴くというのをやるまいとする。そこで私《わし》は、寺尾（亨）を山本の処へやって「亡命者孫文をどんなことにするか」と問わせた。すると寺尾は帰って来て、「山本が大変ぶあしらいなことをした」と憤慨する。何んでも、山本のいうには、孫が来ては迷惑だからというて排斥する様子じゃ。それで寺尾は頻《しき》りと不平をいう、埒が明かん。

私《わし》の考えでは、今は袁の世の中であっても、将来支那は孫の時代が来る。たとい孫は米国に行くにしても、日本を通過するならこっちに引きよせて宜しいものを、殊更にこれを追い返すは間違っている。山本が総理として、こんな処置はいかん。もし山本が本当にその気なら、俺に俺の考えがある。

そこで、私《わし》は当時、鎌倉に静養していた友人の処へ電報で「急用があるから帰れ」といってやると、友人が来る。「そちは山本を能《よ》く知っているというから、しかと彼の肚《はら》を確かめて呉れ、寺尾をやったが、要領を得んのじゃ。本当に孫を売るつもりかどうか、それによっては私《わし》にも考えがある、私《わし》が引き受けて世話をする」といってやった。

翌朝、友人は六時ごろに行って山本に会った。山本の答えには、「何も孫を売るような事をいったのではないが、寺尾が議論を吹っかけるから、僕の語勢もそのために荒くなったかも知れぬ、孫へは相当世話するつもりだ」といったというので、事は収まった。しかし山本は附け加えて、「迷惑は迷惑じゃが」と言って居たそうじゃ。

頼って出る化物

その後、山本に会うた。その時は私《わし》が会いに出かけたのじゃ。日米移民問題や、支那問題がやかましいので、殊に排日騒ぎじゃ。その時、外務大臣は牧野じゃ。私《わし》が行くと山本は早速出て来て、おだやかな応答じゃ。別れる時には、また何卒お出《い》でをという挨拶じゃった。

その時、山本は、「難問題が出て困る」というから、私《わし》は、「これからそんな問題は幾らも出ますよ。化物《ばけもの》でも頼りになるようなものを当てに出て来るんじゃから、あなたを頼ってこれから難問題が幾らも出るじゃろうから」というと、「否《い》や、そんなに出られちゃ困ります」といっていた。

彼は正直者で、その実行力は、従来総理になった連中の三、四人分も有《も》っていた。例のシーメンス事件というので、責めを引いて辞職したのじゃが、彼に十分力量を振るわせなかった事は残念じゃ。

インド亡命客ボース

インド亡命客ボースは、最初我が国に滞在十日の猶予を得たのじゃ。私《わし》の処へ、始め宮崎滔天《とうてん》の紹介で来た。その時は、ただ何という事もなし話しに来ただけであった。処が十日後になって、我が政府から「三日間に上海へ立ち退け」という事になったそうで、また私《わし》の処へやって来た。三日目に出る船は米国へは行かずに、上海から欧州へ行く。そこで英国の官憲が彼を上海でおさえようというのじゃろう。彼の生命はないものときまっている。

私《わし》はボースに告げて、

「私《わし》の努力でお前の意の如く世話が出来るかどうか知らんが、とにかく尽力をする。尽せるだけは尽して見よう」と答えた。

そこで、寺尾は石井外相を訪問する。犬養は一木内相を訪うてボースの退去日延べを頼んだ。ところが政府では「彼は独探《どくたん》（ドイツのスパイ）である」というて承知しない。独探であるかないかは調べれば造作なく分かるはずであったのじゃ。そこで、

「俺は俺の覚悟で遣《や》り方がある。俺なら差し支えなかろう。俺は俺だけのことをする」と、こう決めた。

それから杉山（茂丸）を呼んで相談し、内田（良平）にこの仕事は任せることにした。丁度相馬（新宿中村屋主人）がこのことを聞いて、匿《かくま》おうといっているとの話じゃ。それはよい都合じゃという事になり、ボースは暇乞《いとま》いに来たのを隣家の裏の方へ逃げて、杉山の自働車をその方へ廻して置いたのに乗せたのじゃ。

ロバートという英人で、大学に教授をした男が、その後いっていた。

「あれは、あなた方のやった事は宜しいので、もし、あれが地を替えて、英国政府が貴国の場合に立ったら、他《よそ》を向いて知らん顔して、取り合わなかった事でしょう」と。

あれをあのまま英国へ引き渡そうものなら、国家の恥じゃ。とにかく愉快な事であった。この事では骨を折った内田や葛生（久能）に、またボース自身も話があるじゃろう。

内田良平氏談

深夜の電話

ボース氏の事は、あれは大正四年十二月の出来事であった。

十一月三十日の夜——と言ってその夜の暁方《あけがた》——十二月一日の早暁だ。三時か四時頃と思う刻限に突然頭山翁の許《もと》から電話で、私《わし》に直《す》ぐ霊南坂（現在の赤坂一丁目と虎ノ門二丁目の境。ホテルオークラと米大使館の間の通り）の翁の邸へ来てもらいたいという。

例にない事で、冬の初めであり、夜が永いのだからまだまだ明け放れるには間がある。私《わし》はこんな不時の早急の電話に駭《おど》かされて、何事が起こったかと危ぶみつつ霊南坂へ駆け付けた。

頭山翁の邸前には一台の自働車があり、玄関は開いて居た。

私《わし》は、翁の居室へ通ると、先客が居た。それは杉山茂丸氏で、只事ならぬ緊張した光景である。

「夜中《やちゅう》、来てもらって大きに迷惑じゃった」

「用事は何事です」

「実はあのインド亡命のボースの事じゃ。どうでも外務省が日本退去を命ずるというので、すでにその命令状は発せられたのじゃ。しかし、国家の体面にかけても、これは、退去させて英人の手に捕縛させる訳には行かぬ。それで君にも一つ御相談じゃ」

杉山氏の語る処では、ボース氏が最後の頼りとして頭山翁に縋《すが》って来たものを、このまま見殺しには出来んというので、翁とも相談の上、私《わし》にこの仕事をやって呉れというのじゃ。

頭山翁御自身も徐《おもむ》ろに口を開かれて、

「餅は餅屋じゃ、荒い方の仕事はそちらのものじゃ。その代わり牢屋へ坐る事は私《わし》がやるのじゃ」

当時ボース氏は、インド詩人タゴールの一族という事にして、やはりタゴールと称して居た。欧洲大戦時で、ボース氏がインドに叛乱を起こして、英国の覊絆を脱しようと企てたのが発覚して、正に英国官憲の手に捕えられる処を危く日本へ逃げて来た。それを英国大使館から、我が政府へボース氏引き渡しを迫る。時の外相、石井菊次郎氏は、事なかれ主義からこれを諾して、十二月二日限り日本退去を命じた。この二日に横浜を出る船は香港に寄港する。そこを狙って香港の英国官憲の手でこれを捕えようというのである。ボース氏の運命はすでに谷《きわ》まった。この窮鳥が最後の救いを頭山翁に求めて来たのじゃ。そこで頭山翁は、ボース氏を匿《かくま》って、決して英人の手に渡さぬと覚悟を定め、自分はその責任者となって牢屋へ坐りに行くというのでナ。

私《わし》は、今更に翁の覚悟の好《よ》い事に感心した。

インド人の神隠し

それで杉山氏とも相談の上、この仕事は、私《わし》は実行の役目を引き受けたのじゃ。とかくして夜は明け放れる、十二月一日じゃ。二日は明日に迫って居る。私《わし》は一旦自宅へ帰り、ボース氏を何処《どこ》へ匿《かくま》ったものかと考えて見た。頭山翁の宅か、私《わし》の宅かと考えて、何方《どちら》も警察の目が付くに極《き》まって居るのじゃ。どこか人の気の付かぬ家はないものかと考えあぐんで居ると、そこへひょっくり佃信夫氏が訪ねて来たのじゃ。それは朝の十時頃じゃ。佃《つくだ》氏は、朝鮮で往年東学党事件以来の私《わし》等同志で、黒龍会の元老の一人じゃ。私《わし》は今思案に余って居るボース氏の事を話し出すと、

「実はその話で己《お》れが来たのじゃ。そのインド人を匿《かくま》う場所があるのじゃ」、と佃氏が確信ある言いぶり。

「それは好都合じゃな、何家《どこ》じゃ」

「あの新宿のパン屋、中村屋じゃ、相馬愛蔵氏じゃ」

「どうしてそんな話が出来たか」

「それは、中村弼《ひつ》から持って来た話じゃ。あの法学博士中村進午《しんご》の兄で、以前二六《にろく》新報に居った人間じゃ。彼が私《わし》の処へ来てそういうのじゃ。中村屋で、この不幸なるインド亡命者を匿《かくま》っても宜しいと、向こうから言い出したというのじゃ。弼氏は新宿に住んで居るので、日頃あの中村屋からパンを買う。それで、相馬氏と顔馴染みになって居る。すると昨日、中村屋の店へ立ち寄ると、相馬氏が我が政府の弱腰を憤慨して、あのインド人を英国へ手渡してはならぬ、万一の場合には自分の裏二階へ匿《かくま》ってもよいというのだそうじゃ。相馬氏夫人も、例の黒光《こっこう》女史で名を取った女傑じゃで、これは何よりの強味じゃ」

「それは好都合じゃ、我々同志の宅では直《す》ぐ警察の手が廻るが、あのパン屋なら一寸《ちょっと》当たりが付くまい。これは天の助けじゃ、それと決めて欲しい」

「宜しい、己《お》れがこれから中村弼に会うてそう決めよう」

それから私《わし》は佃氏と同行して、また頭山翁の邸に参り、この事を語り、依って中村弼氏にも来てもらい、また同氏を介して中村屋相馬愛蔵氏をもその場に招き、相談の結果、いよいよ中村屋へボース氏を匿《かくま》う事に決めた。

明日は二日で、退去の日となって居るから、仕事は今夜中に運ばなくてはならない。それでボース氏、グプタ氏、他二名のインド亡命者には、今夜頭山翁に暇乞《いとま》いという事にして霊南坂に来るようという策を授けてやる。晩になって、ボース氏等四名は警官四名附き添いで、霊南坂へやって来た。

先ず、頭山翁と隣り合って居る寺尾亨博士の処へ四人のインド人は、今回いろいろ世話になったというお礼を申し述べに入る。寺尾邸を辞する時、寺尾夫人等は高声に別れを告げて他意もなく別れを惜しむ様子じゃから、附き添いの警官も流石に気の毒に思って警戒心が多少緩《ゆるやか》になって居た事だろう。

その足で、四人は直《す》ぐ頭山邸へ表門から入ったものじゃ。もちろん、霊南坂の頭山邸は行き止まりじゃから、警官は玄関の処に見張って居る。他には抜け道もないはずじゃ。謀《はかりごと》は密なるを要すで、私共《わし》の方では、インド人を奪い取ろうなどという気配は微塵も示しはせん。今は只だ万策尽きて、せめてもの心やりに、頭山翁へ暇《いとま》乞いをさせて帰すという態度じゃから、警官の方でも安心し切って居た事じゃろう。

明けっ放しの答弁

一旦頭山邸へ入った四人のインド人は直《す》ぐ変装して、頭山邸の裏の断崖を下り、そこの家の庭を雪崩の如くに通過して坂下の対支連合同志会の前へ出る。その間、宮川一貫、白石好夫の両猛者《もさ》が護衛の任に当たった。そこから、用意の自働車で――当時、自働車が未だ少ない時代で、杉山茂丸氏が桂公から貰《もら》ったという快速な自働車がこの時の役に立った。――四人のインド人は、佃信夫、中村弼の両氏に護られて新宿へ飛ばしたのじゃ。途中の事は、とんと盲《めくら》馬車の様で、インド人等にしては夢中であったろうと思う。新宿へ行ってからの事は、ボース氏自らの話があるだろうから、私《わし》は私《わし》だけの話を続けよう。

さて、頭山邸玄関前に見張った四人の警官じゃが、これは些《ち》と可哀相な事になった。夕方から見張って、玄関へ脱いだ四人のインド人の靴を質に取って見守って居るので、随分気の揉める番人じゃな。遂々《とうとう》日が暮れて、待てど暮らせど靴の主は出て来ん。八時が九時になり、十時が十一時になる、気が気でない、と言って、頭山と言うと大した威力で、これは歴代の総理以上恐ろしいのだから、警官も迂闊には物を言えない。はらはらして、腹を減らして冷えるのを我慢して居ると、救いの神が隣の窓から声をかけて呉れた。

「おお、君等は何時《いつ》までそうして立ちん坊をして居るかな、身体《からだ》が冷えるじゃろう」

寺尾亨博士は慈悲をかけて呉れたものじゃ。

「いや、先生、御厚情忝《かたじけ》ない次第で。先刻からこうしてインド人を待って居りますのですが」と警官泣き声じゃ。

「そのインド人なら疾《とっ》くに帰ったはずじゃ」

「ええ？　帰ったのですか？　靴があの通りあるのですが！」

「靴と人間とは離れられん筋合いでもなかろう、はだしでも人間は歩けるんじゃ」

「へ！　では遁げたんで！」

「いや、遁げたのかどうか私《わし》は知らんがの。何んでも疾《とっ》くに帰った事だけは確かなようじゃ。私《わし》の処へ別れの挨拶に見えて、頭山君の処へ一寸《ちょっと》顔を出して直《す》ぐ帰るのじゃ、と言いおったがな」

警官四人は腰を抜かしてへたばったのじゃな。それで警察署の方へ電話をしてどうしたものかと相談したという。時の総監は西久保弘道じゃったろう。頭山邸の家宅捜索は見合わせよという命令じゃったとか聞いた。

警官は駄目を押して、頭山邸へ恐る恐る伺いを立ててインド人を出して呉れというのじゃ。すると、頭山翁は自身玄関へ出て来て、

「インド人は疾《とっ》くに帰ったのじゃ、疑いが晴れんのなら家の中へ入って見るがよい」

明け放した態度で穏やかに言ったものじゃ。居らん事は居らんのじゃから大丈夫さ。

警官の方では、総監から「滅多に頭山邸の捜索はしてはならぬ」と言われてあるのに、今、頭山翁の静かなる事林《はやし》の如き態度じゃ、手も足も出ない、泣き泣き引き上げたものさ。

頭山翁のえらい処はここじゃな。自身玄関へ出て、投げ出した物言いじゃから警官も手が出なかった。


私《わし》の顔は潰れても……


「霊南坂で、インド人が消えて了《しま》った！」

こういう噂がぱっと散ると、騒ぎが大きくなる。遂《とうと》う頭山邸は化物屋敷にされたのじゃ。第一に困ったのは我

が政府じゃ。翌《あく》る二日には退去させると英国大使館へ約束をした当のインド人が居なくなった。と言って、

「頭山を逮捕訊問して白状させよ」という命令は出す事は容易でない。松方や伊藤、井上を慴伏《しょうふく》させた頭山翁を縛る事は、大隈総理も憚《はばか》るのじゃ。後難が恐ろしい。来島《くるしま》に隻脚《かたあし》を取られた大隈が、モ一ツの隻脚を取られないとも限らない。そこで仕方ないから、外務省からインド人逃亡の事を英国大使館へ通告する。同大使館ではかんかんに憤《おこ》った事だろうさ。棄て置けぬとあって、

「この上は日本の政府へは頼まぬ。自力で以て草を分けてでも、彼、叛逆者ボース等を捜し出そう」というので、方々の探偵社を金にあかして働かしたのじゃ。

そうなると、我が政府では甚だ苦しい立場になる。そこで外務省では窮余の一策として、我々浪人党の方へ或るスパイを入れて結束を破ろうと試みた。それは「飲んべ安《やす》」とあだ名された、名の通りの飲んべで、飲ませさえすれァ何事でも厭わぬという無節漢じゃ。これがまた浪人仲間の一人で始終外務省に出入りして居った。外務省では、この者に大いに飲ませる事にして我々の方へ差し向けた。飲んべ安は、先ずその舌鋒を侠気に富んだ好人物と睨《にら》んだ寺尾亨博士に試みた。

「あのインド人は殺させませぬから、その隠れ家だけ打ち明けて下さい。そうしたら私《わし》共の手で、もっと安全な地へ送り届けます。先生方はすでに一旦彼等亡命客を助けてやったのですから、それで面目が立ったので御ざいます。決して悪い様には計らいません。とにかく一度石井外務大臣とお会い下さいませ」

寺尾博士は純学者肌で策略のない一刻《いっこく》な人で、この話を真に受けて石井菊次郎氏と会見をした。その会見の模様は私《わし》共には知らないが、その結果として寺尾博士は頭山翁に復命して曰く、

「政府では、インド人を保護するから一先ず手渡して呉れという。政府も実は英国に対して国際の約束を果たし得ない苦境じゃろう。そこで、もし政府が極力捜査を行って自らの手でインド人を捕えたとしたなら、我々が折角《せっかく》今日まで骨折った事も徒労に帰する。今の中《うち》、政府に委してはどうか」

頭山翁はこれに対して、「それは、インド人が絶対に安全を得らるるなら、それもよかろうが」という事で私《わし》にその話を伝えて来た。私《わし》は、そんな絶対の安全のという口頭の事は信じられない、佃氏も私《わし》と同意見で、

「我々は、これまで骨折って来て、今更彼等を敵に手渡す事は出来ない。政府が今になって窮余の策としてそんな調子のよい事をいうが、最初はやはり彼等をむざむざ敵の手に渡す事を辞しなかったのじゃ。そんな事では信用が出来ない、これは渡してはならん。これは非常な決心を以てやり通さなくては」

その頃には大分日数が経って、ボース氏等は中村屋に居らなかった。捜査が厳しいので、中村屋の隠れ家も怪しくなり、転々と処を変えて逃げ廻って居ったので、我々の方では可なり気を揉んで居たし、この上は最後の覚悟が必要と睨《にら》んで居った。もし、万一の場合には我々の同志の一人として時の農商務大臣たる河野広中氏の処へボース氏を持ち込んで匿《かくま》おうと考え、河野氏が引き受けなかったら、モウ仕方がない、ボース氏に腹を切らせてその首を英国大使館へ投げ込んでやろうという段取りまで考えて居った。そこで私《わし》と佃氏と頭山翁の処へ駆け付けて談じた。それで、寺尾博士の談判では手緩《ぬる》いから、我々が出向いて石井外務大臣と直《じか》に物を言おう。それには、先ず寺尾博士に来て貰《もら》わにゃならんというので、頭山翁は直ぐ隣りの博士を招く。

私《わし》は寺尾博士に向かい、

「外務省の言うなりにインド人を引き渡した処で、それは外国へ送らるる事でしょう。そうなると我々の手は届かん。つまりは、十二月二日前へ逆戻りです。これは絶対にいかん。外務省の方は、私共《わたし》が直《じか》に言いますから、先刻のお話は取り消しにして貰《もら》いましょう」

「それもそうじゃろうが、私《わたし》は、安全を保証するという事で、外務省へ引き渡しの約束して了《しま》ったのじゃから、そう簡単に取り消しなど出来ん」

「そんな口約《こうやく》などは、どうにでもなります。非常の場合、非常手段を取らではなりません。私共《わたし》にお任せ下さい、貴下《あなた》のお顔をつぶすような事は致しません」

「私《わたし》の顔などどうでも構わんが、そうなると頭山君の顔にかかる。私《わたし》は頭山君を代表して行った形になって居るのじゃで」

この時、頭山翁は始めて口を開いて、

「私《わし》の顔が潰れてもインド人の生命が無事であれァ可《よ》いのじゃ」

流石、頭山翁はえらいもので、こう言われると寺尾博士も一言なしで、一切私共《わし》に委せるという事になった。

首にして渡そうか！

外務省に引き渡さぬという事に一決したのだが、後を引き受けた私《わし》共両人の責任は重くなった。外務省への交渉はどうしたものかと首を捻《ひね》ったが、外務次官の伊集院彦吉氏と佃信夫氏とは懇意の間で、その紹介で佃氏が石井外相と会見をした。佃氏は簡単明瞭に要点を談じて、今回のインド人逃亡に関しては、外務大臣は責任はない。逃亡は警察の手落ちで、つまりは内務大臣の責任問題だ。故に外相は、英国に向かっては、すでに逃げた者は仕方がない、見付かったら処置をすると言ったらよかろう。無理して探し出す必要もない。未だに行衛が判らぬと言って置けばそれで済む事だ。国際問題としては、今日の形勢上何等重大な危機を孕《はら》む心配もない。というよう意見を述べた。

これに対しては、石井外相も賛意を表した。実際、そうする他に道がないのだからね。唯残るは、内相の責任問題だ。

これに付いて佃氏は、石井外相にこう言った。

「これは造作ない。貴方は外交問題としてこれを引き受け、内相に向かっては、唯『逃げた者は逃げたなりで私《わし》に預けて欲しい』とこう言えば、内相は責任を転嫁した形で、自ずと救われるのです。それを貴方《あなた》が更に、逃げたなりにインド人を頭山に預けるという事にすれば、自分の肩も軽くなるというもので、万事は解決です。頭山は、日本の面目を傷つけず、また、貴方方《あなた》のお顔を潰さぬ様、立派にこれを預ります。この点は我々、非常な決心を以て保証します」

こう出られては石井外相も異議はなかった。そこで今度は、頭山翁、石井の直接会見となって、この問題は一切頭山翁が預かるという事に決まった。

それで、石井外相から英国大使に向かっては、どういう風に話を付けて宜しいかという問題が残ったのだが、これは思い切って痛快な事にした。その大要は、

「日本は欧米諸国と異なり、建国の歴史も異なり、国家組織も異なり、人民の階級もまた異なる。それで、日本には浪人という一種の階級がある。その中心となる者は、真の国士であって、今回問題の中心人物たる頭山はこの浪人の巨頭である。国家大事ある毎にこの浪人が特殊の活動をして義勇奉公の誠を致すのである。往年三国干渉の時などもこの浪人が奮起して遂に焼き討ち事件なるものを生じた。政府といえども、これを奈何《いかん》ともしがたい場合がある、これを強いて圧迫しようとすると、大動乱が起こる。故に、この内情をとくと考慮に入れてもらいたい」という様な事であったらしい。

英国では、我が政府に文句を言っても追っ付かないと見たものか、その後は余り外務省へこの問題を言って来なかった。そして自力の捜査探索が一層厳しくなった。その前、グプタ氏は、中村屋を脱して一時大川周明氏方に潜伏したが、やがて米国に亡命したので、後にはボース氏一人が英国官憲の注目の的となった。その中《うち》、欧洲大戦止み平和克服したが、ボース氏はその間も風声鶴涙、一日も安き心もなかった。遂にボース氏は日本に帰化して始めて安全な身となった。

言い落としたが、石井外相との談判が成立して後、私《わし》が河野広中氏に会った時、当時の事情を語り、

「あのインド人問題で困った時、私《わたし》は貴下《あなた》の処へ匿《かくま》って貰《もら》おうと思うたのです。それでもし貴下《あなた》が、大臣という地位上それが承諾しにくいとでもいう事だったら、モウ仕方がないから、インド人を首にして英国大使館へ投げ

込むつもりであったのです」というと、河野氏は莞爾《かんじ》として、

「実はあの時、私《わし》に御相談がありはしまいかと思って居ました。私《わし》の宅へ匿《かくま》うのが一番よかったかも知れません。その時は、そうとも気付かなかったのです」。流石、河野氏で、一向蟠《わだかま》りのない気象であった。

（頭山翁自ら、俺の家は遂《とうと》う化物屋敷にされて了《しま》ったと笑われたという。その霊南坂の邸宅は、その後大震災の時、翁が御殿場に避暑中に焼失したので、インド人消失の舞台面も今はたずぬるによしなし、残念である。霊南坂上の行き止りの頭山邸というのは、清楚閑静な仙境の気分があって、天が亡命インド志士を扶《たす》くる為に設けた特別の舞台でもあったろう。）

ボース氏の談を綜合して

（ボース氏は昨年の春の或る日、午後から晩へかけて、日本へ亡命してから帰化人となるまでの経過を微に入り細を穿って物語ったものであるが、それを速記したでもないのだから、以下その大要を記述する。編者記）

頭山翁を訪問す

ボース氏が我国へ亡命して神戸へ上陸したのは大正四年六月八日で、それは欧洲大戦最中であった。京都を一見物して翌日東京へ向け汽車に乗り、新橋駅へ着いたのは夜遅くであった。全くの他国へ来て知るべもなく、日本語は少しも語れず、駅頭に迷うて居た。すると親切なる一巡査がその挙動を怪しみ、誰何《すいか》して、その何《いず》れはインドあたりの風俗と見て、天涯の孤客の運命を憐み、自分の知って居る宿屋を叩き起こして、そこへボース氏を泊めて呉れた。つまり、ボース氏は東京へ着いたその晩から日本人の厚い情に浴して、同じ東洋人たる親しみの念に培われたのである。

それからボース氏は、その以前から東京に来て居たインド同志と共に麻布笄《こうがい》町に一戸を借りて潜伏して居たのであるが、或る朝、外出しようとして玄関で靴を穿《は》き紐を結んで居ると、玄関の戸の外に怪しい人影が立って自分の手を熱心に見入って居る。

「はッ」と気が付いた時にはすでに遅し、ボース氏はインドの英国反逆者たる証拠を看破られたのである。それは、以前ボース氏は爆弾に打たれて右手《めて》の指が二本傷痕を残して居る。紐を結ぶ指を注視した人間は、敵のスパイであるに相違ない。

「失敗《しま》った！」と思ったが、追っ付かず、その日以来、探偵様《よう》の人間が絶え間なく彼の身に附き纏《まと》う事となった。ボース氏もこれには閉口した。遂に彼は警視庁へ出かけて、何故に日本の警察が政治犯の外国亡命者をかくも執念《しつこ》く探偵付けるのかと反問して見たが、その返答は一向に要領を得ない。どう考えても、英国の手が日本の政府へ廻って、自分を捕えようとするものとしか思えない。危険が刻一刻迫って居ると感じられる。

その折、インド人同志で日本に居る男が来て、支那亡命者孫文がボース氏に会いたいと言って居ると告げた。それというのは、ボース氏の部下の一インド人がボース氏の日本に来て居る事を、当時米国に居った孫文部下の支那人に知らせた。その支那人は更にその事を孫文に通知してよこしたのである。こういういきさつから、同じ亡命者の身たる孫文が、ボース氏に会見を希望した事も当然であろう。そこでボース氏は、麻布霊南坂の寺尾亨博士邸の近所に居った孫文を訪問したのである。双方共に母国の救済の為に起《た》って、一身の置き処もない両壮士が当日会見の模様は推察に難《かた》からぬものがあろう。いろいろ心胸を披《ひら》いて語った上、孫文は、ボース氏の窮境に付いて一つの救解策を囁《ささや》いた。それは、孫文自らが、その折、世話になって居る、「日本浪人の巨頭として時の政府をして尚お憚《はばか》らしむる頭山満先生」に一度会って身の振り方を相談するが宜しかろうという事であった。それに付いては、孫文は先ず宮崎滔天氏へボース氏を紹介して呉れたのである。その宮崎氏は、更にボース氏を頭山翁や寺尾亨博士に紹介して呉れた。しかし、それは単なる紹介の程度で、未だ何等の親しみも生じなかったのである。もちろんこの会見に依ってボース氏は、頭山翁保護下に安全を得た訳でもなんでもない。唯、恐ろしい威風のある、何さま在野第一位の有力者らしい獅子王の如き寡黙の日本人に会って異様の感を得たというに過ぎない。

日本退去の命令

とかくする中、その年の十一月二十七日に、上野精養軒に在京インド人が会合して、日本の御大典奉祝会を挙行した。当日の会合者は、ボース氏始め、同じインド志士として知られたグプタ氏その他、何《いず》れもインド革命志士やこれに同情する人達であった為に、自然慷慨激越な言動が多く、何《いず》れも英国のインド圧制に対して反抗する語気を洩らした。加之《しかのみならず》、その会場に掲げた万国旗と称するものは、その実、日印両国国旗のみで、英国々旗などは一つもなかった。日頃、在京インド人の挙動に目を光らして居た英国大使館員等は、この光景を見て容易ならぬ事と勘付いた。すでに本国のインドでは英国に対する反逆者として死刑を宣告され、その首には莫大な賞が懸けられて居るボース氏が、日本へ亡命して今や公然上野で反英気勢を揚げて居ると知っては、一刻も容赦がならない。そこで、翌日早々英大使は我が外務省に向かってこの反逆者ボースを自分等の手へ引き渡す事を厳談に及んだものである。

初め外相石井菊次郎氏は、この交渉を極めて不用意に軽々に取り扱った。もちろん当時の日本政府は大の親英主義で、何んでも英国の言う事を聴くという事大主義の心境に在ったのであるから、英国の不機嫌を買ってまでもインド亡命客を保護しようという気もなかったし、それに英国では、ボース氏を英国及び日本の共同の敵たる独探《どくたん》であると声明して居たので、石井外相も簡単にそれだけの事に考えて、この上は英国大使の要求に応じて事なかれ主義を取るが宜しいと考えたのであろう。但し国家の体面上、窮鳥懐《ふところ》に入ったボース氏をむざむざ日本警察の手で捕えて英人に手渡す様な事は出来ないから、一先ず国外に退去させる。そして海外で英人の手に取り押さえる様に斗《はか》らおうという事にした。

奉祝会の翌日、麻布笄《こうがい》町のボース氏の仮寓へは二人の日本刑事が来て、六本木署へボース氏の同行を求めた。不吉の予兆に、ボース氏は胸を波打たせながら六本木署へ行くと、署長から、十二月二日限り日本を退去すべき旨の命令書を示された。

「それはまた何故?」と反問したが、

「理由は知らん。唯政府の命令を私《わたし》が受け次ぐだけだ。これが私《わたし》の職権行使です」

取り付く島もない。もちろん署長は、気の毒そうな顔で申し渡したのである。

ボース氏は、英国官憲の手が廻った事を直《す》ぐ勘付いたので、憤慨した。

「いや、私《わたし》は日本を去りません、死んでも去る事をしません」

「それは君の勝手と言いたいのだが、私《わたし》は職務上、どうあっても君の退去という事を実現させる責任があるのです」

「いやいや私《わたし》は日本を去りません」

ボース氏は憤然として六本木署を出た。そして直《す》ぐ、芝白金に仮寓して居た同志グプタ氏の処へ行って見ると、同じ様な退去命令が来て居る。

二人は相談の上、坐して死を待つべきに非ずと、それから日本の新聞記者団や、いろいろの団体へ交渉して救解策を講じて見た。何《いず》れも十分に同情して呉れ、日本政府の弱腰を罵《ののし》り、英国の鼻息を窺う日本外務省の無力さかげんを憤るのであったが、しかし、志はあれども能力はない。政府の命令に対して敢然反抗してこれを取り消さしむる能力は誰人にも持ち合わせなかった。

とどのつまりボース氏は、前日孫文に教わり宮崎氏に紹介されて初見参をした日本浪人の巨頭として、歴代の政府をも恐れ憚《はばか》らしめ来たった頭山満翁の門に一縷《いちる》の望みを懸ける外《ほか》なき窮境となったのである。そこで彼はグプタ氏と連れ立って、霊南坂の頭山邸に現われた。

頭山翁は黙々として両人の訴うる処を聞いて居たが、最後に只《た》った一言、

「出来るだけの事はしよう」と答えたきり。

ボース、グプタ両氏はそれだけの事で頭山邸を辞する外《ほか》なかったのである。門を出て数歩、グプタ氏は悄然《しょうぜん》として嘆じた、

「あんな事では所詮望みはない」

ボース氏はこれに答えて、

「うむ、しかし、僕はそうは思わん、一縷《いちる》の望みはある」

こうは言ったものの、暗い心は少しも明るくなって居なかった。この一縷の望みも誠に細々とした頼りないものに思われたのである。

しかし、一諾千金、頭山翁の胸中には万斛《ばんこく》の同情があり、その鉄の如き意志には千鈞《せんきん》の重さがあった。折角私《せっかくわし》を頼って来た亡命者を見殺しにはされぬ。「出来るだけはして見よう」。この一語は、自分の全力を尽して見ようというのである。一刻の猶予もなく、翁は腹心の人々を呼び集めてインド人救済の相談をして見た。その結果は、外務省に向かってインド人の退去命令を取り消さしむるの一途あるのみという結論となった。

そして、頭山翁のお使者が外務省を訪ねたのであるが、石井外務大臣は、

「あの退去命令はすでに決定した事で、今更取り消しなど出来るものでない」ときっぱり挑《は》ね切った。幾ら説き付けても聞き付けない。

こうして居る中に、十一月三十日の夜となった。頭山翁の手に残る切り札は只《た》った一つ、

「この上はインド人を奪い取って匿《かくま》おう」

これ以外に方法がない。英国の威圧を恐れて亡命客を見殺しにする様な真似をされるか。ここに頭山一党は奮起した。議に与《あずか》るは先ず杉山茂丸氏、それから暁方の三時頃、電話で黒龍会の内田良平氏を招いた事は、前に内田氏の談の中に詳しいから略す。

インド人消えて無くなる

ボース氏の語る処は内田氏の語る処と表裏をなして居るので、やや重複の嫌いもあるが、出来るだけ詳しく記述しようと思う。十二月の二日に日本を退去するとなると、当日横浜を出る外国行きの船は一艘しかない。それは欧洲航路に属するもので、当然香港を経由する。香港は英国の勢力範囲であるから、英国官憲は香港でボース氏を捕えるという段取りである。捕えられたら死刑はすでに宣告されて居るのである。

すでに十二月一日の朝となって、まだ救いの手が現われない。ボース氏はモウ脱《のが》れる手段がない。死を覚悟して居た。そこへ宮崎滔天氏の使者が見えて、

「せめては、今晩、頭山翁の処へ暇《いとま》乞いでもして行ったらよかろう」というのである。

そこでボース、グプタ両氏、他二人のインド同志と都合四人、霊南坂へ出かけた。もちろん、これは警察へ願い出て許可を求めた事で、刑事が四人附き添うて自働車で出かけたのである。先ず寺尾博士邸へ立ちよる、「明日、日本を去る」というので、永々お世話になりましたという意味の挨拶を述べる。寺尾邸を辞する時、寺尾夫人は、はっきりと門外に見張って居る刑事等へ聞こえる様な声で、「誠にお気の毒、折角《せっかく》無事で」という。いかにも遣る瀬《や》ない、あきらめ切った別れの場の光景である。刑事等も、今更に気の毒なという感に打たれて警戒心が緩もうというもの。

次いで隣家の頭山邸へ四人のインド人が入った。

頭山邸は霊南坂上の行き止まりであるから、刑事等は門外に見張りをして居れば大丈夫と安心して居る。第一に四人の靴が玄関に行儀能《よ》く並んで居るのが外から見える。人間は滅多に跣足《はだし》で歩くものでないのだから、この靴を質に取って居さえすればという軽い心がある。今も今、寺尾邸のお別れの湿っぽい声を耳にしたばかりの刑事等の心は、頗《すこぶ》る緩やかなものになって居る。

一方頭山邸の奥座敷に入った四人のインド人――この頭山邸は大震火災の時、焼失して了《しま》ったのであるが、頭山翁自ら新築されたもので、中庭を取った平屋造りであった様に思う。それで奥座敷の方は、表玄関からは一寸《ちょっと》覗きにくい間取りである。この室《へや》に入ると、そこには、内田、杉山、寺尾氏始め、宮崎、佃、中村弼《ひつ》氏、大崎氏、的野半助氏、本城氏、水野梅暁氏、大原義光氏、萱野長知氏、美和作次郎氏、白石好夫氏、宮川一貫氏など控えて居った。何《いず》れも黒龍会畑の猛者《もさ》なのであるが、これ程の豪傑が十余人も潜んで居て、更に門前殺気立った風もなく、十二月の寒空に鴉《からす》が淋しく啼《な》いて人気《ひとけ》もなかったというは、流石に不動山《やま》の如く、静かなる事林《はやし》の如き頭山翁の感化であろう。四刑事も更に疑う心さえなかったという。

ボース氏一行四人が室《へや》に入ると、行きなり四人とも日本外套《がいとう》即ちとんびを着せられた。

「この顔ではなァ！」と頭山翁も、インド人の黒い肌は夜でなくては芝居が出来ない事をつくづく嘆じたという。

日本式とんびの襟を立てて中折《なかおれ》帽を被《かぶ》ったインド人――日は全く暮れたので、あやめも分かず頭山翁の嘆声も不用となる。

「一刻も早く！」とばかり、一同は座敷から台所へ下り、そこから裏口へ出て垣根の間から裏の的野氏の庭を通り抜け、宮川、白石、佃、中村、相馬の諸氏に附き添われて急いだ。庭の植木鉢が転ぶ。猫は背を丸くして逃げる。一行は、その家の座敷から泥足《はだし》のまま上がって玄関へ抜ける、門を出る、その路次を通って榎坂の対支同志会の前へ出た。そこには、当時日本に自働車が余計ない頃の快速第一と言われた、例の杉山氏の自働車が待って居る。それとばかり、インド人四人と日本志士二人が乗って、雲を霞と飛んで行く。

「頭山邸からインド人は消えて無くなった」というのは、こんな光景であった。頭山翁の言う、「己《お》れの家を化物屋敷にして了《しま》った」のである。

頭山邸の本玄関見張りの四刑事は、十一時過ぎになって、インド人が消えて靴ばかり残って居る事を隣の寺尾

博士から聞かされた時、腰を抜かしてべそ掻いて、頭山翁に、インド人を返して下さいと哀訴し、

「私共《わし》が首にされますから」というと、翁は落ち着き払って、

「君等が首になっても人の生命《いのち》が助かったらよかろう」と言って聞かせたので、四刑事、二の句がつけなかったという。

新宿の中村屋へ

さて、一方四人のインド人の行衛。

自働車は一旦お濠の端へ出て左折して、大きな四辻からまた左折したというから、これは四谷見附前を通って新宿通りへ廻ったのであろう。間もなく新宿角筈《つのはず》の中村屋前へ着くと、一同下車して中村屋の奥の二階室へ通る。その時、四人のインド人は、とんびを脱がされ中折《なかおれ》を取り上げられる。間もなく、中村屋の店に居た四人の中僧《ちゅうぞう》君が内証で奥に呼ばれてそのとんびと中折を身に着けさせられて、またその自働車へ乗せられて、何処《いずこ》ともなく飛び去る。

「来たかと思うたら、モウあのお客さん達は帰った」と、中村屋の店員達までがこの芝居を気付かなかったというから、況《いわ》んや近所合壁では――また向かえの肉家の二階で立ち働いて居る女中達さえも、そんな事は更に気付かなかった事は当然であろう。

こうして中村屋へ匿《かくま》われたボース氏は、グプタ氏と両人奥二階の客となり、他の同国人二人は、これは兇状持ちでもないので、唯志士として自分等の首領の身を案じて附き添うて居たのであるから、これは各自その住み家へ帰って了《しま》う。ボース、グプタ両人が中村屋へ落ち着いたのは、午後九時頃であった。頭山邸の玄関先で、刑事や警官が大勢で騒ぎ立てたのは十一時過ぎであったというから、後の祭りであった。

中村屋の二階一室に、ボース、グプタの両人が坐って居ると、そこへ一人の婦人が上がって来て英語で話しか

けた。

「能《よ》く入らっしゃいました。どうぞ安心してここに居って下さい」

こう言われて、二人は始めてここが自分の隠れ家である事が判り、この婦人こそは相馬氏夫人である事も知って、始めて安心した。間もなく二人は裏の菓子製造工場の後にある建物に導かれた。そこは六畳と四畳半と二室の二階であった。

中村屋の俠女将、即ち相馬愛蔵氏夫人――黒光《こっこう》女史はこの両インド人の為に慎重な面倒を見る事になり、別に一人忠実な女中を添えた。ボース氏の語る処に依れば、この女中は忠実にして細心、終始一貫能《よ》く秘密を守ってボース氏等の用を便じて呉れたというのである。それで、中村屋店員は大勢であるが、インド人が同じ棟の下に居る事を知る者は更になかったという。ボース氏にしては、万死を免れて極楽境に遊んだのである。唯最初の間、日本食に馴れない為に苦痛を感じ、カレー粉を買ってもらって、自分でライスカレーを造って食べたりしたという。第一に日本語を知らなくては不自由なので、毎日黒光女史が見舞うて呉れる機会を利用して会話の稽古をした。

こうして一ヶ月半ばかり中村屋の二階に潜伏する中、グプタ氏は窮屈な生活と危険憂慮の為に神経衰弱に罹って、或る日、二階の窓から塀を伝って脱出して行方不明になった。皆んなが心配して八方捜して居ると、大川周明氏方に隠れて居る事が判った。最初グプタ氏は、何んとない心配から中村屋に居堪らずなり、偶《ふ》と、以前日比谷公園で知り会い、その後、濠端の或る教会堂へ一所《いっしょ》に連れて行ってもらったりした事のある大川周明氏へ行きたくなった。そこで彼は、密《そっ》と中村屋を脱け出した。その折、床の間に在った果物籠を持って出た。これは手ぶらよりも誤間化しが利くと考えたのである。果たして彼が途中交番の前を通る時に、黒い顔を晒《さ》らす事を避ける為に、この果物籠を高く左手《ゆんで》にかざしてその前を通り過ぎたというのである。大川周明氏の宅へ行くに、先ず濠端へ出て、教会堂の前へ出た。それから先は二、三度往来《ゆきき》した事があるので、どうにかして大川氏の宅へ辿り付いたのである。その事を二、三日して大川氏から通知して来たので始めて一同安心したという。

病気が取り持った奇縁

浪人党の方では大成功を祝した間に、他方我が政府、外務省、警視庁では全く困った。警視庁としては、特に未曾有の大失態である。自働車で尾行させながら、他国の亡命者、面色の一見して知れるインド人を取り逃がしたとあっては全く威信に関する。草を分けても詮議せよとばかり、全力で捜査を行った。彼、インド人は四人であったし、外国人は肉を多く食うというからというので、市中の肉屋を調べ、肉を買う分量の増した家を聞いては片ッ端から調べる。またパンの注文の殖《ふ》えた家を調べるで、この際、インド人隠匿嫌疑で調べられた家が七十余戸に及んだと言われる。

警視庁では、頭山邸へは遠慮したものの、他の浪人党の家宅には相当執拗に見張りを置いた。池袋の畑の中の一ッ家に住んで居た宮崎滔天氏の処が一番に狙われ、誰か出入りする間に探査の緒口《いとぐち》を得られそうなものという警察眠から、夜中、刑事が垣根を破って忍び込んだ。滔天氏は可笑《おか》しくなって、態《わ》ざと「泥棒々々！」と大声に叫んだもので、刑事が慌てて逃げ出したなどという珍談もある。

英国大使館では、横浜辺りの某探偵社を買収して二インド人の行方を極力捜索する。各所の料理店、俥宿《くるま》、たばこ店、郵便局、いやしくも人溜りのする処には、それぞれ目安を置いてこの探偵社が水も洩らさぬ警戒をする。

その中、一度ボース氏は病気に罹った。従来、ボース氏と外界との交通連絡は、黒龍会の葛生氏が主としてこれに当たったのであるが、隠れて居る者を公然と医者は聘《よ》べない。こんな時には最も苦心した。外廻りの苦心は葛生氏の受け持ちであるが、内の手当ては一層困る。第一、看護婦を雇う事は危険至極である。そこで当然の結果として、ボース氏の病臥時、中村屋の長女とし子《（俊子）》さんが身の廻りの世話をする事となった。これまでボース氏はすでに二ヶ月余りも中村屋に隠れて居たけれども、この娘さんの姿を見る機会は余りなかったらしい。今病気が取り持って呉れた不思議な縁が始まったのである。

甲斐々々しく何くれとなく自分の世話をして呉れるとし子さんの姿を見るにつけ、その片言な英語でたどたどしく物を言いかけられる時のボース氏の胸は躍った。春の日影麗《うら》らかに障子に差して居る病床の熱血青年は、天女の見舞いとして、毎日とし子さんの来るのを待ちかねる身となったのである。

日本政府の保護下に置かる

とかくして二タ月三月が過ぎて、我が外務省にも反省の時が来た。折角《せっかく》頼って来たインド亡命客をむざむざ英国に引き渡すという事は国家の体面に関するという考えが、日増し外務省畑へ萌《きざ》して来た。それに頭山翁一党の頑強な態度にはとても歯が立つものでない事が能《よ》く解って来た。同じ大隈内閣の閣員中にも、黒龍会員と同志関係にある河野広中氏などあって、外務省の弱腰を暗に攻撃する。そういう気運からして遂に石井外務大臣と寺尾亨博士の会見となり、その結果は佃氏と石井外相との談判となり、延《ひ》いて三河屋に於ける頭山石井会見という処まで漕ぎ付けて、インド亡命客は頭山翁が責任を負うて預かるという事に落着した。この経緯《いきさつ》はすでに内田良平氏の談の中に詳述した。

そうなると、日本政府の手でボース氏の身は保護するという約束が出来たので、浪人党は初めて安心し、ボース氏も愁眉を開いたのである。これが四月の事で、ボース氏も今は中村屋へ潜伏する要もなく、麻布の龍土町に一戸を借りて住んだ。その頃までグプタ氏は大川氏の処に居ったのであるが、この時、彼は米国へ渡った。

しかし、ボース氏の身が決して絶対安全になったのではない。英国では飽くまで彼を見付け出して大使館へ引き込んで来て、存分の仕末をするという肚《はら》で居る。ボース氏は狙われて居る事は今も変わりはない。唯、狙うのは英国人で、日本の政府はこれを保護する約束なのである。と言って、護衛を附けて呉れるのでないから、寝込みを襲われるか、外出先で捕えられるかして英人の手に落ちたら首は無いものである。風声鶴涙に肝胆を寒からしむる気分は更に変わらないのである。

龍土町に移って見て、籠を出た鳥の様に朗らかな心になったはずのボース氏の胸には、却《かえ》って物淋しい堪えられない懊悩が積もった。中村屋のとし子さんの面影が寸時も彼の眼から離れない。相馬夫人は、この熱血なるインド青年を我が子の様に面倒見て呉れて、毎日の様に龍土町の家に見舞に来る。時にはとし子さんを同行して来る事もある。その中《うち》、犬養毅氏が一度、ボース氏をその龍土町の寓に見舞うと言い出した。ボース氏も一寸《ちょっと》困った。日本の有名な大政治家として憲政の神と謡われた犬養氏を自分の寓居に御招待するには、どうしてよいか分別に余った。そこで、中村屋のお母さんに相談した。お母さんというのはとし子さんの口吻《くちぶり》から何時《いつ》の間にかボース氏の口癖になった黒光《こっこう》女史の称呼である。

「それは結構です。私《わたし》がとし子を連れ立って来て犬養さんの御接待をしましょう」と、お母さんが引き受けて呉れた。

で、当日は、犬養氏が見え、中村屋母子が手伝いに来て呉れて、一同打ち解けた親しみある会談に午後半日を楽しく語り暮らした。同時に、ボース氏にしては、とし子さんとの情思が一層深くなったのである。

上総《かずさ》一の宮の一ト夏

その中《うち》、夏が来た。龍土町に永く居ると、自然、英国側の探偵の目にも留まろうというもので、世間一般、皆避暑に出かけるのだから、ボース氏もほとぼりをさます為にも都合がよいという事で、八月に九十九里は一の宮へと転地した。黒光女史母子も後から一の宮へ出かけて行って同じ家の中に起臥したのである。その年は雨が多かった。一の宮の川水が増して、一度は洪水騒ぎが起こった。そこでボース氏等一行は、ある旅館の別荘を借りて住む事となった。この旅館へは頭山翁も訪ねて来て、毎日天下の形勢を談じたものである。

一夏は楽しく過ぎて、ボース氏は秋になって東京へ帰って来た。そして今度は麻布霞《かすみ》町に一戸を借りて住んだ。そこに一年ばかり居て、今度は広尾へ転じた。ボース氏は、折り折り頭山邸、犬養邸、内田良平氏の黒龍会、新宿の中村屋へなど遊びに行ったのであるが、英国の探偵はやはり厳重であるので、日中は余り出ない、多く夜中に人目を忍んで出かけた。すると、英国大使館から買収された探偵社では、東京市中の俥《くるま》宿の俥夫《しゃふ》をそれぞれ買収して、インド人の行方を知ろうと力《つと》めた。それが一度図《ず》に当たって、ボース氏はまんまと罠にかかる処であった。

というのは、広尾に居る時、何時《いつ》も近処の俥宿の俥に乗って夜分出かける事にして居たが、そこに、例の探偵社から買収された俥夫が一人居た。その俥夫は宿の娘に向かい、「今夜の客はインド人だね、己《お》れは密告してやろう」と、うっかり口を滑らしたものだ。その娘はびっくりして、父親にこの事を告げる。それでボース氏は危険の身に迫った事を知り、その夜からまた新宿の中村屋へ身を隠した。

日印結婚

その中《うち》に、ボース氏ととし子さんの相思の情が募って、両人は遂に結婚する事となった。頭山翁はこれに賛成されて、「インドと日本の契《ちぎり》が出来るのじゃ」と言った。そして自身仲人役を取り、大正七年七月九日、日印結婚式は霊南坂の頭山邸で挙げられた。こうして、ボース氏の為には日本は第二の故郷となったのである。

この結婚の事が英国大使館へ知れると、英人の焦燥は一段を加えた。早く彼、反逆人を捕えて仕末しなくてはならぬとばかり、極力捜査を厳重にした。一日とし子さんが、実家、新宿の中村屋へ行っての帰り、近所の料理屋の二階から覗いて居た探偵社の手先が、早くもそれを推《すい》して、探偵社へ密告した。探偵がとし子さんの後をつけた。電車から電車へと追っかけて、義経の八艘飛びもどきにとし子さんの帰宅する処を尾行して、その仮寓を知ろうと力《つと》めたのである。その事が中村屋へ知れて葛生氏へ、とし子さんを途中から喰い止めて一先ず葛生氏の宅に入る様にと電話があった。葛生氏は停留所へとし子さんを迎えて、ボース氏の仮寓へ帰ってはいけないと告げ、自分の宅へ連れて来た。そして、ボース氏の宿所は遂に敵に知れずに済んだのである。この事あって以来、ボース氏は一層警戒を厳にした。そして、やがて谷中《やなか》へ転居した。そこで一子を儲け、その後また一子を得て、二人の子の親となった。

その間にも、英国の探偵の手にかかって数《しばし》ば危険に遭遇したのであるが、一命を完うし得て、大正十年となった。世界戦争も終結し、英国がボース氏に対する探査も大分緩んで来た。それに、日印結婚という事からして、日本政府がボース氏を保護するの厚い事も知れて、英国側でもモウ無茶な事は出来ない羽目になった。ボース氏夫妻もホッとして、今は公然と新宿三丁目の中村屋の近所に借家して、何処《どこ》へも出歩く状態となった。大正十一年になって、インドに居るボース氏の知友等は英国のインド総督に向かって、外国亡命客を赦《ゆる》して帰国させる事を願い出《い》でた。しかし、ボース他三名のラホール反乱の首領だけはどうしても赦さない。英国の領土に入れば、即刻死刑に処するという。こうなっては、ボース氏も立つ瀬がない。遂に日本に帰化する事に決した。それは大正十二年七月二日の事であった。英国側では、帰化と聞いて地だたら踏んでくやしがったというが、モウ遅い。

こうしてボース氏は日本人として青天白日の身となり、大手を振って歩けるのである。

忠実なりし妻よ！

ボース氏は何時《いつ》か語った。

「私《わたし》の妻とし子は、実に忠実でかつ勇敢で賢明であった。私《わたし》は或る処で妻に向かい、『お前はどんな事でも私《わたし》の命ずる事ならその通りにしますか』と言ったら、『それは屹度あなたの言う通りにします』という、『それでは、今この二階の欄干から下へ飛び下りて見なさい』というと、彼女はしばしじっと考えて居ましたが、やがて目に涙を浮かべて私《わたし》の顔をちらと見るや、すっと起《た》って二階から飛び下りようとしたので、私《わたし》はびっくりして引き留《と》めたのです。彼女は、忠順な妻として二子を儲けて、私《わたし》と幸福な家庭を作ったのですが、不幸にして先年、私《わたし》を後に死亡しました。しかし私《わたし》は彼女に対して満腔の感謝を捧げ、死尚《なお》生けるが如く思い、今は只だ残された二児の成長を唯一の楽しみとして居るのです」

尚、残った一つの質問は、ボース氏が日本へ逃げて来るまでの半生の経歴である。これに関してボース氏の語る処を綜合すると左の如きものである。

日本へ渡るまで

ボース氏がラホールに革命反乱を起こしたのは、大正四年二月廿《にじゅう》一日の夜であった。西暦千九百十五年のことである。

パンジャブ州の都、ラホールに秘密本部を置くインド革命運動の首領たるボース氏は、この日の夜半を期し、北インド千九百マイルに亘る地方のインド国民に、一斉起《た》って英官憲を勦滅《そうめつ》すべき命令を発したのである。惜しいかな、事将《ま》さに発せんとする間際に、英国側の間諜の知る処となり、その夜の十一時に英国官憲はラホール一帯のインド軍隊に武装解除を命ずると共に、英国のインド駐屯軍の動員令を下した。万事休す、ボース氏等が数ヶ月に亘って計画した革命運動も全然失敗に帰したのである。

この間にも、支度のよいインド兵はすでに反旗を翻して居た。ヘローズブールのインド軍隊五十名は約束の時刻、即ちその夜の十二時に先立って、九時頃には逸《はや》りに逸って、反旗を高く翻し、一斉喊声《かんせい》を揚げて起《た》ったのであるが、これはすでにその事あるを諜知《ちょうち》してこれに備えた英軍の機関銃の的となって掃射され、一人残らず惨死を遂げたのである。

かくして、その夜の明け放れる頃には、この反乱軍の首謀者と目さるる者数百人が捕えられ、同時にラホールには戒厳令が布《し》かれた。捕えられた中には我が熱血児ボース氏の姿は見られなかったので、英国官憲は焦燥して極力捜査を続け、捕えたら直ちに死刑に処すると宣告し、同時にその首に幾千ポンドの賞を懸けた。

ボース氏は本名、ラス・ビハリ・ボースと呼ぶので、この時廿《にじゅう》九才の青年であった。少年時代から幾多の艱難《かんなん》を経来《へ》たって、今や体力も智力も全盛の熱血青年である。事破れたからとて阿免々《おめ》英国人の手に捕えらるるような間抜けな事はして居ない。その夜の九時には、ラホールの秘密本部を脱して海岸行きの汽車に身を投じて居た。同志はこの列車に乗る事をひどく危ぶんだのであるが、そこは直情径行、一旦思い込んだ事は断行する気質のボース氏とて、一番危うかるべき一番安全な道を選んで、この海岸行き列車に乗り込んだのである。何故ならば、この際内地に留まる事は、国外に脱走するの機を逸する事で、つまりは嚢中《のうちゅう》の鼠となり、最後には必ず英国官憲の手に捕えらるる事となるのである。そうなると再挙の余地もなく、必ず頭首処《ところ》を異にする運命となる。故に彼は、万死に一生を得るの最も冒険と見らるる危道を選んで、海岸に出《い》で、そこから他国へ亡命しようと決心したのである。「唯一刻も早く海岸に出て、そこから船へ乗りたい」、それがその際のボース氏の唯一の願望であった。

虎口を脱れる

彼は変装して切符を買い求め、その夜の最終列車へと身を投じたのである。風の音にも心を置く身の上。しかしとにかく、この列車へ間に合ったという事は、天の助けと喜んだのであるが、そっと車室内を見渡して彼は、消魂した。

「失敗《しま》った！」と五体顫動《せんどう》して呼吸が喘《はず》んだのである。

向かい側の座席に腰かけた一人の英国人――その顔は、英国インド総督府の警視デーリーである。寝ても覚めても恐ろしい、いやな顔。片時も忘られぬ恐ろしい顔。その顔が今、目の前に同じ車室内に居る。これは先年、英国のインド総督府森林官ハーリン卿が何者かに襲撃されて負傷した時、ボース氏がその下手人と睨《にら》まれて逮捕された時、能《よ》く能《よ》く見知った顔で、この瞬間両人の視線がひたと出会ったら、ボース氏の運命はそこに谷《きわ》まるのであった。

この一瞬、ボース氏は、大地へ滑り込んだ思い、目がくらんだのであるが、モ一度向こうを見直した時、不思議にも彼方《むこう》のデーリーは顔を伏したまま身動きもしないのである。ボース氏は瞬《また》きもせず、その顔を見守って、

「ハハ、彼奴《やつ》睡《ねむ》って居るかな」と考えた。

とにかく彼方《むこう》は顔を伏して居て自分の姿を認めなかった事は確かである。

「天佑！」とボース氏は心で叫んだ。遁《に》げられるは今である。電光石火の駈け引き。ボース氏はくるりと一廻転、背を敵に向けて、いとも静かに歩を運び、次の車室へと入った。これで救われたのである。次々と最後の車室へ遁《のが》れて頭から布をかぶり、狸寝入りをして運を天に任せ、その列車で海岸《(河)》ベナレスへ達したのである。

ベナレスからカルカッタに向かう。カルカッタに来て見ると、丁度都合の好い事に、その折、インドの詩聖タグール（前出の「タゴール」）翁が日本へ行くという噂が賑わって居た。タグール翁は、日本郵船の讃岐丸で渡日する予定と聞いたボース氏は、己《おの》れピー・イン《(エヌ)》・タグールと変名し、タグール翁の一族に属する者であると詐称して日本行きの切符を買い、二人の部下に見送られて馬車で海岸へと駈け付けた。波止場へ着いたが、英国官憲の警戒も至って寛《ゆるや》かに見える。誰も自分を怪しむ者もない。

いよいよ船へ乗り込もうという場になってボース氏は、ポケットに入れて居たピストルは部下に呉れてやった。

「凡《すべ》ては天の命だ。船中に入ってピストルは何の役に立つか。却《かえ》って身体検査の際、怪しまれる。これは、後に残るお前達にこそ役に立つ」

こう言って、ボース氏は赤手空拳、一身を板一枚に任せた気で海上に浮かんだのである。

船の事務長がボース氏を見て、

たのである。

「あなたはタグール翁と関係がありますか」と問う。ボース氏は、貴公子然と出来るだけ立派な服装をして居

「親戚です。お伴をして日本に遊びに行くのです」

事務長はタグール崇拝者と見えて、大いにボース氏を丁重に取り扱った。

その中《うち》、警官や検査医がやって来た。事務長は、

「この方はタグール翁の御親戚の方です」と好意の紹介をして丁重な物言いをして呉れるものだから、彼等も怪しまない。

難なく船はカルカッタを出帆し、やがてペナンを経由して、シンガポールに着いた。ここも難関と見たが無事に通過して、遂に香港へ来た。この関所さえ越せば、日本の楽土へ安着されるのである。

香港の災厄

香港は英国の領土も同じ事で、一切英国の官憲の支配下に置かるる。ここから日本へ渡るには英国総領事の許可証が無くてはならぬ。処が、讃岐丸が香港に入ったのは丁度日曜日で、総領事は不在である。英人の警視が一人宿直をして、その下にインド人の書記が居た。

「日本へ渡る許可証を得たい」と申し入れると、

「今日は日曜で、総領事が居ないからそれは出せない」と断る。

「ここで愚図々々して居ては大変、名代《なだい》のやかましい総領事が居ないというこそ幸い、この隙に是非とも許可証を手に入れたい」、こう考えてボース氏は、冷や汗を流して弁じて見たが、彼方《むこう》は応じて呉れない。ボース氏は気が気でない。

そこへ一人のインド商人が入って来て、広東へ行くからとてやはり許可証を要求した。これがまた埒が明かず

に押し問答して居ると、今度はマニラに行くというインド人が入って来てまた強《こわ》談判だ。

三人のインド人は行く手は異《ちが》うが、用件は何《いず》れも旅行免状である。期せずして三人は一所《いっしょ》になって強行に談判した。インド人の書記が、根劣《ま》けしたのと同国人の好《よし》みというような気分で、遂《とうと》う許可証を作成して、無言のままに英人警視の前へ差し出した。警視もうるさくなって居た処で、心にもなく渋々それにサインして呉れた。

ボース氏は自分の好運を思うて、踏む足も軽く波止場へ引っ返して来ると、突然自分を呼びかけた者がある。見るとインド人巡査である。

はっとして身構えたのであるが、巡査はにこにこして、ボース氏の肩に手をかけ、

「同志、故国の形勢はどうか？」

怪しい様子もなく、真実インドの内情を知りたい念から、讃岐丸の乗客と見て話しかけるらしい。

ボース主催の中村屋における昭和７年の謝恩会。ボースは恩人への謝恩会を毎年開いていた。画面右から、頭山満夫人峰尾、犬養毅、ボース、頭山満、内田良平。

しかし、石に目あり、滅多な事は言えない。

「同志、好意は謝する、しかし、途上では憚《はばか》る」

「いや尤《もっと》もだ。では私《わし》は、任務を終えて晩に御馳走を持って船中へ尋ねるから、ゆっくり話を聞かして呉れ」

その夜、その巡査はインド料理を携えて船中へ訪ねて来た。ボース氏は、大いに国事を談じ、カルカッタを出て始めて同国人の厚い情に浴したのである。

その夜、讃岐丸は香港を発した。ボース氏は生まれ代わった気がした。モウ絶対安全である、六日目に神戸に着いて、ボース氏は日本の土を踏んだ。それは大正四年六月八日であった。それから京都を見物して東京へ向かったのである。

帰化日本人として

ボース氏は自ら言う、

「私《わたし》は運が強いのです。二十そこそこから、幾度となく反英革命運動を起こしては失敗し、爆弾で指を失ったり、嫌疑で捕えられたりしたのですが、その都度好運が伴って居ました。この日本へ渡る際の事も、ほんとうに運が強かったと思います。私《わたし》はこの天運に対して感謝すると共に、今や帰化日本人として、日本の為に全分の努力をしようと考えて居ます」

（以上ボース氏談終わり）

三浦と大隈

寺内の内閣が出来る前に、大隈が二年ばかり内閣をやったことがある。最初、柴四郎と、大竹貫一とそれから、あの新聞をやっている……黒岩周六というのがやって来て、

「大隈に今度内閣をやらせて見たい」という。

「それもよかろう」と、私《わし》も賛成した。処が、柴などのいうことに、「こうした問題では先ず山県を承知させなくてはいかん。その山県を承知さすには、三浦梧楼に頼まなくてはいかん、その三浦を承知さすには頭山でなくてはいかん」と、こうじゃ。

それから、私《わし》が三浦にその話をすると、三浦は承知して山県を説いた。それで大隈が内閣をやることになったのじゃが、大隈は考えの浅い男で、一旦自分の内閣が出来るとなると、モウほかのことは考えん。自分の都合の好《よ》いようにばかりやる。犬養なども最初閣員の一人になるはずであったのをモウ知らん顔で、入れんのじゃ。三浦が怒《おこ》って、大隈内閣を叩きこわすという。次いで生まれたのが寺内内閣じゃ。それから間もなく年が替わって正月が来た。元日に大隈が三浦に会うて、「や、お目出とう」と、例の口でやったものだ。三浦はぶっきら棒に、

「負けて何がお目出たいか！」と怒鳴りつけたということじゃ。

この寺内内閣になる前に、私《わし》は杉山（茂丸）を山県の処へやって、

「三浦内閣はどうか？」と山県の意向を聞かせたのじゃ。

すると、山県は、

「三浦は幼少の折から神童といわれたものじゃが、あの男はどうも見当が付かぬから困る」と答えたのじゃ。恐ろしくて何を仕出来《か》すか知れぬから、三浦は出せぬという山県の肚《はら》じゃ。

山県の見当の付く様な者なら出す要はないのじゃ。

天下の山県になり切れんのが惜しい

山県はしっかり者で、思慮周密、用心堅固な質のようじゃ。井上や伊藤とは、武人出身だけに趣きが異なり、勇気も多少有ったようじゃ。人の面倒も見るし、人情に通じ、余り酷い事はせんじゃった。しかし楷書の一角足らぬような処があって惜しい。

つまり、己《おの》れを惜しむという欠点があったのじゃ。長州の山県にして、天下の山県となり得なかったのじゃ。それが為に私心ある如く見られたり、折角《せっかく》剛毅の質も、大いに損をして居た。

山県は首でも取られると思うたのじゃろう

山県の晩年、△△事件（宮中某重大事件）の際、杉山を代理にやって山県の肚《はら》を聞かせた。私《わし》は山県と顔を合わせた事はないのじゃ。山県は私《わし》に首でも取られるかと思うたのじゃろう。私《わし》のいう事に承服してその意見を改め、責めを負うて一切の官職を辞し、退隠したのじゃ。

安達謙蔵、白で碁を打て

安達（謙蔵）は佐々（友房）の子分で、壮士頭をしておった。安達の前には熊谷直亮であったが、彼が佐々から離れてから、安達になったのじゃ。朝鮮の閔妃事件以来、安達は名を知られたようじゃ。

いつか安達が私《わし》の処へ見えて、「政党以外のあなた方も、十分に政治のことを監視して下さい、力を政治に用いてもらいたい」というから、私《わし》は、

「近ごろの政党は、皆んな黒を以て碁を打っているようじゃから、君等は白でやってくれ」といってやった。

清浦はおとなしい

清浦（奎吾）とは、箱根の小室翠雲《こむろすいうん》の別荘で会うた。その席には柴四郎なども おった。清浦と碁を打った。最初清浦は、「どうせ、駄目でしょうが」といって、先《せん》で来た。果たして、駄目じゃった。今度は二目《もく》にしたが、皆取ってやった。清浦はおとなしい人じゃ。いざとなると、逃げる方じゃ。

総理級の人々

加藤（高明）は、並んで腰をかけたことがある。その時彼方《むこう》から叩頭《じぎ》をしていた。原（敬）は黙って挨拶もせんじゃった。若槻には昨年（昭和三年）江口定条の邸《ところ》で会った。彼方《むこう》から名乗りをして挨拶を述べておった。その時、浜口にも会うた。

護憲三派運動と純正普選の時

護憲三派聯合《れんごう》の時は、三浦も熱海から出て来て口を利いたのじゃが、あの時は床次《とこなみ》が向こうに廻って居った。私《わし》も、それがよろしいという事で、大いに賛成だし、相当援けてやったのじゃ。

純正普選運動の時も、内田（良平氏）などが「これは到底駄目だ」と言う事であったのじゃが、私《わし》は、「成る成らぬは問題じゃない。唯我々のはこれじゃという棒杙《ぼうぐい》を立てて置けァよいのだ」というと「それなら、やりましょう」と内田がいう。

五万ばかりで匿名でこの運動に金を出したものがあった。名が出ては好《よ》くなかったのじゃろう。その時、和田彦次郎がやって来た。……和田は品川（弥二郎）の門生じゃった男だ。

「あれは、先生のおやりになるので御座いますか」というから、

「そうじゃ、俺共がやるのじゃ」というと、

「それでは、身命を賭してもやります」というて、議会では随分やったようじゃ。

私《わし》の握手の始め、熱海に三浦を見舞う

その普選の時じゃ。三浦が危篤じゃというて電話が来たので、私《わし》が行くと、

「やーやーこれは」と手を出した。私《わし》は人と手を握った事もないのじゃ、この時始めて握手をした。

三浦や鳥尾は、同じ長州出身でも、大久保に使われた伊藤、井上などと異《ちが》って、あれは木戸系じゃった。私《わし》は何時《いつ》も三浦に向かって、

「己《おれ》が交わるのは天下の三浦で、長州の三浦ではない。伊藤や山県輩は、あれは長州の山県じゃ」というてやった。

さて、熱海へ来て三浦の病室へ入ると、死にかけているはずの三浦が目を大きく開いて、

「やー、能《よ》う来てくれた」といって、こう手を差し出す。

私《わし》はその手を取ったが、三浦は力ある声で、

「己《おれ》れもモウ快《よ》い」という。

直《じ》き癒《なお》るつもりでいる。

私《わし》も「これは死なんもの」と思うた。

次の室へ来ると、三浦の子息が気を揉んで、

「親父が、余り元気を出し過ぎます」という。医者も今が大変悪いのだという。しかし私《わし》は、あんな元気なら大丈夫、死にはしまいと思うたから、その晩は古屋旅館へ泊まって、臼井哲夫と碁を打った。翌《あく》る朝、九時ごろ、また三浦の処へ行って見た。子息が出て来て、

「親父は大分元気が出て持ち直したようで御ざいます」と語る。全く私《わし》の為《せい》で元気付いたような事をいう。そして、陛下からお見舞として御下賜になった御菓子を頭山さんに代わって戴いて下さる様にと、三浦がいうているとの事じゃ。

病室へ入ると、三浦自身もその事をいうて、はっきりした声で、私《わし》に代理として御菓子を戴いてくれというのじゃ。

私《わし》はその元気な様子を見て、

「モウ快《よ》くなるのじゃ。気安くして養生するがよい」というて別れた。これでは死なんと思うて東京へ帰った。

その折、三浦は、

「私《わし》の病なんか医者の教科書に載って居らん」と威張って居った。

果たして三浦は全快して、それから一年も生きて居った（大正十五＝一九二六年歿）。

立雲号の由来

何時《いつ》か三浦が、立雲《りゅううん》（頭山翁の号）とはどういう意味かというから、私《わし》は、

「俺はふりまらで、雲の上に立っているような気でいるのじゃ」と答えてやったら、

「やぁそれは面白い」と三浦は大笑いであった。

三浦は一時仏学に凝って、目白の雲照について頻《しき》りと研究をやった。細かい字の御経など読んでおった。そして、私《わし》も禅でもやってるものと定《き》めて、

「余程おやりでしょう」というから、「私《わし》は浜の家で禅学をやっています。見にお出《い》でなさい」というと、「ハハァ、それァ面白い」といっていた。

宗演《そうえん》と禅問答

禅学で思い出すが、私《わし》は早いころ、宗演《そうえん》と一度会うた。私《わし》の方から遊びに行った。村上という男に連れられて行った。宗演は私《わし》に、

「禅を誰方《どなた》から学ばれました」と云うのじゃ、私《わし》を坐禅でもやった者と思うたのじゃろう。

私《わし》は村上を指して、

「これから学びました」といってやったら、村上の奴、妙な顔をしておった。その時、宗演は、私《わし》の郷里の仙厓《せんがい》和尚の画《え》を私《わし》にくれた。しかし、彼から禅を学ぶというような事ではなかった。

東宮御外遊時、二荒伯の誓文

東宮（皇太子）殿下御外遊の時には、二荒がこの家へ見えて、「この上は手前共は死を以てお供致しますから」というような事を言うて来た。大正天皇御不例に渡らせ、太子遠く遊ばざるべき時と我々は見たのである。我々の考うるところでは、天子は昭々として日月の如くあるべく、国民道徳の根原として重きを為《な》すべきもの、智識を世界に求むる為には、侍臣これに任ずべきはずである。万一の危険でも危険であるから、成るべくは御自重御自愛あらん事を祈ったに他ならぬ。

杉浦は五重の塔

△△事件の際は、杉浦（重剛）が、その硬骨の本色を現わしたのじゃ。

杉浦は弱そうな男じゃったが、それでなかなか死ななかった。人間の寿命は天なりで、達者な奴が長生きするかというとそうもいかぬ。誰か杉浦を五重の塔のような人間じゃというたら、杉浦は、

「五重の塔はよい」といって喜んだ。

風にも堪えず、震災には一堪りもなかりそうで、それで決して倒れんのじゃ。柔能《よ》く剛を制するのじゃ、それが重剛《じゅうごう》という処が面白い。

杉浦は真君子

杉浦とは三十年間の交わりがあった真の知己《ちき》じゃった。最初条約改正の時、東五軒町の会合で見知ったのじゃ。谷、鳥尾、三浦などと共に大隈の改正案に反対して義を唱えたのじゃ。今から見ると挙国一致で反対を唱えたようにも考えられるが、却々《なかなか》そうではない。極《ご》く少数の硬骨な手合いばかりが反対を唱えて呼号したのじゃ、心細い形であった。心に思うても、公然反対じゃと口外し得ないのが多かったろう。

あの篤行な杉浦が、率先反対を唱える一人であったとは、誠にそれ真君子人の模範というに足る。鍛錬された人間で、自ら処する事、極めて謹厳、人に対しては頗《すこぶ》る寛大であった。世間は得て他に対して酷であり勝ちなものだ。杉浦にはその欠点がなかった。

俺は田中と同じ年に死ぬと言われた

翁、一日揮毫中、客が古新聞の田中義一氏死亡（昭和四＝一九二九年九月）時の写真を眺めて、

「この顔は形が崩れています、死相とでもいうのでしょうか」

翁、一瞥して、

「占いは当たる者かな？　私《わし》と田中が今年中に死ぬるといったのじゃ。田中は死んだが、私《わし》は死なんのじゃ。ま

だ後二ヶ月はあるが」

（翁は自分の死期を占われた事など平気で語るのであった。）

一遍で小便が出し切るか？

最初、田中と会うたのは十年前じゃ。二八会というのへ寺尾（亨）と一所《いっしょ》に行った時、田中も居った。酒杯《さかずき》をやり取りしたように覚えるが、別段親しいことにもならなかった。

その後、紅葉館で三浦（観樹）の法事の時、また田中に出会った。田中が総理になる前であったろう。

そうじゃ、「貴様は、小便が一遍で出し切るか」と問うたのはその折りじゃ。（小便が一遍で出し切らんようでは、老衰最早激務に堪えぬから要職を見合わせよという意）

それから、杉山（茂丸）の宅で座敷天ぷらを田中と一緒に食うた事もある。

遷宮式に二日断食

伊勢の遷宮式の参列も、皆んなそれぞれに肩書きがあるが、何もないのは頭山ばかりじゃった。何もない方が窮屈でなくてよい。人と較べられて上だの下だのといわれなくてよい。無宿浪人頭山満かね。

遷宮式場では石の上へ座って雨に打たれるつもりであったが、雨にも打たれず、石へも坐らなかった。神主さん達は石へ坐ったろうが。私《わし》は二日間飯を食わんで、茶も少しばかりしか呑まなかったので、参列中も便意を催さんで済んだ。それで、歩く段になると何んともない。栗原（彦三郎）など、ふうふういって、後を来たようじゃった。

何よりも放蕩を慎む事じゃ

人間の気力というやつは、何よりも放蕩を慎む事じゃ。大がいその方の祟りで斃《たお》れるのじゃ。長寿の秘訣は、女を慎む事じゃ。私《わし》は三十五歳から五十歳まで女の方の輸出は止めた。放蕩は十五年間で終結じゃった。

御慶事式場でネクタイの借り物

私《わし》は東宮殿下御慶事の時、民間から特旨の御参列を許されて、洋服を着て参った。すると、三宅雪嶺が見て、

「や、頭山さんの洋服は、に、に、似合う」というのじゃ。

頭山の洋服姿は、余程似合わんものと思うて居たのじゃろう、吃《ども》りながら感心した処は面白かった。

処がその時、そら、あの胸へ下げるものがあるね、……そのネクタイじゃ、何時《いつ》の間にか落ちて居たのじゃ。

すると式部官の東郷が、有り合わせだというて貸して呉れた。

三宅がそれを見て、

「そ、その方が、り、立派じゃ」とまた賞《ほ》めてくれた。馴れんものは間違いばかり多くて困るのじゃ。

洋装の頭山満

震災の時

大震災の時には、私《わし》は御殿場に居った。

それッというと、母（養母）が私《わし》に、

「早く出なさい」と促すのじゃが、私《わし》は滅多に家は潰れぬと思うて居るから坐って見て居る。豆を煎るごとく、人間がぴょんぴょんはね上げられる。

母は独りで外へ出ようとするが、そんな豆煎りにかかって動けない。折角《せっかく》じゃから、私《わし》は母を抱えるようにして縁側から外へ出して竹林へ坐らせた。

これで安心と思うて私《わし》はまた家へ入って坐った。その時、電燈が落ちて砕けたのが膝へ入って血が出る。母が松葉を咬んで汁を附けるがよいと教えるから、その通りをやって、汁を傷口へ押し込んだら血は止まった。それから、隣りの寺尾（亨）が中気《ちゅうき》で臥せって居るのじゃから見舞ってやった。モウ外へ抱《かか》え出してあったから、これも安心でまた家へ入った。

霊南坂の家が焼けた

あの震災で、私《わし》の霊南坂の家は焼け失せた。あの家は最初、玄洋社の連中が建てて呉れて、床柱なども立派なものを寄贈して呉れたり、よい家であった。出来上がったら、皆んなが集まって、奉書へ書いたものを私《わし》へ差し出して、この家を贈るというので、そんな式をした。そこへ、山本権兵衛の処へ出入りの棟梁というのが来て居ったが、帰ってから山本に話した事に、「あんな落成式というのは生まれて始めて見ました。贈る方の人達は何か書いた奉書を高らかに読み上げて、丁寧に頭山さんへお渡しすると、頭山さんの方では、それを鷲づかみにして、そばへ放り出したきり、御あいさつも何もなしです。驚かされました」と言ったそうじゃ。折角私《せっかくわし》の為に皆んなが金を持ち寄って建てて呉れたので、具合のよい家であったに、焼けて惜しい事をした。私《わし》共が御殿場に居ったので、碌《ろく》に物も取り出さず、二度と得られない物が皆んな焼けた。

議員立候補の推薦状

議員の選挙には、そちらからもこちらからも推薦して呉れというて来る。すると、同じ区から立つ反対の者を両方推薦したというような事で、抗議の手紙をよこしたのがある。

「先生は反対の両候補、共に御推薦になって居るは如何なる次第に候や」と若い者から真剣で取り詰められたのじゃ。

また北陸の候補者の演説会に一寸《ちょっと》顔を出して呉れとか、東京の候補者の演説会へ傍聴に来て呉れとか、推薦の文字を手紙へ書いたのを幟《のぼり》にして持って歩くから書けのと、いろいろな注文じゃ。大抵は自分の名だけを半切りへ書いて、前の方へ一尺も余白を付けて送ってやる位の事じゃ。

先年、古島一雄の立候補の時は、私《わし》も本当に推薦をしたのじゃ。理想選挙で、三銭のうどん二ツ食うのが我々の昼飯じゃった。古島の車夫だけには十五銭やったそうじゃ。

紙一枚ばかりの長い推薦の文句も書かせて刷物にして配ったのじゃ。何処《どこ》ぞに残ってあろう。飾り気も何もない、思うままを言って書かせたのじゃ。……そうじゃ、私《わし》が目を通して刷らせたので、頭山一代の名作文じゃろう。

誕辰《たんしん》祝いが大袈裟でいささか迷惑

一々昨年、七十三回の誕辰《たんしん》に、世田ヶ谷の国士館でお祝いをやった事は、些《ち》と大げさになって困ったのじゃ。最初、国士館の柴田（徳次郎）が見えて、

「先生多年の御面倒を見て下された国士館も万事整頓し、この頃は生徒さんも能《よ》く勉強をして居るから、今度、先生の御誕辰を機として、講堂で先生に祝賀の意を表し、生徒さん連の相撲でも御覧に入れたいが……」というような事であったから、その位の事ならよかろうと思うたのじゃ。

それが何時《いつ》の間にか話が大きくなり、葦津（耕太郎《ママ》）などが出て、方々へ通知を出してあんな事になったのじゃ。私《わし》は還暦も誕生も祝いなどした事は一度もなく、病気でもして看護婦でも頼むと、全快の後その婦《おんな》共に心祝いをしてやる。また他人の祝いには何かしてやるが、自分の祝いなどはしなかったのじゃ。

あの時は支那からもまとまった祝い金が来て、祝詞も添えられた。好意は有難い事じゃが気の毒でもあった。来年は七十七の祝いもせんつもりじゃが、唯八十の時には金婚式をやろうと思うて居る。夫婦五十年はお目出度いのじゃ。

この床の間に在る高砂の尉と媼の人形は、震災の時、霊南坂の居宅の灰の中から拾い出したのじゃ。破損もせず残った。金など附いて居ったが、猛火に焼かれて却《かえ》って古色蒼然となった処は、雅致を生じて、俺共夫婦の姿に見立てられよう。

水戸家の昇爵時、宮相と会見

水戸の圀順侯が公爵に叙せられた。あれには田中光顕の骨折りもある。最初、水戸藩に対しては、明治天皇陛下が、その勤王の首唱たる点について特に思召《おぼしめし》があってその邸に行幸せられ、一首の御詠を賜わった事実がある。時の宮内大臣は田中光顕で、当時すでに公爵に叙せられるべき御内命があった。

田中が宮相を辞して後、次々の宮内大臣にその事を口伝えに意を含めて来たのが、今の一木が宮内大臣になった時、前の宮内大臣からその事を受けつがなかったというので、その御沙汰が出る模様もない。そこで、田中が一木にその事をいうが、一向埒が明かんという事で、私《わし》の処へ一昨年の春（昭和四年）見えて話があった。そういう次第で、田中の胸中も察せられる。私《わし》もその気になって、一木に会うて見た。話は簡単で十分間も坐ったろうか。議論も何もある事でない解った話で、一木も確かに承諾の様子であった。

そこで、昨年秋の水戸地方に於ける大演習を機として、その事が実現せられたような次第じゃ。

元来、水戸光圀は勤王論の首唱者で、水戸藩は歴代そうであった。齊昭、東湖、皆その意を体して居った。将軍もし皇室に対して不都合の所為ある際には、大義親を滅ぼするの覚悟を要する、将軍を刺して已《おの》れも自刃して罪を謝せよというような光圀の遺訓もあった様じゃ。水戸の学風が幕末の天下を風靡し、藤田東湖が尊攘の旗頭として一世を籠蓋《ろうがい》したのもこんな処から来て居ろう。慶喜もその意を体して、あんなに恭順を表したものと見える。

出雲大社へお詣り

今度、内田（良平）と出雲の大社へお詣《まい》りをして来た。好い具合に、私《わし》のいる時は快晴で、明月を見たり、暖かであった。行く前は雨ばかり降っておったそうじゃ。また帰ってからは大変寒くなった。出雲では字を二百枚ばかり書かされて、終《しまい》には筆が手から滑り落ちたことじゃ。

出雲の大社はよい気持のする処じゃ、落ち着いた気分でよかった。そうじゃ、その土地には、それぞれ名物があるものじゃ。何やかや珍らしいうまいものもあった。鰻《うなぎ》など殊によかった。

大本教と立雲翁

出雲の吉倉という処に私塾を開いている者があって、その塾に名を付けて呉れというのじゃ。私《わし》は「興民義会」と書いて渡した。そして、立助《りゅうすけ》（頭山満長男）とその男と私《わし》と三人で写真を撮ったのじゃ。今ごろ私塾も変なようじゃが、しかし、こんな学問の切り売りの世の中には、本当の師弟関係を結ぶ私塾も役立つじゃろう。

出雲大社参りの帰途、私《わし》は綾部へ行った。大本教の王仁三郎《わにさぶろう》にも会うた。二代教祖が、私《わし》の目が教祖そっくりだというた。自分の親に会うた気がするから、按摩をさせて呉れというて、可《か》なり長く私《わし》の身体《からだ》を按《も》んだ。

座客「先生が、女に似たといわれたのは、始めてでしょう。私《わし》も大本教教祖の婆さんは、遠見に顔を見覚えて

講談社社主野間清治の招きを受け同社貴賓室で王仁三郎と（昭和９年）

おりますが、そういえば、目は先生とよく似ておられたように思います」

翁「私《わし》も自分の顔や目はよくわからんが、あの教祖というのが写真で見ると、副島（種臣）に似ている。私《わし》が三十五の年じゃった、広瀬千磨《せんま》と、山口という人相観に会うた時、そいつが、『先生の目は副島さんによう似ております』といったことがある」

王仁三郎は至極賢い、大きな処がある。尋常の者ではない。

「道の人か、仕事の人か？」というのか……それは道を唱えて仕事をする者じゃ。相当の何かがある……山師のようにいう者も多いというか？……それは、世間はいろいろの噂をするものじゃ。ま、飯野よりも大分大きいというのもある。自分の信仰を世界におし拡めて行くつもりだろう。

綾部では、一晩で入れ歯を造った。最近ドイツの発明というて、ゴム床よりも薄く、軽く、それで三倍も硬いというので、医者が一夜で造ってくれた。四、五年前に洋服を作った時も、一夜でフロックが出来た。こう物事が早速間に合うと結構じゃ。その代わり、私《わし》も今度は出雲で前にいうた通り、三時間ばかりの間に二百枚、字を書かされたのじゃ。一日五、六枚も書くのは楽しみのようでもあるが、このごろのように毎日字書きを攻められては、ヘドが出そうになる。

私《わし》は無精者で、昔から手紙を書かない、他からの手紙へ返事も余り書かないのじゃ。

板垣伯の銅像

十二月八日（昭和四年）に日光へ行った。板垣の銅像が建てられたので、その除幕式をやるから俺にも来てくれというのじゃ。銅像は板垣の若いころの姿じゃ。戊辰《ぼしん》の際、日光の廟を官軍が焼いて了《しま》うというのを、板垣が焼かせんようにしたという事で、その同郷人の土佐の連中で、日光に住んでいる者が主として尽力して出来たのじゃ。なかなか盛会であった。私《わし》に一晩泊まって呉れと皆んないうたが、泊まらずに帰った。小雨も降った。銅像は神橋の処へ建てられたので、よく目に附く。日光があのままに残ったのも、板垣のおかげじゃろう。

帰りに日光駅で発車を待つ間に、駅長が紙と筆を出して一枚字を書いて呉れという。それで一枚書いた。他の連中はそんな手順をしておらんので、残念がっておった。

喜楽の女将、井上を凹《へこ》ます

南洲庵の嬶《かかあ》も死んだな。気の好《よ》い女であった。まだ年でもなかったに……なかなか俠気もあったようじゃ。あんな料理屋、待ち合いなどの嬶《かかあ》共には、なかなかえらい者があった。喜楽の女将、富貴楼のおくら、浜の家のはまは三人女に立てられたものじゃ。

喜楽の女将というのは気の勝った女で、井上（馨）を凹《へこ》ました話がある。

私《わし》が先年、大森の宿屋に二週間ばかりおった折り、三助が私《わし》の背を流しながら、先生様が以前お唄いになったあの唄を一ツ書いて下さいというのじゃ。それは二十年も前に私《わし》が聞き覚えて口吟《ずさ》んだのを三助の奴よく記憶していて、私《わし》に紙へ書いて呉れというのじゃ。私《わし》もやっと思い出して書いてやった。

その唄というのは、喜楽の女将が謡ったというのじゃ。或る時どこかのお茶屋で、井上馨が大勢の芸妓《げいしゃ》に取り巻かれて大尽遊びをしておったというのじゃ。そこに喜楽の女将もおった、……そのころ喜楽はまだ貧乏な時代じゃったということじゃ。そこで女将は、

「御前《ごぜん》、手前の息子も今度学校を出ましたから、何処《どこ》ぞへ勤めたいと申しますので、どうぞ宜しくお願い致します」というと、井上の奴、うんといって置けばよいものを、

「いや、人の世話など出来ぬ」という。

喜楽の女将もまだ若い時分じゃ、肚《はら》に据えかねたのじゃろう。

「あなたは貧乏人の世話は出来ない方《ほう》でしたね。でも、あまり金持ちの世話をするのも見っともよくありませんよ」といったものだから座が白けてしまった。

すると喜楽の女将は、行きなり着物をぬぎ棄てて、襦袢一枚で、

「妾《あたし》、今夜は一つ踊ってやりましょう」といって謡ったのが、その今の唄じゃ。

「横浜に船が百ぱい入りゃ檣《ほばしら》百本ぽんぽんぽん。とまる烏《からす》は百羽パッパッパ」というのじゃ。それで大笑いになった。

座客「井上大尽、顔色なしですな」

翁「井上はそんな男じゃった」

女は面倒見てやる事じゃ

女といえば、金持ちなどには女の財産を横領して身代を造ったなどいう話はよくあるが、私《わし》は、そんな弱い女など喰い物にする事はしなかった。乞食女でも金はやるという方針じゃった。何処《どこ》へ行っても、手を付けた妓《おんな》には自分の名どころを紙片《かみきれ》へ書いてやって、子が出来たら、一ト月二タ月位の違いは構わんからいうて来いとしたものじゃ。人情というものを解せんようではいかぬ。

犬養総理は貫録たっぷり

犬養は一人々々では太刀合わするものがないようじゃ。口も達者じゃ。却々《なかなか》遣り手じゃ。原や加藤、田中などよりも前に総理をやるべき人間で、百何十人か引率して居った。それが、鋭い為に除名などされて、三十何人かで頑張ったり、それで、総理になれんじゃった。貫禄はたっぷりじゃ、大相撲を取るのじゃ。

議会のだらしなさ

議会のだらしないのは昔からで、

「あれを西郷に見せたら何んと言いましょう」と私《わし》が何時《いつ》か副島にいうた事がある。

「何んとも言いますまい。唯『叱《し》ッ！』というでしょう」と副島は答えた。

杉浦は八ヶ月かで議員をやめた、中江も一時は議員になったが、間もなくやめたのじゃ。杉浦は、

「あれは私共《わし》のかたる処ではございません」と言うて居た。中江は、

「議員という奴は、まるで犬と猿の様じゃ、無血虫じゃ、味噌も糞も一処《いっしょ》じゃ、居られん」と語った。

神に仕える者の仕合わせ

今度、越後へ遊びに行ったのは、大竹貫一が来て、

「是非一度私《わし》の郷里の方へ遊びに来てもらいたい」というから出かけたのじゃ。

五十年も前に、東北漫遊の時、越後へ足を入れたきりじゃ。変わった処じゃない。その後の記憶もない位じゃ。

その頃会うた人間は一人もいなかった。山際七司の子が代議士になって居た。モウ子の時代じゃ。

今度は「字は一切書かぬ事」という約束で行ったのじゃ。

処が、帰りに信州に立ち寄ったら、諏訪の神主さんが何かに私《わし》の名をしるして呉れというので、知人名簿というのかな、それへ一筆書いた。

その序《ついで》に紙を出されて、敬神の二字を書いた。これが今度の旅行の憲法破りの一枚じゃ。

客「尊い一枚です」

翁「神主さんは仕合わせをしたのじゃ。神に仕える者は、その位の事があろう」

米国新聞記者の来訪記

何時《いつ》か、……三年ばかり前に米国人が二人この家へ訪ねて来た事がある。話に聞くだけではは っきりせんから、親しく私《わし》に会うて見たいというのであった。そしてから、その時の事を自分の新聞に書いた。

「釈尊のような」と、私《わし》の事を言うてじゃそうな。

俺には英語は一ツも解らん。一度、加藤高明が英語をいうのを聞いて、「エース」というのを覚えた。汽車へ乗って居ると向こう側で加藤が西洋の婦人から話しかけられて、「エースエース」と何遍もいうのを聞いて覚えたのじゃ。

「その時の米国人の新聞記事か？」

それは、誰か訳したのもあった……それじゃ、読んで見るがよい。……何？「日本の強い人」という題か、そのままに訳したのじゃろう。

＊　＊　＊

最も厳格な、規律及び組織的構成の国なる日本に、従来かつて公職に就いた事がないが、しかし最大の勢力を有《も》って居る一人の男がある。この、ほとんど伝説的の尊敬を払われて居る男は、頭山満氏である。氏は所謂「浪人」で、直訳すれば、流浪する騎士、意訳すれば、「愛国者」という意味である。

頭山氏は、弱者の保護者、哲学者であり、また愛国的自由的日本人の半世紀に渉る指導者であり、師匠であるところの幾千の使徒の棟梁である。東京の彼の住まいは小さな部屋で、七十を越えた頭山氏が、「ユーナイテッド・プレス」の代表者を、床の上に敷いた小さい布団の上に足を組んで、坐りながら引見した。

この老人は静かに、人口増加問題に付いて話した。

「産児制限の許さるべき事を余《よ》は信じない。天から与うる福祉を妨げる為に、人為的手段を用いるという事は、天に対する罪悪である。吾人は唯吾が国民を増加する事を得せしめる天に対して感謝すべきである。地上には人類の為に余地が尚お多くある。食糧問題は、決して克《か》ちがたき障害を為《な》すものでない。農事の改良に依って、吾人は食糧の生産を倍加し、もしくは三倍とする事が出来る。しかし、それは或る者が海外に移住してならぬ、という理由にならないのはもちろんである。しかして余《よ》は多くの国、例えば北米合衆国の如きが、日本人移民を排斥するという理由を、了解する事が出来ない。この問題に対しては、凡《すべ》ての国民が協力しなければならない。しかし、この問題は、日米間の戦争を正当とする理由とはならないであろう。

もし米国が吾人を排斥するならば、吾人は、吾人を歓迎する外《ほか》の国へ行かんのみである。吾人はまた、西欧文化を排斥しようとは思わない。吾人の使命は、西欧の機械的、技術的経験を応用して、吾人の旧文化から新たなる精神上の文明を創造し、しかして人類の幸福に寄与する事である。四海同胞の精神は、全世界に拡充されなければならぬ。この方向に進みつつある日本の将来は、十分見込みがある。吾人は徐々ではあるが、しかし、確実に物質上及び精神上の文明の向上を見つつある」

支那に関しても、孫逸仙の旧友であり孫逸仙を数《しばし》ば匿《かくま》った頭山氏は楽観的である。氏は次の如く語った。

「孫の教えが、今日では支那の最も僻遠の地方に於ても了解されるようになった」と。

静かな、しかし確固たる声でその意見を述べる老人は、一方の極端派の棟梁と言わんよりは、むしろ先生或いは哲学者という方が適当の様に見える。ただ側らに在る二口《ふり》の刀が、彼に関して伝えられて居る殺伐な物語を想起せしむる。彼の思想を宣伝する為に、彼が尚お若かった時、友人と共同して新聞を始めようと思って、或る富豪に借財を申し込んだ。その富豪は担保を要求した。「それは差し入れましょう」と頭山氏は言うて、翌日小さい袋を持って来た。その袋の中には三本の指が入って居た。それは頭山氏及びその友人の指であった。

「これが担保だ」と彼はいうた。そして金を受け取った。

外国との不平等条約の廃止は、四十年の長きに亘って日本の国権の為に奮闘した頭山氏の功に負うところが多い。支那に於ける国民運動に就いても、また氏が重要なる役目を受け持って居った。支那の重要なる人々に多くの友人があった。かくて彼は、現代の東方の齎《もたら》した、凡《すべ》ての最上の事の標的となった。

＊　＊　＊

その指三本の事か、それは間違いじゃ、ひいきの引き倒しの類じゃ、そんな事はせん。誰か玄洋社の若い者に、そんな事をする奴が居った。それと取り違えたのじゃろう。

早朝の明治神宮参拝

客「先生の明治神宮御参拝は朝が早いので、参道辺の店では戸を上げる頃、先生は御参拝が済んでお帰りになると申して驚いて居ます」

翁「何時《いつ》か御参拝の帰途、雨に降られた。すると、一人の学生が傘を出して、私《わし》に差して行けという」

「それでは君が濡れるではないか！」というと、

「私《わたし》など若い身で、雨など問題じゃありません。先生の御老体は御大切にせんければいけません。我々は何処《どこ》へだって気軽く飛び込めます」と言って、是非というから借りて帰った事がある。

感心な学生で、先日も真面目に清書した手紙をよこした。何か一枚書いてやった。今時珍らしい誠実な男じゃ。

雲右衛門に素語り三席

雲右衛門（桃中軒雲右衛門）が私《わし》の処へ来た時、「ここで一席、語れ」というと、

「三味線がなくて語れません」という。

「貴様の口で語るに、三味線が有ったって無くたって同じ事じゃないか、一席やれ」と責めた。遂《とうと》うやった。

「立派にやれるじゃないか、モ一席やれ」で、またやる。「モ一席」で、遂《とうと》う三席を三味線なしで語った。「こんな苦しい目に遭うた事はありません」と言うて帰って行った。

すると、私《わし》の霊南坂の家が出来て間もなく、

「今日は私《わし》が閑ですから、三味線を持って伺いましょう」と電話が来た。

丁度私《わし》が外出しなければならんので、

「こっちは構わんが、今日は約束で出る、私《わし》が不在でよければ、来て語れ」と言うてやったら来なかった。

雲右衛門は、茶屋遊びでは御前様と言われて、威張ったものじゃ。我々からは金を貰《もら》わなかった。

「先生方からは、別の方の御心配もして頂きますから、金などは御心配下さらんでも」という。肚《はら》の太いところがあった。

何かの寄附に出て呉れというと、素人方がおやりになっても無駄ですから、私《わし》の方で致しますと言うて、五百六百の金を持って来た。

宮崎滔天の浪花節

宮崎滔天は、「三十三年の夢」を書いて、雲右衛門へ弟子入りした。雲の事を、師匠が師匠がと言うてであった。最初、浪花ぶし語りになろうと思うと言うて、神鞭の処へ挨拶に行ったら、神鞭は泣いて止めたという。犬養の処へ行ったら、考えて置くというて、後で長い手紙を書いて止めた。

そこで宮崎は私《わし》の処へ来た。私《わし》は、「それは好《よ》い思い付きじゃ、貴様には出来よう、やるが宜しい。賤業でも、自ら働いて生きて行く事が何より宜しいのじゃ」というてやったので、やつ、遂に決心して雲右衛門の処へ出かけたのじゃ。私《わし》が若い頃、郷里で薪《たきぎ》を売ったり、箒《ほうき》を売ったりした事を宮崎が知って居るので、大きに意を強うした事じゃろう。

翁と遠山満との写真

この写真は、遠山満というやつじゃと、翁はその写真を指して、浅草で近藤勇を演《や》って居る処を観に来て呉れというので行った。その時楽屋で撮影《うつ》したのじゃ。

アメリカで、とうやまみつるを呼び物に、方々興行して当てたのじゃそうじゃが、近頃帰って来て、やや危険を感じたらしい。そこで、注射の大橋へ泣き付いて、私《わし》の方へ取りなしを頼んだものじゃろう。大橋は知って居る仲じゃから、私《わし》に、一度、彼の芝居を観てやって下さいと再々言う。それで浅草へ出かけたのじゃ。

客「怪《け》しからん、先生の名をかたる奴じゃから仕末しようと話した事でしたが、先生が、『ま、許して置け』と言われるもので、そのままにして置いたのです」

別客「あどけない子供の様なこの顔で、近藤勇が勤まりましたか？」

翁「相応演《や》って居った。悪くはなかったようじゃ。それに俺の後へ立って喜んだ顔だから、罪がないのじゃ。何業をやっても構わん、御国の為になるもの、世道人心に益するようなものを演《や》れと言うてやった」

木戸が差した兼定《かねさだ》

杉山（茂丸）が折り折り私《わし》の処へよい刀を持って来る。私《わし》がそれを金に困って売ったり質に入れたりして了《しま》う。杉山が来て愛想を尽かして、

「モウ貴方《あなた》の処へは刀は持って来ません。無益なことじゃ」といって憤《おこ》って帰るが、程経《へ》ると、そんなことを忘れて、また刀を持って来るのじゃ。

「この三尺一寸五分の兼定《かねさだ》も、杉山が持って来たのじゃ」と、翁は床の間の刀架けの黒鞘を指して、「これは木戸が差して歩いたものじゃ、木戸は大男であったろう」といって翁は、それを反動も付けず、机の前へ坐ったま

ま、すうと抜いて見た。
座客「あなたは、よほど腕が長いようです」
翁「そうじゃ、劉玄徳の腕も長かったということじゃ」

私《わし》はあまり執着しない

私《わし》は、何にもあまり執着がない、無頓着じゃ。二度目の支那行きの時、昭和四年の春場所の相撲を二、三日しか見ずに発《た》った。「心残りであろう」などというてくれたのじゃが、私《わし》は、相撲も見なければ見ないで、何んとも思わんのじゃ。碁も十時過ぎては打たぬ。

相撲取りは常陸と太刀

客「先生多年相撲を御覧になって、一番よいのは誰でした?」

翁「一番形の好《よ》いのは常陸山じゃった、一目《もく》置かせて打つ碁のごとあった。他の者は、自分が一目《もく》置いて打つような相撲を取った。

強い事を言うたら、太刀山は一番じゃったろう」

死んで生まれ変われ

或る中将をした男が切腹をするという処へ、私《わし》が出会《でく》わした事がある。不始末をして面目がないから、どうでも腹を切るというのじゃ。私《わし》はそれで、

「立派に腹を切れ、切った気持ちで生まれ変われ、無い命と思うて働け。御国のために身命を捧げよ。それが一等よろしい事じゃ」というた。

すると、彼は黙って考えおったが、

「私《わし》は貴方《あなた》には大変叱られることと思うておりましたら、難有《ありがた》い御教訓を受けて、今日から生まれ変わります。一旦腹を切って死んで、今生まれ変わりました」というて涙を流して喜んでおった。

何か、役に立つ場合に立派に死なせてやろうと思うていると、彼はその後病気で死んでしまった。

革丙将軍の遺物

翁、床の間に立てかけた黒竹の杖を示して、

「これは、高島鞆《とも》之助の記念に贈られたのじゃ。高島が愛用した杖じゃ、面白い竹じゃ。仙人が持つ物のようじゃ。髑髏《どくろ》の根附けようの物が結び付けられている処が面白い。高島の風骨が偲ばれるのじゃ」

飛行機は愉快々々

久しぶりの天気で飛行機が飛んでいる。人間が空を飛ぶことばかりは出来まいと思うたに、モウこの通りじゃ。何んでも考えられることは、出来ぬと言うことは無いようじゃ。今に福岡《くに》へも日帰りが出来るのじゃ。

昨年、所沢へ行った。飛行場を観に行ったのじゃ。将校連、大勢出て来て、字を書かされたりした。飛行機が飛んでいるから、私《わし》を乗せんかというと、やはり危険ですからというて乗せて呉れんのじゃ。

すると、そこに朝日新聞の飛行機がいる。私《わし》はそれへ乗って見た。好《い》い気持ちじゃった。今度は将校連が残念がって、どうせ乗るのであったら、自分の方へ乗って貰《もら》えばよかったという。私《わし》は、

「危険といえば、座敷にいても危険はある」というて、それからまた将校連の方へよばれて昼飯を食うて帰った。

美人天上より落つ

客「先生は過般、御郷里の福岡へお出《い》での折、長崎へも日帰りでお出《い》でられた様子で、私《わたし》の知人で佐賀に居る者が、その途中、列車内でお目にかかった事を通知して参りました。処がその通信の一節に、先生が『美人天上より落つた』お話を承ったと書いてあります」

翁「そんな事を言って来て居るかな。それは確かに珍談なのじゃ。私《わし》が未《ま》だ若い時じゃ、それこそ丸々裸の若い女！　頗《すこぶ》るの美人が私《わし》の首へ捲き付いたのじゃ」

「どんな事でしょうか、どこであったのですか」

「日名児《ひなご》の温泉じゃ。その風呂場で、私《わし》が好《い》い気持ちに浴槽《ゆぶね》の中に浸って居ると、いきなり頭からその美人が落ちて来たのじゃ。人が居るとも知らず、段々を下りる際に滑って転んだのじゃろう。ひどい勢いでざぶんと入って来て、夢中で私《わし》の首へ捲き付いたのじゃ。私《わし》も何が何んだか、敢て驚きはせんが、頗《すこぶ》る変な気持ちじゃ、女は大あわてに這い上がって逃げて行った」

「惜しい事で」

「別段惜しい事とも思わん。私《わし》はその頃は声が善《よ》かったもので、その宿屋の二階で毎日詩を吟じて居ったのじゃ。すると、隣室に居るのが今の天上から落ちた美人の連中で、母と番頭と三人、長崎の豪家の者じゃと聞いた。一夕、その番頭が恐る恐る手を突いて、私《わし》の室《へや》へ来ていう事に、手前共の方で一杯お酒を差し上げたいので御座いますが、先生にはお出《い》でられて、あの詩吟を一つうたって戴く訳には参りませんでしょうかと、頗《すこぶ》る叮嚀《ていねい》な物言いじゃ……今なら出かけるのじゃが、その頃は私《わし》は大の堅人じゃて、『それはいかん』と断ったのじゃ」

客「まことに以て残り惜しいような」

翁「いや惜しいとも何んとも思わん、私《わし》の放蕩は、その後二十五歳の時が始めてじゃ……」

これは役に立たん方《ほう》じゃ

「勧進帳が出来たね」と翁は、或る人の持って来た趣意書様の人名簿を披《ひら》いて、今泉定介と署名されてあるのを見て、

「これは良い方《ほう》じゃ、物識りで、弁舌もよく出来る、結構じゃ」と、更にその隣の署名を指して、

「これは役に立たん方《ほう》じゃ」という。それは「頭山満」と、前日自身署名したのであった。次の頁を披《ひら》くと、「頭山立助」とある。「これも役に立たん方《ほう》じゃ」と、我が子の事をズバリ切って棄てる調子に、座客一同唖然失笑。

七日の断食――一食二十杯

私《わし》は若い折、胃潰瘍になった事がある。胃は丈夫な方で、前に仙人修業の時のように七日も食わずにいても何んともなかった。それで直《す》ぐ大工の弟子をつかまえて相撲を取った。それから、今度は二十杯も食うたのじゃ。胃潰瘍じゃといわれた時も、「俺は死なんよ」といってやった。死ぬるような気がせんのじゃった。

胃潰瘍を三度やった

私《わし》は、二十五才の時と、三十才の時と、四十九才と、三度、可《か》なり沢山の血を吐いた。肺癆《はいろう》喀血でない、胃潰瘍の血じゃ。「生きたのが不思議じゃ」と、医者はいうた。

四十九才の時は、便の方へ血が出て、口からは出なかった。

顔が売れると世間へ通る

うん、あの渋谷の電車終点の処へ出る老人か。あれは八十余になるとか聞いたが、元気者じゃった。子供達を

世話して電車へ乗せておった。私《わし》の処へも見えて、掛け物が一枚欲しいから、字を一枚書いて呉れという。書いてやると、箱書きをして呉れというから、それは自分で書くものでないからというて、杉山茂丸に書かせてやった。老人も、あんなに顔が売れると世間へ通るものじゃ。

親に似ぬ子、似た子

立助（翁の第一子）は、あれは今様《いまよう》向きの人間ではない。親父に似んで、考えるように出来たのじゃ。子供の時から、争うという事はなかった。玩具《おもちゃ》でも、他の子が取りに来ると、それをやって、自分は別の玩具《おもちゃ》で遊んで居った。

親父に似て喧嘩の好きなのが二人出来た。

（これは三男秀三氏、四男乙次郎氏の両人をいうのであろう）

俺は欺かれん

世間では俺を気狂いのごと思うとると見えて、様々なのが舞い込む。牢から出たばかりというのや、食う事が出来ないというようなもの、気のふれたような女だの、当節のいろいろな、術を行う連中……そうじゃ、自強術、護身術、長命術、それから金儲け術、なんでも来る。

「何？　詐術にかかるか？」

否《い》や、詐術にかかった事は滅多にない。昔の事を思えば、薪《たきぎ》売りや箒《ほうき》売りをしたり、梅干一方で仙人修業をやったりした身じゃ。自分だけの慾をかく要はないので、人に致されるの、誘われて欺かれるのというような事もないはずじゃ。

紙幣は袂《たもと》へ無造作に

私《わし》は銭入れなど持たん男じゃ。紙幣など袂《たもと》へ入れて置く。能《よ》く無くする。何んぼ遣《つか》ったか解らん。以前、宿屋住居《ずまい》の頃、その家の女中が客の物を盗《と》ったのが露《あら》われて、私《わし》の袂《たもと》から紙幣《さつ》を盗《と》った事まで警察で白状した。さもなければ、私《わし》は盗《と》られた事も知らずに居ったのじゃ。

石塔の頬かぶり

座客「安川（敬一郎男爵）さんだって千円と纏《まと》まった金を借りることが出来なかったし、平岡さんなど金の貸す手は無かったといいますが、先生は別ですな」

翁「その後東京へ出てから、高利貸の奴が私《わし》に、向こうからただで三千円ばかり貸してくれた。金が費《い》る話をしおったら、小林浪五郎という高利貸が、なんと思うたか、『私《わたし》が三千円御用立て致しましょう。利子は普通のことで宜しゅう御座います』というて直《す》ぐ持って来た。私《わし》より少し年が多かった。モウ死んだはずじゃ」

私《わし》は、石塔が頬被りして飯食うているると思うとる。どんなことがあろうと何んとも思わぬ。何んの取り柄もなく、飢え死にでもして居るべき処をこうして生きているのが、不思議な位じゃ。悪運が強いとでもいうのじゃろう。金にも女にも、大して不自由もしなかった。三千両の金がないと困るという様な時には、余り困らない中《うち》に、ひょいとその金が入る。千円ばかり一寸《ちょっとい》費るがと思うとると、モウ何処《どこ》からかその金が廻って来るといった風であった。

ふりまらで大弓

四十五年も前じゃ、東京へ出て間もない頃、或る大弓場へ入った事がある。

大勢居った処へ私《わし》はずかずか入って行って、「一番強い弓を出せ」というたら、石門と名を入れたのを出した。石門をも射貫《うち》く、という意味なのじゃろう。私《わし》は矢を番《つが》えて、他の者が袴など着けて勿体らしい事をして居る中へ、ふりまらで曳いたのじゃから、皆んな驚いて、手を止めて私《わし》の方を見て居る。

最初の矢が当たるも当たる、的の黒星の真中へ当たった。後は幾ら曳いても当たらなかった。それからその石門を我が物にして、一本二円ばかりの矢を買うて、大分稽古をやった。あれで通したら、相当に出来る者になったろうが、一夜、路次の溝の処で転んで、右の親指を挫《くじ》いた。それを誰かにうんと引き伸ばさせたら、黒く腫れ上がって四十日も掛かった。それで弓も名人になれずに終《しま》った。

私《わし》の化物退治

或る媼《ばあ》さんが、化物が出るというて、一度私《わし》に会いたいというのじゃ、国士館の山田が知った人間で、「頭山先生でなくとも、私《わたし》が附いて居れァ、化物など来やしません」と山田がいうても聴かんじゃという。何んでも妾《めかけ》の怨念が取り付いて、夜になると飛び掛かって来るというのじゃ。杉浦や川面凡児なども居るのじゃが、どうでも私《わし》でなければならぬというのじゃそうな。その以前、私《わし》の処へ見えた事もあって、「私《わし》は、今日自分の親に会うた気がしました」というたそうじゃ。私《わし》の方が十歳も年下なのじゃ。そういう事からして、化物退治も是非私《わし》にというのじゃ。それから私《わし》は見舞ってやって、「化物などモウ出ません、安心なさい」というて帰った。それきり化物が出なかったというのじゃ。

俺の書は頭山流じゃ

俺は手紙というものは滅多に書かんじゃった。字も書かん気で居ったら、

「一筆でもよいから墨を附けて呉れ」と言われるもので、最初はほんのしるしを附けたのじゃ。それがだんだん多くなって、この頃は毎日三、四十枚は書かされる。遂《とうと》う皆んなが俺を字書きにして了《しま》った。

何時《いつ》か中村不折が、

「頭山先生は何流でございます、余程お習いになったのでしょう」というのじゃ。

「いや、頭山流じゃ、習うという事はなかった」と答えてやった。

世間には頭山流が多い様じゃ。

昔、荒尾が「貴方《あなた》と山路（独眼龍）の書は天下の二大悪筆です」と言うたものじゃ。

そう言えば、俺は幼少の折、習字が拙《へた》で、いけなかった。それでも習字の競争となると、何時《いつ》も一等になるのじゃ。それには、何か気に入った字を前日にうんと手習いをして、その場へ出ると臆面のない処で威勢能《よ》く書いたのじゃ。それで一等だ。

七夕祭《たなばた》の時などにも、字が拙《へた》で、先生が私《わし》の父に気の毒だと思うて、頻《しき》りと手を取って呉れるのじゃが、やはりいかぬ。それでも賞《ほ》め言葉というのもあるもので、その先生は私《わし》の習字を「徂徠の風がある」と言ったのじゃ。

この頃は字を多く書くが、後から後からと頼んで来て、まくり紙がこんなに沢山に溜まる。かせいでも追い付く事でない。その代わり手紙というのは滅多に書かぬ。来る手紙はせっかくじゃから読むが、返事を出さん方じゃ。昔は金を借りる手紙と妓《おんな》への手紙、

「用があるから一寸《ちょっと》来い」という色気のない色文を折り折り書いたものじゃ。

客「浜の家の頃、何んたら言う強い妓《こ》が居って、我輩参って哥兄《あにき》に仇討《かたき》ちをしてもらった事がある」

翁「あれはしたたかな剛のものであった。俺もお替わり八杯位いけた時代じゃから、仇討《かたき》ちをやった。何へかけても押しの強いのは俺の長所じゃ」

別客「正宗の冴えが恐ろしい事で」

別客「百錬百磨の鈍刀の威力には、いっかな剛の奴も叶わんでしょう」
翁「処がその報いで、昨今は若い女の指圧療法というやつで、うんとおされるのじゃ。仇《かたき》を討たれて居るのじゃろう」

私《わし》の印は貰《もら》いものばかり

私《わし》の落款《らっかん》か。印は最初京都で鰻《うなぎ》屋が何か字を書いて呉れという。未《ま》だ私《わし》も字など書かぬ頃の事じゃったので、印も何もない。すると、その鰻屋が大きな印を造ってよこした。それが一年も物置きに入って居るのを、後に出して使った。五、六寸も大きいのだったが、何時《いつ》の間にか無くなった。

その他の印も、私《わし》が注文して造ったのでない。皆誰か造って来た。

「何んでもよいように」いうてやったら、今有るような印があんなに沢山出来たのじゃ。

私《わし》の若返り法

私《わし》は昨年の正月は十五年ほど若返ったようじゃ。雑煮を九つ食べた。十五年来何時《いつ》の正月も雑煮は六つであったのが、昨年は九つに復したのじゃ。

そうじゃ、これも温灸の効かとも思う。百二十日間毎朝この温灸をやると、大いに若返るということだ。毎朝彼方《あちら》から出かけて来てやってくれるので、よく長続きがすることじゃ、モウ六十日余り続いたから、峠を越したのじゃ。

若返りや、六百六号の注射とか、その他いろいろやるようじゃが、六百六号というのも危険なものと見えて、金杉英五郎が私《わし》にはやって呉れんじゃった。

「もしかして悪い結果でも来ると困るから」というと、「それなら、一つ検査をして上げましょう」

と、血や小便など調べたが、糖も梅毒も淋毒もなにもないというので、六百六号の注射をする要はないというのじゃ。

私《わし》は若いころだって随分放蕩はやった。しかし一寸《ちょっと》感染したような気味になってもそこだけの事で、体軀《からだ》へはうつらんのじゃ。鼻くえになったら困った事じゃろうが、そんな事もなく、まァ悪運の強いやつじゃ。

モウ一度四十才から出直したい！

この写真は、私《わし》が四十才の時じゃ。（写真を示して）栃木の方に有ったという小さいのを、黒龍会の若い者が引き伸ばしたのじゃ。

客「襦袢の襟が横縞で大層いきに見えますが」

翁「それは寝巻じゃ。風邪を引いて臥せって居るところを、写真を撮らして呉れというから、面倒臭いで、その上へ一枚重ねて写したのじゃ。モ一度、その頃から出直したいものじゃ。……そうじゃ、浜の家で、俺の全盛時代じゃ。

この頃のように半年交代の内閣では、その度に解散、選挙じゃ。大臣や次官の顔を揃えるだけで、何も仕事が出来なかろう。三浦が三党首会合を企てたのも、その意味から来た事で、同じ政府が何年か永続しなくては善政が行われん」

客「こうなると、政権慾のない或る種の政府監視団が出来て、政府以上の威力を有《も》ち、自分は決して政局に当たらんという事にして、睨《にら》んで行く事が必要でしょう」

翁「そうじゃ、自分が政局に当たってはいかん、誠実以て正邪を見分けて、悪い事は遠慮なく排斥しなくてはならん」

俺は馬鹿運が強い

俺は、世間が「馬鹿な！」というような事を一向無頓着にやったが、自然、敵の方から避けるので、その馬鹿が通った。

「馬鹿運が強いのじゃろう、愚は我が安宅なりじゃ」

敵を倒してそこに安全を求むる

平岡など四人連れで易者に行った時の事、私《わし》の事を、「この中で、あなたは一番危険を好まれます」という。

私《わし》は危険を好むのではないが、する仕事がいつも危険になる。安全を求めるのじゃが、私《わし》の求め方が他と異なるのじゃな。敵地に入り、敵を踏み倒してそこに安全を求めるから、自然、危険を好む形に見えるのじゃろう。

富相破りの貧乏生活じゃ

佐々（友房）が、或る人相見の処へ行けという、「百発百中じゃ、ま、行って御覧なさい」というから、広瀬千磨《せんま》など一緒に出かけた事がある。

モウ七十余の老人で、目が能《よ》く見えんらしい。さぐり見をして、それでもわかると見えて、「あなたは千円の月給は見向きもしない方ですね」という。

その頃は、大臣でも八百円の月給じゃった。それからまた、「あなたには大した富相があります、何かの大きな株が出来て居ます。山とか何かで金がモウ出来て居ましょう」というのじゃ。炭坑がその時売れたのじゃ。

その富相を自分で破って一生貧乏したのじゃ。それでも大井憲太郎などよりはよい方じゃ。この相者《そうしゃ》はやがて盲目になって、今度は声で判断したのがやはり能《よ》く当たったそうじゃ。人相見の中でも聞こえたえらい奴じゃった。人間の声というのは、その人を好く現わして居るものじゃろう。

外国の憲法論で日本を論ずる間違い

来客「立法府の行政府のと言いますが、モ一ツ日本では、国政監視府というものが入用です。政党が二ツで、責任のなすり合い、あらさがし、つまり目糞と鼻糞の喧嘩で、国民は馬鹿を見るのです」

翁「そうじゃ。私《わし》は一生、その監視をやったのじゃ。時には直接にも政府の者へ警告もした、間接には何時《いつ》も監視をやって居る。今度も海軍の縮小問題で、若槻はじめ各国の全権に当て、日本の立場からこれでなければならぬという処を、私《わし》の名で電報も打たせたのじゃ。日本という国体を知らんで、外国の例ばかりいう奴は腑抜けじゃ。外国の憲法論で日本を論ずるのは間違いじゃ」

（編者申す。本文中頭山翁が御自分の事を私《わし》、我輩、俺などと言って居るが、これは、その時の気分、または話題に依って、自らそうなったもので、編者が乱雑に書き綴《つづ》ったものでなく、むしろ十分注意をしたのである事をお断りする。）

附録　頭山満先生

夢野久作

一

諸君は頭山満という老翁《おじい》さんの名前を、時々新聞で見たり、話に聞いたりされるであろう。同時にその頭山満という老翁《おじい》さんが大変に偉い人である事も知って居《お》られるであろう。

しかしその頭山先生が第一に「ドンナ風に偉い人か」、第二に「何様《どう》してソンナ風に偉くなったのか」、第三に「どんな偉大《えら》い事をした人か」と云うような事をハッキリ知っている人は余り無いであろうと思う。

ホントの事を云うと、そう云う筆者《わたし》も頭山先生の偉い処を一から十のドン底まで知り抜いている訳では無い。ただ何度も何度も頭山先生にお目にかかったり、人の話を聞いたりしているお蔭で、普通の人よりもイクラか余計に知っているだけの話である。

ところで頭山先生の事を書く前に、何よりも先に、お断りして置かなければならない事は、頭山先生が、諸君の知って居られる豊太閤とかナポレオンとか云うような英雄、豪傑なぞの偉大《えら》さとは、まるで違った意味の豪《えら》さを持って居るのである……と云う事である。頭山先生の尊とい処は東郷元帥、乃木大将、荒木大将なぞ云う人の尊とい処と、いささか違っている……という事である。

それがドウ違って居るかと云う事は、これから先の伝記を読まるれば自然とわかる事であるが、何よりも第一に大変に違うところが一つ在る。それは外《ほか》でも無い。

頭山先生以外の偉人とか豪傑とかの伝記を読んでいると、少年諸君ばかりでなく筆者《わたし》自身のお手本になりそうな事がイクラでも出て来る。すこしでもいいから、そんな人々の真似を少年諸君がやって呉れるといいがなア……と思われるような感心な、立派なことが続々と出て来るのであるが、この頭山先生の伝記に限っては正反対に、少年諸君が真似をしてはイケナイ事がイクラでも出て来る。そこが、ほかの偉人豪傑と頭山先生の違うところである。

こんな風に云うと、「それならば頭山先生は悪いことばかりして豪《えら》くなった人か」と諸君は早合点されるかも知れないが、決して左様《そう》では無い。

それならば何故頭山先生の真似をしてはいけないのか。そうして頭山先生は、そんな風に他人のお手本にならないような事ばかりしながら、どうして、そんな偉い人になられたのか……それは左に掲ぐる頭山先生の稚少時《ちいさいとき》の逸話を読めばわかる。

頭山先生の幼少《ちいさ》い時の名前は筒井乙次郎と云って、安政二年四月十二日に福岡市西新町の筒井亀策という人の第四番目の子供として生まれた。頭山という苗字はこの乙次郎少年が、後《のち》に頭山家へ養子に行ってから名乗ったものである。翁の生まれた家は今でも福岡の西新町に在る。西新町の警察署に近い大きな楠木の立って居る家がソレで、そこいらの人に聞くと叮嚀《ていねい》にお辞儀をして教えて呉れる。

翁のお父さんの亀策という人は元来、福岡藩の百石取りの馬廻役《うままわりやく》と云って、武士の中でも可《か》なりの貧乏な家柄であったらしい。お母さんの名前をおいそと云い一番の姉さんがおさき、その次の長男の兄さんが亀来《かめき》君、その次が正次郎君という兄さんであった。つまり乙次郎少年は一番末ッ子の三男坊で、家中《うちじゅう》から「乙しゃん乙しゃん」と可愛がられて育ったものであった。

ところがこの三男坊の末ッ子の「乙しゃん」はだんだんと大きくなるに連れて、普通の子供と違って来た。第一、とても腕白で家中《うちじゅう》の者の手に及《お》えないばかりでなく、外へ遊びに出るとそこいら中の餓鬼大将になって、自分よりもズット年上の者まで輩下《てした》に付けて、大暴れに暴れまわるのであった。

それればかりでない。「乙しゃん」の腕白ぶりは、ほかの英雄豪傑連中の幼《ちいさい》時《とき》の話として伝えられて居る腕白ぶりとは非常に違った処があった。

「乙しゃん」は何処へ行っても、どんな事が起ってもボンヤリとしてヌーッとしていた。着物が汚れて居ようが、下駄が切れていようが、又は怪我をして血が流れていようが平気の平左のクリクリ坊主で、鍛冶屋の店先へ突立って、何時までも何時までもトッテンカントッテンカンの音を聞きながら見惚《みと》れている。そのうちに飽きてしまうと何処かへフーッと行ってしまう。近頃流行の言葉で云えば、「乙しゃん」は何処から見ても間違いの無いヌーボー式少年であった。

こんな事がある。

乙次郎少年が、まだ十歳《とお》にならない時分の寒い寒い冬の日の事であったと云う。家《うち》の人から十銭のお金を貰《もら》って蒟蒻《こんにゃく》を買いに遣《や》られた。その頃はまだ物の値段の安い頃の事で、蒟蒻《こんにゃく》なんぞは二、三銭も買えば山のように来る時代であったので、多分五厘か一銭がトコ買っておいでと云われたのであろうが、向うの店へ行って乙次郎少年がヌーボー式に黙って十銭の金を出すと、蒟蒻《こんにゃく》屋のおやじが意地の悪い奴か何かであったろう。氷のような水の中から十銭がトコの蒟蒻《こんにゃく》を数え出して、土間へ山のように積み上げた。そうして乙次郎少年を振り返って、

「何か容物《いれもの》をば持って来なさったな」

その時分の習慣としては十や二十の蒟蒻《こんにゃく》なら藁《わら》へ突きつないで持って帰ることになったので、むろんソンナに沢山の蒟蒻《こんにゃく》の、容物《いれもの》なんか持って来ていなかった。

しかし乙次郎少年は驚かなかった。相も変らぬヌーボー式に黙って自分の着物の懐中《ふところ》を開いて、「ここへ入れて呉れ」と云う風に指して見せた。そうして蒟蒻《こんにゃく》屋の親爺がアベコベにビックリして居る眼の前で、その冷めたい冷めたい切れるような水だらけの蒟蒻《こんにゃく》を片端《かたっぱし》から自分の懐中《ふところ》へ摑み込んで悠々と帰って行った。「乙しゃん」のヌーボー式は馬鹿か豪傑かわからなかった。

まだある。

「乙しゃん」が八ツか九ツの悪戯盛りの時代に、福岡県の嘉穂郡の山本と云う家《うち》に養子に遣《や》られた事があった。しかし養子に行っても自家《うち》に居っても、「乙しゃん」のヌーボーとした腕白はチットモ変らなかった。ヌーッとしてボーッ

としていながら、何時、何処でドンナ事を初めるやらわからないので、山本家の人々は皆、驚いて閉口していた。

その山本という家《うち》の近所にお寺があって、大きな柿の木があって、お美味《いし》そうな赤い実がドッサリ実生《みの》っていたが、その寺の和尚さんが八釜《やかま》しいので、近所の子供は怖がって誰も喰いに行く者が無かった。

しかし「乙しゃん」は平気であった。毎日々々、真昼間《まっぴるま》から堂々とその柿の樹に登って、手当り次第に柿の実を喰い散らすので、和尚が非常に腹を立てて、或る日の事、「乙しゃん」が柿の樹の絶頂に登っている処を見澄まして、柿の樹の下に忍び寄って、大きな幹に両手をかけて力一パイゆすぶり出した。

しかし、それでも乙次郎少年は平気であった。ニューッと木の空に立上りながら、左手でシッカリと樹の枝を握り、右手で前をまくってシャアシャアと小便の雨を降らせ初めたので、和尚は坊主頭を抱えて逃げて行ったという。そんなアンバイで乙次郎少年が、あんまりヌーボー式に無鉄砲なので、山本の家《うち》でもトウトウ降参してしまって、モトの筒井家へ送り返して来た。「乙しゃん」も平気な顔で、黙ってヌー、ボーとして帰って来た。

とにかく、馬鹿だか豪傑だかマルキリわからないのが、乙次郎少年の特徴であった。

筆者《わたし》は少年諸君に「乙しゃん」の真似をして悪戯をして、ヌーボーとして貰《もら》いたい為にこの話を書くのでは無い。後《のち》の頭山満翁になった「乙しゃん」が、こうして生まれながらに底の知れないくらい気持の大きい、何が来ても、何と言われても驚かない、ヌーボーとした性質を持っていたことを知って貰《もら》いたい為にこんな例を引いてみたのである。

これは真似をしたとて何にもならぬ。真似はどこまでも真似でホンモノでは無い。

後の頭山満翁の「乙しゃん」は生まれながらにしてコンナ風に、底の知れないほど強い、大きい、シッカリした心を持った偉人であった。そうして、そのまんまにヌーボーと大きくなって、上《かみ》は代々の総理大臣から、下《しも》は日本中の生命《いのち》知らずの壮士や無頼漢からまでも恐れ、敬《うやま》われながら、自分がソレ程のエライ人間であることをチットモ知らないまんまに、普通の人間と同様に親孝行をして、老人や子供を可愛がって、チットモ威張らないで弱い者の味方になって来た人である。そうして自分でも自分のそうした豪《えら》いところを何とも思わないまま、ヌーッとしてボーッとして八十幾歳の今日まで悠々と長生きをして来た人である。

だから頭山先生の伝記の中で、少年諸君が真似をしていい処はタッタ一つ、この「自分のエラサを知らないで、平々凡々に忠孝の道を履《ふ》み、他人に親切をつくして来た」という立派な心だけ……と云ってもいいであろう。

それを知らないで、ただ無暗《むやみ》にエラクなりたい、又はエライ人間に見せかけたいばっかりの詰まらない人間が、われもわれもと頭山先生のヌーボーの真似をしたとて、頭山先生のようなエライ人間になれる筈が無い。だから諸君はこの「乙しゃん」の真似をしたって駄目である。それよりも頭山先生のように自分の豪《えら》いところをチットも豪《えら》いと思わない。心から平々凡々に神様を敬い、天子様に忠義をつくし、親孝行をし、弱い人間や、つまらない人間に親切をつくして行く方が早道である。そうすれば頭山先生とは違った、諸君の持って生まれたエライ処が、それぞれ精一パイに世の中に現われて行くであろう。

この道理がわからなければ頭山先生のエライ処はわからない。頭山先生の伝記を読む必要は無い。否。面白がって真似をするだけの目的ならば、この伝記は少年諸君に読んで貰《もら》わない方がいい位である。

ところで頭山先生の乙次郎少年は、そんな風に気が大きくて、ヌーッ、ボーッとしていた。馬鹿だか、弱虫だか、わからなかったので、よく近所の腕白小僧連中がこの「乙しゃん」を馬鹿にしてイジメに来るのであった。

もちろん「乙しゃん」よりもズット年上の連中が多かったのであるが、しかし「乙しゃん」はビクともしなかった。平気な顔で自分を打ったり蹴ったりする連中の顔を、地ビタに寝ころんだままジロリジロリと見ている。泥だらけになっても、着物が破れても平気の平左で、怪我をしても瘤《こぶ》が出来ても痛いような顔一つしない。そうしてソンナ腕白連中が、いい加減に殴りくたびれ、イジメくたびれて引上げようとすると、今まで何の手向いもしないままヘタバっているかのように見えた「乙しゃん」がムックリと起上って、その腕白連中の中でも一番強そうな奴に向って摑みかかるのであった。しかも、それが又トテモ落付き払ったシッカリした摑みかかりようで、腕力が底抜けに強い上に、蹴られても殴られても、喰い付かれてもビクともしない頑張りと来ているから、最前からクタビれている腕白連中は一も二もなく地ビタに押し伏せられて降参させられてしまうのであった。そうして一度降参させられたら、モウ二度と「乙しゃん」の前で頭は上らない。明日《あす》からみんな「乙しゃん」の乾児《こぶん》になってしまうのであった。

これは頭山満翁の子供の時分の話であるが、こうした「乙しゃん」の持って生まれたエライ処は、今日になっても変っていない。

今の日本国中のドンナに豪《えら》い人物でも、どんなに乱暴なゴロ付《つき》までも決して頭山満翁を軽蔑しない。ニコニコしている翁に一睨《にら》み睨まれるとビクッとして小さくなってしまうのは、翁の子供時代から続いて来た、そうした威光に打たれるからである。「この人には敵《かな》わない」と一目で思わせられてしまうからである。

又、現在、頭山翁の乾児《こぶん》と名乗って、翁の為に生命《いのち》を棄てようとする者がドレ位、居るかわからない。インドや支那にまでソンナ人物が大勢居るらしいのであるが、そんなのは皆、翁の方から進んで喧嘩を吹っかけたり何かして恐れ入らせたのでは無い。向うから翁にぶつかって来て、恐れ入ってしまった人間ばかりであるが、それでも翁は知らん顔をしてヌーッとして居るのも、やはりそうした子供の時分のエライ気象の続きに相違無いのである。

それから又、「乙しゃん」が一向に身なりを構わなかった性質も、その通りに今日の頭山満翁に残っている。

翁は自分の家《うち》が貧乏であろうが、金持であろうが、一向に構わない。誰から何を貰《もら》っても直《す》ぐに人に遣《や》ってしまって明日《あす》喰べる御飯が無くなっても平気で居る。自分の家のお庭が荒れ果てて藪《やぶ》みたいになっても、軒《のき》が傾いても、家中が雨漏りだらけになっても平気であるが、その代りに又、親切な人が来て立派な家を建てて遣《や》って翁を住まわせても、ただ心から「有難う」と云ったきり昔の通りにヌーッと坐ってボンヤリしている。子供の時の通りである。

そればかりで無い。

「乙しゃん」が小さい時はナカナカ負けぬ気が強かったと云う。

「乙しゃん」のお父さんは極《ご》く温柔《おとな》しい、当世の言葉で云うと「好《い》いパパ」で、叱言《こごと》などはチットも云わない方であったが、正反対にお母さんの方はなかなか厳格な人で、子供たちは皆ピシピシとタタキ付けられながら「ハイハイ」と云う事を聞いていた。ところがタッタ一人末っ子の「乙しゃん」ばっかりは、外で敗けない通りに、家《うち》に帰ってもお母さんに負けなかった。泣きも笑いもしないまま、黙ってお母さんに刃向って行って、お母さんが五ツ叩けば六ツ叩き返すと云う風であった。

もちろん、これは「乙しゃん」が極《ご》く幼少《ちい》さい頑是《がんぜ》無い時分の事で、こんなところばかり真似されては困るが、十一違いの一番上の姉さんのサキ子さんなぞは、いつもこの幼少《ちい》さい弟の「乙しゃん」に泣かされていたそうである。

真似されて困ることがまだある。

「乙しゃん」の生家、筒井の家《うち》では「買い喰い」なぞ云うことは、むろん両親から固く禁《と》められて居ったので、「乙しゃん」の姉さんや兄さんたちは、決してそんな事をしなかったのであるが、唯一人「乙しゃん」ばかりは平気であった。腹が減ると近所の菓子屋に行って、店先に並《なら》べて在る菓子を黙って摑んで、喰いたい放題に喰い散らし、集まって来る子供達に分けて遣《や》ったりしたので、菓子屋ではソンナ菓子の数々を通 帳《かよいちょう》に付けて、時々「乙しゃん」の家《うち》へお金を貰《もら》いに来るので、両親は閉口していたという。

もちろんこの話だけ聞くとまことに痛快である。

「豪《えら》い人間になるには他所《よそ》の店先のお菓子を黙って摑んで腹一パイ喰うに限る」とか何とか云って、ちょっと遣《や》ってみようかと思う少年諸君が居るかも知れないが、それは飛んでも無い話である。

そんな都合のよい処だけ真似をしたとて英雄豪傑になれるもので無い。そんな真似をしたならば、ソレは単なる「喰いしん棒の真似」と云うだけの事で、豪《えら》いことなんかチットも無い。間誤《まご》々々すると少年感化院に入れられるかも知れない。馬鹿々々しい話である。

「乙しゃん」は大きくなってからも、こんな風に負けぬ気が強かった。それと一緒に、自分のしたいと思うこと、又はせねばならぬと思うた事は、店先の菓子を摑むのと同様に直《す》ぐさまグングンと実行に移して来た。

ロシアでも英国でも屁とも思わない。来るなら来いという気象を筒井の「乙しゃん」は生まれながらに持っていたのである。

同時に「乙しゃん」は、大きくなってから「この内閣は倒さねばならぬ」と思うたら、やはり店先の菓子を摑むように平気で爆弾でも何でも投げつけて、内閣を引っくり返してしまったのである。

店先の菓子を摑むことは諸君でも出来るであろう。しかしソンナ人真似をする様な卑しい根性の人間が、大きくなってから頭山翁のような傑《えら》い人になれない事は請合いである。否。巡査に捕まって懲役に行かなければ目っけものではあるまいか。

ところが、こうした「乙しゃん」の腕白が、どうした事か十三の時からピッタリと止んだ。多分「乙しゃん」が、何時までも小児《こども》の気持で腕白を突いているのが気まり悪くなったのであろう。打って変った親孝行者になって、よく両親の手助けなぞをする様になったと云う話である。

これが又、普通の者にはチョット出来ないことである。前の菓子を掴む真似は出来ても、この真似はナカナカ出来そうにない。

どうです、少年諸君。年は十三でも十五でもいい。又は七ツか八ツでもいい。自分が悪かったと気が付くと同時に、正直に、ピッタリと今までの悪戯や、馬鹿遊びや、怠け根性をやめて、両親の言葉をよく守り、家《うち》の手伝いをセッセとする様になる事が出来ますか。

頭山先生のホントウの豪《えら》いところはこの心から正直な処に在るのですよ。自分が正しいと思う通りに、自分の性質をサッパリと改める事が出来ますか。

普通の子供は自分が悪かったと気が付いても、ナカナカ急に改める事が出来ないのだ。不正直にグズグズして居るから、とうとう一生涯つまらない人間で終るのだ。否々《いないな》、十三や十四の子供ばかりでない。こうして自分の悪い処を直《す》ぐに改める事の出来ない、意久地《いくじ》の無い人間は、四十になっても、五十になってもグズグズして、つまらない意地や習慣にこだわって、何の役にも立たない、他人迷惑な一生を送ってしまうのだ。

況《いわ》んや吾《わ》が「乙しゃん」は、他人から訓戒されて腕白やヤンチャを止めたのでは無い。タッタ一人でジッと考えて、「俺はコンナ事ではイカンぞ」と気が付くと同時にピッタリと心を入れかえてしまったのだから、世間、普通の子供のように両親や、先生から叱られて、小さくなってしまったのと全然《まるきり》、訳が違っている。

私は断言する。頭山先生の豪《えら》いところが数多い中でも、この心から正直な点だけは是非とも諸君に真似して頂きたい。そうして諸君が万一、頭山先生と同様に、ピシピシと心を入れ換えて、グングン大人になって行く事が出来たならば、日本中は頭山先生に敗けない位のエライ人ばかりになって、日本は世界中を敵にしても決して敗けない……そうして世界から尊敬される、強い、頼もしい国になるであろう……と。

しかし「乙しゃん」は十三の年から大人になって親孝行を初めたとは云うものの、普通人と違っている処はドコ迄も違っていた。
　昔の貧乏な士族の家《うち》では、米を米屋に頼んで搗《つ》かせると、搗賃《つきちん》を取られるので皆、自分の家に臼と杵を置いて家族の人々が代る代るに搗《つ》いたものである。筆者《わたし》なども米を搗《つ》いた事があるので、その苦しさや辛さをよく知って居るのであるが、吾《わ》が「乙しゃん」は僅《わず》か十三やそこらで熱心にこの米搗《つ》きをやった。しかも普通の杵では軽くて駄目だと云うので、杵の中に穴を明けてその中へ鉛を入れて搗《つ》いた。その為に米が搗《つ》け過ぎて臼の中で粉々になった……と云うのだから、その負けじ魂がドレ位強かったか、辛棒《しんぼう》力が如何に無敵であったか、そうしてその腕力が如何にモノスゴかったかがわかる。

　乙次郎少年が恐ろしかったのはその腕力ばかりでは無かった。その物記憶《ものおぼえ》の良かったこと、慈悲深かったこと、物事に熱心で器用であった事なぞは、あまり人の知らない事ではあるが普通よりも遥かにズバ抜けていたらしいのである。乙次郎少年がまだ七歳《ななつ》か八歳《やっつ》の頃、お父さんや兄弟たちと一緒に桜田烈士伝の講談を聞きに行った事があるが、帰って来ると間もなく一番小さい末ッ子の乙次郎君が、その講談の文句を初めから終りまで順序よく記憶《おぼ》えて居るばかりでなく、その烈士の名前までも一人残らず記憶《おぼ》えて居ることがわかった時には、家中の人が皆、舌を捲いて感心したと言う。

　これなぞは生まれながらにしてステキな良いアタマと、物事を熱心に見たり聞いたりする心掛を持っていなければ出来ない事である。

　慈悲深かった事ではコンナ話がある。

　乙次郎少年が六ツか七ツ、兄さんの亀来君が十二歳ぐらいの時、二人で近所の川に鯰《なまず》すくいに行った事がある。そこで兄さんの亀来君が、川の中から鯰《なまず》をすくい上げて弟の乙次郎少年の持っている瀬戸物の鉢に入れるのであったが、乙次郎は、折角《せっかく》兄さんが捕って来た鯰《なまず》を一匹一匹逃がしては喜んでいるので、それを発見した兄さんの亀来さんが非常に憤《おこ》って、その鯰《なまず》の容物《いれもの》を地ビタにタタキ附けて粉々にしてしまった。

　又、或る時、乙次郎少年が十五、六の頃、やはり兄さんの亀来君と、それから儀助という男と二人で鰻《うなぎ》捕りに行った。そうして二人で捕った鰻《うなぎ》を笊《ざる》の中に入れて乙次郎少年に持たせて居たものであるが、乙次郎少年はその紐《ひも》の付いた笊《ざる》を、わざと水の中で引きずって歩きながら、鰻《うなぎ》をズンズン逃がしていた。その時に兄さんの亀来君は、弟の乙次郎少年が、物の生命《いのち》を捕るのが大嫌いであることがヤットわかったと云う話である。

こうした乙次郎少年の憐れみ深い性質は、やはり今日の頭山満先生になっても変っていない。誰でも頭山満先生と云うと、生命《いのち》知らずの荒くれ男どもの総親分で、鬼でも蛇《じゃ》でもヒネリ殺して喰いそうな人のように思っているが、決して左様《そう》でない。自分より弱いものや下手のものをイジメるのは大嫌いで、どんなに訳のわからない人間でも涙ぐましいほど親切にして遣《や》るのが好きである。

ことに変っているのは、どんなに悪い奴でも決して叱ったりイジメたりしない事で、見す見す頭山先生に嘘を吐《つ》いてお金を貰《もら》いに来ていることがわかり切っていても八釜《やかま》しく咎《とが》めない。云う通りにお金でも何でも呉れて遣《や》るのであるが、その人間が赤い舌を出して、約束も何も守らずに逃げて行っても、別に何とも云わないばかりでなく、又もや知らん顔をして同じような嘘を吐《つ》いてお金を貰《もら》いに来ても、やっぱり前と同じこと、

「おお。そうか。よしよし」

と云って助けて遣《や》る。つまるところ頭山先生の御恵《みめぐみ》は善人とか悪人とか云うものの区別は無いので、その頭山先生の心の大きさは、敵も味方も一緒に育てる天地の心と同じこと……もしくは神様の心と同じことである。

「そんなに殺生が嫌いならば最初から魚捕りに跟《つ》いて行かない方がいいじゃないか」

なぞと理窟を云ってはイケナイ。黙って跟《つ》いて行って、黙って逃がして遣《や》る処に、乙次郎少年のエライ処があるのを諸君は最早《もはや》、十分に察して居られるであろう。

誰でも真似の出来ない、又、普通の人間が真似をしてはイケナイ理窟以上、道徳や、法律以上にエライ頭山満先生の大きな心が、この話だけでもわかるであろう。

頭山満先生を尊敬せずには居られなくなるであろう。

二

頭山満先生は世界中に二人と居ないヌーボー式の偉人である。普通の人間みたように偉い人になろうなんか思って、他人と立身出世の競争なんかした事は一度も無い。官位とか勲爵とか地位とか職業とか、財産とか云うものを欲しがりもしなければ、持っても居ない。

ただ友人とか乾児《こぶん》とか云う人々が、先生の家族と一緒に大勢集まって先生を取巻いているきりであるが、しかし先生はそんな人々を心から可愛がって楽しそうにニコニコして居られるばかりで、そんな人々に向ってドウせよとか、こうせよとか云って訓戒したり、指図をしたりされるような事は一度も無い。そうして自分自身も何もしないで、ただ白い髯《ひげ》を撫で撫でヌーボーとして坐って御座るきりである。

しかも、それでいて日本中は勿論のこと、支那や、インドや、西洋の偉い人々までも頭山満先生の名前を聞いて、頭を下げない者は一人も居ない。頭山先生にジロリと睨《にら》まれてビクッとしない人間は、上は大臣から、下はギャング、ゴロツキに到るまで一人も居ないのだから不思議である。

だからドンナ恐ろしい人かと思って、お眼にかかってみると……ナアンダ、チットモ怖いことは無い。平々凡々の正直な親切な、ニコニコしたお爺さんである。どこが怖いのか偉いのかチットモわからない。

第一、馬鹿だか利口者だかサッパリわからない。それが自分自身でもよくわからないらしく、何と云われようが構わない。何もせずに、何も出来ないままヌーボーとして坐って御座るきりである。

ところがその頭山満先生のお友達や乾児《こぶん》の中には、日本中は勿論のこと、世界各国をピリピリさせるような豪《えら》い人が大勢居る。そんな人々が頭山先生と相談をしてドシドシと仕事をする。外国を恐れてビクビクしている日本の政府を叱り付けて日清戦争や日露戦争をさせる。又は、やはり外国を恐れて日本政府が手が出せないでいる支那やインドにグングン乗込んで、西洋人にいじめられている可哀相な人民たちを助けて遣《や》る。日本国内でも悪い事をする金持や何かをビシビシたたき付けて貧乏人の為になる世の中にして遣《や》ると云った調子で、それがみんな頭山先生の仕事と思われて、新聞や何かでワイワイ騒がれても頭山先生はちっとも驚かない。

「俺は何も出来ない芸無し猿じゃ」
と済まし返って、相も変らずヌーボーとして坐って御座る。恐らく頭山先生は昔から今まで世界に二人と出て来たことの無い、世にも不思議なヌーボー式偉人のお手本であろう。
どうして頭山先生はコンナ偉い人になられたか。
頭山先生の幼少時《ちいさいとき》はドンナ風であったか。

前号には（本稿は『日本少年』誌四回連載）、頭山先生が生まれながらのヌーボー式偉人であった。何でも構わぬイタズラ小僧の無鉄砲者であった。だから諸君は頭山先生の真似をしてはいけない。ただ頭山先生は小さい時から、心からの正直な、親切な人であった。先生から叱られなくとも、両親から諭《さと》されなくとも、自分で悪いと思ったら直《す》ぐに心を改めて平々凡々の道を守って行く人……ということの一つだけは是非とも真似して貰《もら》いたい。この真似が出来るようになれば、諸君は年は若くとも最早《もはや》、頭山先生に負けないくらいな人物になれる。誰にもわからないままに豪《えら》い、立派な、真の日本男児になれる……と云う事を中心にして、頭山先生の腕白少年時代の話を書いた。

ところがその腕白時代……前回に続く乙しゃんが、自分で自分の心を入れ換《か》えて、温順《おとなし》くなってから後《のち》のことである。どんな強い相手に対しても断然負けない。相手が降参して自分の云う事を聞くようになるまでは、どんなに苦しい目や痛い目に会っても平気の平左で頑張り続ける。その癖、弱い者いじめなんか決してしない。小さな虫や魚までも生命《いのち》を取ることが嫌いな、強い強い、心の大きい乙しゃん。……自分が悪いと思ったら直《す》ぐに心を入れ換えて、ハイハイと云う事を聞くようになる事の出来る、豪《えら》い豪い、立派な心掛けの乙しゃんも、自分の名前を「乙しゃん」と呼ばれるのをあんまり好かなかったらしいから、面白いではないか。

これは乙しゃんと云う呼び名が、何となく優柔《やさ》し過ぎるので、弱虫みたいな感じであったせいかも知れない。又は心を入れ換えて大人の気持になった積《つも》りの乙しゃんが、昔の通りの子供じみた名前で呼ばれるのをつまらなく感じたせいであったかも知れない……が、それがどんな気持であったかは、頭山先生に訊《き》いてみた事が無いから筆者《わたし》も実はわからない。

乙しゃんの筒井乙次郎少年は、何時からの事だかわからないが自分の名前を八郎と改めていた。それも普通《ただ》の八郎では無い。鎮西八郎為朝の八郎だったのだから愉快である。何故かと云うと、その時、乙しゃんこと筒井乙次郎少年は、鎮西八郎為朝が大好きだった……と云うのだからいよいよ面白い。

諸君はすべて豪《えら》い人の話を読んだり聞いたりする時に、こんな何でも無い処に気を付けて考えて来ると、そこに何とも云えない面白さが湧いて来るものである。

何故かと云うと、今の頭山先生と昔の鎮西八郎為朝とは大変な違いである。第一、頭山先生は虫も殺さない慈悲深い人であるのに、為朝の方は人を殺すことを何とも思わない無敵の戦争好きである。だから頭山先生は何も武術らしい武術を知らないのに、為朝は弓を初め、色々な武術の達人であった。頭山先生は何もしないで坐っているばかりの偉人なのに、為朝は一刻《いっとき》もジッとしていないで戦争ばかりしている活動家であった。為朝はまだ若い中《うち》に島流しになって行衛《ゆくえ》がわからなくなったと云うのに、頭山先生は八十幾歳の今日まで、悠々と長生きして居られる……。そのほか頭山先生と鎮西八郎はまるでウラハラに見えるほど性質が違っている処ばかりなのに、我が頭山満の筒井乙次郎少年は、どこが気に入って鎮西八郎の名前を自分の名前にするほど有難がったものか。

先ず為朝の人物を見てみると、為朝は七尺もあったと云うくらい生まれ付き大きな男で、強そうな怖い顔をしていた。腕力が又無敵に強くて、四人がかりでなければ曲がらない弓を引いたと云う。あんまり乱暴なことばかりする為に、十三の年に追出されて九州の豊後に遣《や》られると、十五の年には最早《もう》九州中の城を落して九州の総大将となり、鎮西八郎と呼ばれていた……と云うのだから大したものである。

今は幼年学校や士官学校なぞ云うものがあって、二十歳《はたち》やソコラでは少尉にもなれない位であるが、イクラ何でも十三から十五までタッタ二年の間に、日本一強い九州の大将連中を片端《かたっぱし》からタタキたおしてしまう程の戦争の強い児は今の日本にもちょっと居りそうにない。

我が乙次郎少年は、鎮西八郎のそうした強い処が気に入ったのであろうか。

否々《いないな》。どうも左様《そう》ばかりでは無いらしい、と筆者《わたし》は思っている。乙次郎少年が鎮西八郎を好きになったのは、鎮西八郎のモットモット豪《えら》い処に感心したからだと思っている。

諸君は日本歴史で保元の乱と云うのを御存じであろう。あの戦いの時に為朝は、お父さんの為義と一緒に上皇方に味方し、僅《わず》か十五の子供でありながら白河殿の軍《いくさ》評議に一方の大将として列席し、お父さんの為義よりも誰よりも先に、「今度の戦いに勝つには夜討ちをかけるのが一番です」と云い張ったが、上皇のお側《そば》に居た大勢のお公卿《くげ》さんたちが反対をして、子供の云う事として取上げられなかったので、すっかり悄気《しょげ》てしまった。

「駄目だ駄目だ。お公卿さんなんてものは戦争の仕方を知らない癖に口ばかり達者で、人の云う事の邪魔するから駄目だ。愚図々々していると今度の戦争は負けになるから見ていろ。向うにも戦争の上手な人が大勢居るのだ。キット今夜あたり夜討ちをかけて来るから見て居ろ……しかし負けるからと云ってここから逃げ出してしまうのは卑怯だ。あとにはタッタ一つ残っている俺の武勇をタヨリにして息の根の止まるまで戦って遣《や》ろう。敗けるなら男らしく負けて、死ぬるなら男らしく死んで遣《や》ろう」

と思い直して度胸を据えていた。

こんな処なぞは頑張りの強い、正直者の頭山先生の乙次郎少年が好きそうな処であるが、しかしまだまだ。鎮西八郎にはもっともっと偉いところがある。

いよいよその戦争が初まりそうになった……タッタ十五歳の為朝が見破っていた通りに、あべこべに敵から夜討ちをかけられて、何の準備もしていない白河殿が潰されそうになった時に、最前、為朝の云い分の邪魔をしたお公卿さん達が、初めて為朝の豪《えら》いことがわかって、泣き面になって慌て騒ぎ初めた。そうして最早《もはや》、こうなっては彼《か》の子供の為朝の強さをタヨリにするよりほかに味方が無い。最前、悄気《しょげ》て引退《ひきさが》って行った処を見ると、万一、為朝が腐って負けるようなことがあってはならない。一つ御機嫌取りに貴い官職を授けて、喜ばして、勇気を奮い起させて遣《や》ろうでは無いか。万一負けたらその官職が貰《もら》えなくなるんだから、為朝だって一生懸命になって戦うだろう……と云ったような下らない事を申合わせた。

これは全く人を馬鹿にした話である。万一戦争に負けたら自分達の首も無くなるかも知れないのだから、ケチケチした位を授けた位で追付《おっつ》く話では無い。一番上の大臣や関白の位を授けてもいい。是非とも勝って貰《もら》わなければならぬ処であるが、しかし、官位よりほかに有難いものを知らないお公卿さん達に取っては、相当思い切った御褒美の積《つも》りであったろう。位も何も無い九州の餓鬼大将だから、大した官職でなくともビックリして眼をまわすだろう……と云ったような御公卿さん一流のしみったれた考えであったかも知れない。大急ぎで為朝にそう云って来た。

「お前を蔵人《くろうど》と云うエライ役人にして遣《や》るぞ。だから一生懸命に戦え」

これを聞いた為朝は失笑《ふきだ》してしまった。

「ハハハ。馬鹿々々しい。何を間誤《まご》々々しているのです。戦争の最中に蔵人《くろうど》の官職が何の役に立ちますか。戦争はただ強ければいいのです。私は鎮西八郎で沢山です」

と云い棄ててそのまま戦争を初めてしまった……と云う。

ここだ。ここがキット乙次郎少年の気に入った処であったに違い無いと思う。

筆者《わたし》は決して官職や肩書を軽蔑する者でない。官職や肩書というものは仕事をする時に持っていないと困るものだから、仕事をする時には一つでも上の官職や肩書を欲しがるのは当然《あたりまえ》の事であるが、しかし、自分の腕前に釣り合わない官職や、必要の無い肩書を貰《もら》ったり、又はエライ官位や勲章を貰《もら》って、何もしないで威張って居たり、自分に不相応な良い評判を立てられたり、他人のお蔭で豪《えら》くなったり、ヒトの手柄をゴマ化して自分の立身のタネにしたりするような人間が昔からよく居るものだから、ついこの官職や肩書が当てにされなくなるのである。うっかりすると今の世の中では、官職とか肩書とか無い人の方がホントウに国の為に働いている事が多いものである。官職、肩書の無い人の方に立派な、尊敬のできる人間が居るものである。

頭山満先生は幼少《ちいさ》い時からこの官位とか、肩書とかを欲しがる人間が多いのを馬鹿々々しく思っていたらしい。国の為に忠義を尽し、親兄弟を慈しみ、可愛がる事は、官位や肩書を貰《もら》わなくとも、日本人なら立派に出来る筈……と思っていたらしい。否。日本の為になる事なら官位や肩書は愚か、生命《いのち》も要らない。金も要らない。名誉も不名誉も問題じゃ無い。何も彼《か》も投げ出して尽さねばならぬと今でも思っているのが頭山先生である。八十年の長い間、彼が、何を遣《や》ろうと云っても、

「私は頭山満で沢山です」

と云い放って来た……その精神だけは千年に近い昔の鎮西八郎と今の頭山満先生とがピッタリと一致して居るのだか

ら愉快では無いか。

頭山満の筒井乙次郎少年が、名前を筒井八郎と改めた理由は、キットそこに在ったに違い無いと筆者《わたし》は思っている。どうです、諸君……。

「僕は僕が仕事の出来る人間になって両親に孝行をしたい為に勉強して居るのだ。甲を貰《もら》ったり御褒美を頂いたりしなくともいいのだ」

と、ホントウに考えている人が諸君の中に何人居ますか。

なお序《ついで》に書いて置くがその頃はまだ日本の戸籍というものが今のように整って居なかったから、誰でも、何時でも自分の好きな名前に改める事が出来たのである。今ではソンナ事はなかなか出来ないのであるが……。


ところが、それから間もなく十四歳になった筒井の八郎少年は、或る日のこと、福岡から五里ばかり南に在る有名な太宰府の天神様へ参詣した。そのついでに神殿の上に掛かっている「天満宮」という三字の額を仰ぎ見ている中《うち》にジッと考えた。そうして直《す》ぐに自分の名前の「八郎」を「満」と改めることにきめてしまった。

……自分の名前に他人の名前を借りる事は無い。俺はドコまでも俺である。だから俺は俺だけで自分の気に入った名前を付ければ、それでいいのだ。鎮西八郎はイクラ豪《えら》くとも俺じゃ無《な》いのだ。鎮西八郎よりエラクなってもならなくても、俺は俺だけで沢山だ……。

と思ったかどうか、無論わからないが、多分そんな気もちで自分の名をきめたのであろう。

それから五里の道を歩いて福岡へ帰ると、遊び友達の連中が、

「オイ。八郎々々……」

と云って寄って来た。そんな連中に対して筒井少年は一々答えた。

「俺は今日から満じゃ満じゃ」

筒井満の名が直《す》ぐに友達の間の評判になった。

筒井満少年の仲良しの友達に、大西明道というお寺の小僧さんが居た。満少年の家の隣の西光寺という寺に居る藤井

照幢という和尚さんの弟子坊主であったが、満少年に負けない位の悪たれ小僧で、身体《からだ》は小さかったが、力と負けん気がステキに強くて、毎日々々満少年と角力《すもう》ばかり取っていた。明道小僧が頭山の家《うち》に来て泊ることもあれば、満少年が西光寺に泊って明道と一緒に寝ることもある。或る時、明道小僧が筒井少年の家に遊びに来て、床の間に上り込んで御経でも読むことか、義太夫の「朝顔日記」を語り出したので、満少年を初めとして家中の人々が、みんな面白がって聞いたと云う……それくらい二人は仲がよかった。

ところが或る時、今の藤井照幢という和尚さんが、明道を呼んで、こんな事を云い出した。

「明道や。お前の仲好しの筒井の八郎が、この頃『満』と云う名前に変ったと云う話じゃが、これは止めた方が良《え》えと思う。満という字は一パイになる意味があって、自分の名前なんかにすると、大変に傲慢な、生意気な意味になって、人から憎まれたり、軽蔑されたりして損をする事が多い。支那の易経というむずかしい本にも、『満は損を招く』と書いてある位でロクな名前じゃ無いのだ。『そんな縁起の悪い名前は止めたがいい』と私が云ったと云って、筒井の息子に『満』の字を名前にする事をやめさせて来い」

この話を明道小僧から聞いた満少年は、チットモ感心しない済ました顔で返事をした。

「ふうん。和尚がソンナ事を云うたか、縁起が良かろうが悪かろうが、要《い》らぬ世話じゃ。俺は自分の名前に負けるような意久地《いくじ》の無い人間じゃ無い。もしも俺が自分の名前に負けるような意久地《いくじ》無しなら、今の中《うち》に負けて死んだ方が、うるさくなくて良《え》えじゃ無いか」

この返事を明道が和尚さんに話すと、学者の和尚さんがカンカンになって憤《おこ》ってしまった。

「ウムム――。面憎《つらにく》い事を吐《ぬか》す奴じゃのう」

筒井の乙次郎少年が「満」と名前を改めた頃はちょうど明治の御維新後で、先祖代々の知行を何百石とか、何千石とか貰《もら》って、馬鹿でも阿呆でも威張っていた士族の連中が、その知行を貰《もら》えなくなったお蔭で町人や百姓の仲間に落ちぶれて、自分で飯を喰って行かなければならなくなった時代であった。

乙しゃんの故郷福岡市の町外れに近い薬院町の上人橋《じょうにんばし》という石橋の近くに、乙しゃんの家《うち》と親類つづきになっている鷹取《たかとり》という人が、武士をやめたアトで下駄屋の店を出していた。

そこへ或る日のこと、乙しゃんがブラリブラリやって来た。煙突の掃除機のような頭に、きたない着物の尻をからげて、藁草履を穿《は》いたまま懐手《ふところで》をしてノソリノソリ……。下駄屋の主人の鷹取さんがそれを見付けて声をかけた。

「オーイ。満さん満さん。何処に行き居《ゆ》る《よ》となあ」

「ううん。向うからブラブラ来た」

「うん。ちょうど宜《え》え処へ来なさった。私はチョッと用があって出掛けにやならぬ故《けに》、すまんがその間、この店の番をして呉れんな」

「うん。そんなら居《お》ろう」

乙しゃんはノコノコ座敷に上り込んでゴロリと寝ころんだ。満少年が約束を決して間違えない事を知っている鷹取さんは安心して出て行った。そのアト通りかかった人々の眼には乙しゃんの風変りな姿が、直《す》ぐに眼に付いた。

「オイオイ。きょうはアノ筒井の息子が店の番をしとるぜ」

「成る程。あの阿呆に店の番が出来るじゃろか」

「うん。一つ冷やかして見ようか」

「エエ。もしもし。御免下さい」

満少年がムックリと起上った。ジロリとお客の顔を睨《にら》み付けた。

「何や……」

「ええ。この店の下駄の値段が、みんな貴方にわかりますか」

「うん。わかる」

「へえ。ほんとうですか」

「うむ」

「そんならこの下駄の値段はいくらですか」

「うむ。天保銭一枚」（天保銭一枚は八厘）

「へえっ。冗談じゃ無い。両方揃ってですよ」

「うむ。その通りじゃ」

お客がビックリして表に出て来た。

「おい。あの下駄が天保銭一枚て云い居《よ》るぞ。あの下駄が両方揃うて――」

「馬鹿云うない。アイツが何を云い居《よ》るか知れたものじゃない」

「いや。本気かも知れん。待て待て。俺が試して見よう。ええ。もしもし。此方《こっち》の一番上等の下駄はイクラですか」

「うん。天保銭一枚……」

「おんなじ事ですか……両方揃うて！」

「うん。どの下駄でも、おんなじ事じゃ」

「ソレ見い。何やらわからん」

「黙っとれと云うに。そんならこの上等の下駄を天保銭一枚で売って下さい。ここへ銭を置きますけに……」

「うん。勝手に持って行け……」

皆さんはデパートや小売店の割引売りや、均一の特売を御存じであろう。すこしばかり品物が安いだけでも黒山に買い手が押しかけて、大変な騒ぎをするものである。鷹取の下駄店の前に間もなくお客が黒山の様に押しかけて来た。同時に満少年が凭《よ》りかかっている火鉢の横に出来た天保銭の富士の山がグングン高くなって行った。この話を聞き伝えた遠く近くの人々が、われもわれもと天保銭を持って押しかけて来たからであった。そうして下駄が一足も無くなると、皆引上げてしまった。

ところへヤット用を済ました主人の鷹取さんが帰って来ると、店の前が恐ろしく散らかっている。そればかりでなく、出掛ける時まで一パイに飾り立てて在った下駄が一足も無くなっているのに気が付いたので、ビックリして家《うち》の中へ走り込んで来た。イキナリ満少年に聞いた。

「店の下駄は、どうなったかいな」

「みんな売れた」

「ひえっ。売れたア」

鷹取さんは眼をまん丸にして満少年の顔を見た。部屋中のゴミを吹き飛ばすほど大きな溜息をした。

「エライ。流石は満さんじゃ。あんたは馬鹿々々と人が云うけれど、私はタダ一人そうは思わんで居った。どこかエライ処のある人間と思うて居ったが違わんじゃった。あれだけの下駄をチョットの間《ま》に売るなんて尋常の人間に出来ることじゃ無い。イヤ感心々々……」

「ふふふ。それ程のことでも無かろう」

「ところで銭《ぜに》はイクラ在るかいな」

「そこに積んで在る。下駄の数だけ天保銭がある」

「ひえっ。ど……どの下駄も天保銭一枚……うわあッ……どうしよう。わしゃ今日限り身代限りじゃ」

「ふふ。天保銭は大きいから好きじゃ」

鷹取さんは、そう言って済ましている満少年の煙突面《づら》をマジリマジリと見ていた。そうして今一度大きなタメ息をした。

「うむむ。やっぱりアンタは豪《えら》い人じゃわい」

乙しゃんは悠々と草履を穿《は》いて出て行った。

「ふふふ。それ程のこともあるまい。左様なら……」

三

頭山先生は乙シャン時代から、つい近くの古川友五郎という人の塾に手習いに行って居たが、その後その古川という人が他所《よそ》へ養子に行かれたので、今度は滝田紫城という人の塾に入った。その頃今のような学校と云うものが無くて、日本国中の町々村々で、学問の出来る人が塾を開いて、手習いや漢学を教えている時代であった。

筒井満少年はナカナカ頭がよくて、一度聞いた事は決して忘れない。友達から頭山の地獄耳と云われた位であった。おまけになかなかの勉強家であった。書物でも友達から来た手紙でも大切な処は、わかってもわかっても繰り返して読む。夜通しがかりで諳記《あんき》してしまわなければやめない。又、塾の中で字の上手なものが居ると、それに負けまいとして「暁」という一字だけを毎日々々一生懸命に手習いをした。そのお蔭でほかの字まで上手になって、塾の中でも一番という位、立派な字が書けるようになったと云う。それ位、根気の強い勉強家で、聞いた事はその通りにグングンと修養し実行する。それもチョコチョコと人に見えるように勉強したり修養したりするのでは無い。いつも何も出来ない、何も知らない馬鹿みたいにヌーボーとして自分勝手な事ばかりしていた。

満少年が新しく這入《はい》った滝田先生の塾では、塾の生徒の間の年上と年下の区別が大変に八釜《やかま》しかった。年上の塾生が年下の塾生に対するやり方は無茶苦茶に乱暴で、云う事を聞かない者は片端《かたっぱし》からブン殴るのであった。

そこへ新米の満少年が来てからと云うもの、誰が何と云ってもヌーボーとしているきりで、何を云われても返事一つロクにしない。イクラ目上の連中が威張って見せても、威《おど》かしにかかっても、「糞でも喰え」と云いたい面構《つらがま》えをしてソッポを向いている。しかも腕力と云い、度胸と云い、マトモにかかっては満少年に敵《かな》いそうなものが一人も居なかったので、スッカリ古い塾生の癪《しゃく》に障《さわ》ってしまった。

「あの新米の満という小僧は見るからに生意気な奴だ。あんな奴が居ては塾の礼儀が乱れるから一つ懲らしめて遣《や》ろうでは無いか」

「よかろう。一つ彼奴《あいつ》を蒲団蒸しにして遣《や》ろうでは無いか」

「賛成々々」

と云う事になった。蒲団蒸しというのは寝ている塾生の頭から何枚も何枚もの蒲団を引っ冠せた上に、大勢の者が乗りかかって踏む、蹴る、殴るして半死半生の目に会わせるので、ドンナ強い奴でも一ペンに参ってしまうにきまっている。その蒲団蒸しの罰を今夜日が暮れたら直《す》ぐに、満少年に喰わして遣《や》ろうと云う事になったのであった。

満少年は、そんな相談が出来上っていることを最初は知らずに居たが、その中《うち》に皆の自分に対する身振りや素振りが何となく違っているのに気が付いた。

「ハハア。此奴《こいつ》等は組み合って俺をドウかしようと思うて居るな。どうかするとすれば蒲団蒸しぐらいの事に違い無いが……よしよし。それならソレで此方《こっち》にも覚悟がある」

と思うとチットも慌てなかった。相も変らずヌーボー式の沈着《おちつ》いたもので、自分の家《うち》から一本の短刀を持って来て塾の裏庭に来た。そこに在った砥石に水をブッかけて、皆の見て居る前で悠々と磨《と》ぎ初めた。そうしてギラギラと光ってズカズカと切れるようになったやつをピッタリと鞘に納めると、その短刀を懐《ふところ》中に入れたまま知らん顔をして寝てしまった。

塾の連中はスッカリ参ってしまった。蒲団蒸しというのは元来卑怯な攻撃方法である。敵を手も足も出なくして置いて大勢の力でイジメるのだから男らしくない事は勿論であるが、その踏んだり蹴ったり、押え付けたりしている最中に蒲団の下から氷のような短刀をズカズカと突出されては、たまるものでない。それでも構わずに遣《や》ろうと云うものが一人も居なかったのでトウトウ蒲団蒸しはオジャンになったと云う。

それはよかったが、その晩に満少年は大怪我をしてしまった。人を人とも思わぬ満少年は、そんな危険な場合を屁とも思わずグーグーと眠り込んでいる中《うち》に、懐に入れていた短刀の鞘が抜けてしまったらしい。そこへ満少年は寝相が悪いので、短刀の事も何も忘れてヤアッと手足を伸ばして寝返りを打ったのだからたまらない。何だか痛いナ……と思って眼を醒ましてみると、自分の磨《と》いだ短刀で方々怪我をしている。そこいら中《じゅう》血だらけで、蒲団蒸しよりも非道《ひど》い目に会ってしまった。

どこまで大胆で、無邪気なのかわからない満少年の大失敗であった。

しかしドンナ恐ろしい相手でも恐れない、無法な命令には死んでも服従しない満少年のこうした性質は、これから後《のち》の頭山先生の伝記の到る処に出て来るから、よく記憶《おぼ》えていて貰《もら》いたい。

もう一つ、満少年の立派な根性で、一生涯を貫いて変らなかったことがある。それは次の二つの話を読めばわかる。

或る時、満少年は滝田塾に手習いに来る同じ年輩の子供たちと一緒に近所の河へ鯰《なまず》取りに行った。その時分に滝田塾には後《のち》の日露全権公使、栗野慎一郎氏も居て、年頃もちょうど同じ位であったから、多分一緒ではなかったろうかと思われるのであるが、そこで捕った鯰《なまず》を生かして置いたのが、皆死んでしまったので、満少年が云い出して鯰《なまず》祭りをやろうと云うことになった。

こんな風にして死んだ者を可哀相に思って、お祭りをして遣《や》ろうなぞ云う考えは、普通の少年の思い付く事で無い。これも頭山先生の特質で、大きくなってからも人のお葬式をして遣《や》ったり、石塔を立てて遣《や》ったりした事がドレ位あるかわからないのであるが、その気持がイタズラ盛りの満少年の頃から出ていたのだからエライものである。

しかもそのお祭りの遣《や》り方が又、大人のやり方以上に立派なものであった。

満少年は仲間の少年たちが持っている、お小遣《こづかい》を多い、すくないに拘《かか》わらず皆出させて、それでお団子を買って鯰《なまず》のお墓に供えて、めいめいに拝ませたものであったが、お祭りが済んだアトで満少年がそのお供物のお団子を拝んだ連中に分けて遣《や》るのに、お金をドッサリ出した者も、一文も出さないものも平等に分けて遣《や》ったのでサア不平が起って来た。

「チャアチャア。俺は一番銭《ぜに》を出したのに貰《もら》った数は、おんなじじゃ詰らアン」

「彼《あ》の子は一文も出しとらんのにヤッパリ同じ数だけ団子を喰いよる」

とか何《なん》とかワイワイ云うのを満少年はハッタと睨《にら》み付けた。

「卑しい事を云うな。皆が同じに喰えばソレで宜《え》えじゃ無いか」

そう云う満少年の言葉にトテモ恐ろしい威光があったので、皆、黙り込んでしまった。

そんな有様をさっきから見ていた塾長の滝田紫城先生は舌を捲いて感心した。

「満という児は今にドエライ人間になるぞ」

と人に話していたと云う。

それから今一つ……。

その満少年が十九歳になって頭山家へ養子に行った後か、前あたりの話である。

満少年は誰から習ったのかわからないが碁が大変に強かった。碁というものは勝負ごとで、元来、善いも悪いも無いようなものであるが、それでも下等な根性の人間はドンナに立身していても下等なチョコチョコした碁を打つ。心の清らかな人間は賤しい身分の者でも品のいい、堂々たる勝負をするので、生まれ付き心の大きい、アタマのいい頭山先生の満少年は、自分の心を磨く為に碁を好んで打ったものらしい。

ところが今の手習いと漢学のお師匠さん滝田紫城先生が又、大変な碁好きで、最初は冗談のようにアシラッていた満少年が見る見る中《うち》に強くなってしまって、自分と同じ位どころか、油断すると敗けそうになって来たのでサア面白くてたまらない。毎日々々先生の方から満少年の処へ押しかけて来て碁ばかり打つようになった。満少年もまた、喜んでお相手をするので、二人の仲が先生とか弟子とかいう以上に、切っても切れない親友以上に仲がよくなってしまった。

ところがその頃は、ちょうど御維新以後で、昔から町人百姓の上に立って、先祖代々の禄を喰って、何もせずに刀を挿《さ》して威張っていた士族連中が、みんな刀と一緒に禄を取上げられて、自分で働かなくてはならない時代になっているのに、働く道が無くて、朝夕の御飯も喰えずに困っていた者が多かった。だから皆、色々と仕事を探していたのであったが、先祖代々威張って来た癖が付いているので、商売人になって算盤《ソロバン》を弾いたり、職人になって人に雇われたり、泥まみれになって百姓なんか無論出来ないしイヤでもある。だから皆われもわれもとお役人になりたがっていた。

これは無理も無い話で、その頃の役人というものは今の何層倍威張っていたかわからない。昔のように町人や百姓を無暗《むやみ》に斬り捨てたりしないだけの話で、その威光の強いことは云うに及ばず、仕事と云っても町人百姓みたいに身体《からだ》を使わない。まことに見かけがよかったので、その頃の士族で役人になるものがあると、親類や友達が寄ってたかって、大変なお祝いの御馳走をするくらい喜び合ったものであった。

ところが満少年のお師匠さん、滝田紫城先生が、運よくそのお役人になったのであった。その頃の熊本の県令（知事さんのこと）の菊池（頭山先生からたしか左様《そう》聞いたと思う。違っていたら御免なさい）という人と滝田先生の識合《しりあ》いの人が心安かったので、その人から頼んで貰《もら》って熊本県のお役人に採用《とりあげ》て貰《もら》った上に、親切な滝田先生は、満少年のことまでも菊池県令さんに賞《ほ》めて聞かして、自分の下役に採用《とりあげ》て貰《もら》うことに話をきめてしまったものであった。（本書一四六頁あたりの話題）

その為にわざわざ熊本まで出かけて行った滝田先生は、それこそ鬼の首でも取ったような大喜びで福岡に帰って来られた。直《す》ぐに満少年の処へ来てこの話をされた。

「オイ満。喜べ。お前は役人になれるんだぞ」

しかし満少年はあまり喜ばなかった。つまらなさそうな顔をして満少年一流のヌーボーとした返事をした。

「私は先生の碁のお相手ならイクラでも喜んでします。しかし、役人のお相手は御免を蒙りましょう」

滝田先生は呆れてしまわれたらしい。暫《しばら》く呆然《ぼうぜん》となって満少年の顔を見て居られたが、満少年が一度云い出したら二度と言葉を変える男で無いことをよく知って居られたので、そのまま名残《なご》り惜しそうに帰って行かれた。多分、そんな事を云う満少年の気持が滝田先生にはわからなかったのであろう。

その頃の満少年は滝田先生よりズット豪《えら》い人間になっていたのだから、満少年の考えが、普通の人にわからなかったのも無理は無い。その頃の士族の青年たちが立身出世をする道はタッタ一つ……役人になるよりほかは無かった。町人や百姓になれないとすればアトは泥棒か乞食になるよりほかに生きて行く道が無いのだから、その親類や友達が大騒ぎをしてお祝いするくらい有難い役人に折角《せっかく》、親切に世話して貰《もら》ったのを、惜し気もなく断ってしまったのだから滝田先生が不思議がられるのは当然《あたりまえ》であろう。

その頃の満少年は最早《もう》、ちょっとした役人になって喜ぶような小さな心掛の人間では無かった。役人になって国の為に尽すよりモットモット大きい、スバラシイ働きをして国の為に尽す為に自分が生まれて来ていることをチャント知って覚悟していた。

満少年はまだ二十にならないその頃から日本全体のことを世界列国の事と一緒に考えていたのであった。

この頃、頭山先生はコンナ事を云って居られる。

「日本人の行く道は云うまでもなく皇道である。

日本人が神代の昔から守って来た忠孝の道は、世界に類例が無いと同時に、人間の守るべき道の行き止まりである。吾々《われわれ》が人間に生まれて、一人前になって生きて行く事が出来るのはみんな吾々の親様たちの御蔭である。同じ様に日本国民が今日のように栄えることが出来たのは万世一系の天子様のお蔭である。天子様は日本中の大親様である。

日本中のものは吾々の身も魂も、髪の毛一本でも天子様のものである。大切にしなければならぬ。粗末に心得てはならぬ。この心が忠であり孝である。

西洋の道徳では自分の身体《からだ》も魂も自分のものと云うことになって居る。だから自分の勝手にしてよろしい。自分の好きな事をしてよろしい。他人のことは構わないでよろしいと云うことになっている。それでは人間では無い。獣とおんなじである。その通りにしたら世の中はメチャメチャである。だから法律というものを作ってドウヤラ、コウヤラ纏《まと》まった国を作っている。これを個人主義と云うのだ。

その獣のような心から西洋の国々は飛行機とか、毒瓦斯《ガス》とか云うものを作って、そんなものを持たない弱い国々を取ろうとしている。

飛行機や毒瓦斯《ガス》なぞを研究してはイケナイと云うのでは無い。そんなものに感心して、西洋人をエライと思って、西洋人の真似ばかりしていると、何時の間にか日本人が西洋人のような獣じみた心になるからイケナイのだ。忠孝の道を忘れた弱い国になってしまうからイケナイのだ。

今の日本の有様はドウダ。

アメリカ人はアメリカ人の子供を育てて居る。

イタリー人はイタリー人の子供を育てて居る。

ところが日本人ばかりは皆、西洋人のような子供を育てているのは何故か。

日本人の子供は日本人にならねばならぬ。

忠孝の道がホントウにわかる日本人となって世界にお手本を示さねばならぬ。

これがホントウの皇道である。日本を一番強い国にして世界を導いて行く道である」

こうした頭山先生の言葉が、その頃の満少年の心であったのだ。満少年のこうした覚悟は、それから後《のち》、今日までの永い間、ちっとも変っていないのだ。

ところが満少年が、こうした心から見たその当時の世の中はドウであったか。

少年諸君は不愉快に思われるかも知れないが、その頃……御維新後、明治の初まり頃の日本の有様と来たら実にナッチャ居なかった。

第一、西洋人を神様のように思って、外国の軍艦を見るとガタガタ震え出していた。日本国の中で西洋人と喧嘩をした日本人は、たとい理窟が正しくとも日本の裁判所で裁判して貰《もら》う訳に行かない。日本に来ている西洋の役人に裁判されて、向うの云う通りの罰を受けなくてはならない。それでも日本は文句を云う力が無かった。ズット後《のち》になって日本が相当強くなってからでも左様《そう》であった。

日本が支那と戦って取った遼東半島を、

「お前が取るなんて生意気だコッチへよこせ」

と云って西洋人に取上げられた時も、日本はヘイヘイと小さくなっていた。その頃の日本の軍艦は木で作ったものばかりなのに、西洋の軍艦は鋼鉄ばかりで日本の何層倍もあったから文句が云えなかったのだ。

ましで御維新当時の日本には軍艦らしい軍艦や、大砲らしい大砲も無かったのだから、その意久地《いくじ》の無さと云ったらお話にならなかった。

第二に……その癖、その頃の日本の役人は上は大臣から下は小役人までも西洋人の真似ばかりして、先に立って日本中にハイカラをすすめた。武器から、汽車、汽船、乗物、器械等、何もかも西洋の真似をしろ真似をしろとすすめた。そのおかげで日本は今のように開けたのであるが、しかし一方に悪いこともあった。

頭山先生はチャント云って居られる。

「西洋人をエライと思って、西洋人の真似ばかりしていると、何時の間にか西洋人のような獣じみた心になってしまう」

……と……。実際それから後《のち》というもの、日本人の心が大変に変って来た。法律にかかりさえしなければ……他人にかかりさえしなければドンナ事をしても構わない。泥棒をしてもいい。嘘言《うそ》を吐《つ》いてもいい。親の云う事や、天子様の御命令に反《そむ》いても構わない。日本が亡びても自分だけがよければいい……と考えるような悪い人間がドシドシ殖《ふ》えて来た。今では、それがダンダンよくなりかけて来たが、ちょうど満少年の時代は、それが悪くなりかけて来た処であった。しかもそのはじまりを考えると、みんな上の役人たちの西洋人の真似から起っていることを早くも見破ったから、満少年は一生涯役人になるまいと決心をしたものらしかった。

その上に満少年は、前の鯰《なまず》祭りの時のように、お金を持って居ようが居まいが、豪《えら》かろうが豪《えら》くあるまいが、みんな平等でなければならぬ。日本は天子様と人民だけで、人民同志の間では上も下も無い。お互いに何でも分け合って仲よくして行かねばならぬという公平な考えを持っていたので、威張る奴が嫌いであった。だから自然と役人が大嫌いになっていたものらしかった。

こうして役人になることをキッパリと断った満少年は、ちょうどその頃から養子に行っていた頭山家の為に一生懸命に働いた。

面白いことに頭山家に養子に行った時に、満少年の奥さんになる峰尾《みねお》さんというお嬢さんはタッタ二つの赤ちゃんであった。だから満少年は毎日々々その赤ちゃんをオンブしたり抱っこしたりして、大きくなるまでお守《も》りをしなくてはならなかった。

ところがその二つになる赤ちゃんの峰尾さんが女の児だけに、世話の焼ける事が一《ひ》と通りでない。第一ビービー泣いてばかり居るので、或る日の事、面倒臭がりの満少年はウンザリしてしまった。

「これは大変だ。こんなに糞小便を垂れてビービー泣く奴を女房にしなければならぬ事になっては遣《や》り切れない。ええ免倒臭い。こうしてやれ」

と云うので、その峰尾さんをネンネコぐるみ道傍《みちばた》へ卸《おろ》して、可哀そうに頭からシャアシャア小便を垂れかけて、そのままモトの筒井家の両親の処へ逃げて帰った。そうして両親に非道《ひど》く叱られて悪かったと思ったのであろう。又も頭山家へ帰って来て、峰尾さんをよくお守《も》りをして、大きくなってから奥さんにした。それが今の峰尾夫人であると云う。

これが真実《ほんとう》か、作り話か頭山先生に聞いて見ないからわからないが、ホントウとすれば面白いお話である。

それから後の頭山満少年は、今までと丸で見違えるような大人になった。持って生まれた大飯喰いだけは止めなかったが、フッツリと今までのような腕白をやめて、セッセと家の手伝いをした。

頭山家は昔からの貧乏侍で、その頃も大変な貧乏であったので、養子に来た満少年は、身体《からだ》にボロボロの着物を纏《まと》い、縄の帯を締めて、朝早くから山に分け入って薪を取って来て市場に行って売ったり、又は田圃の仕事に精を出して家の貧乏を救おうとした。

四

頭山先生は、よくこんな話をされる。

「人間は本を読むばかりでは駄目じゃ。どんな非道《ひど》い目に会っても屁古垂《へこた》れんように身体《からだ》を鍛うと同時に、家《うち》の手伝いや何かをよくして実際のことを出来るだけ知っていなければ何もならぬ。それと一緒に人間世間を離れた処に行って、静かな天然の景色に向って、心を修養する事も良《え》え事じゃ。人間のウジャウジャ居る都から遠く離れた山奥なぞに来て、青い空や、青い山や、静かな水の音なぞに包まれて、悠々と静かな心で居ると、書物や口先ではわからない、何とも云えない尊《たっと》い、不思議な心持になるものじゃ」

頭山先生は満少年時代に、実際にこうした修養をされたのであった。

或る時は薪《たきぎ》を取りに山奥へ行ったまま二、三日も帰らないことがあった。その間じゅう満少年は飲まず喰わずで、樹の根ッ子や石の上に寝ころんで居たのであった。人里離れた観音堂に這入《はい》って一週間も出て来なかった事もあるという。

或る時は、福岡の近くの雷山の千如寺という山寺の和尚さんになった旧友の明道和尚の処へ行って、数週間のあいだ、飲まず喰わず睡《ねむ》らずの坐禅の競争をしたと云う。

又ある月の夜に、深い山奥へ行って道の無い処をガサガサ歩いていると、二、三匹の狼が出て来て満少年のアトから跟《つ》いて来た。満少年は平気で山を分けて行った。そのうちに何処からか狼が出て来て代る代る満少年の腓《こむら》に嚙み付いたが、それでも平気で、振り向きもせずに歩いて行ったので、狼連中も張合いが抜けたらしい。何処かへ行ってしまったと云う。

コンナ偉い実地の修業をして来られたせいであろう。今の頭山先生はドンナ事があってもニコニコして平気で居られる。前に先生を欺《だま》してお金を取って行った人間が又欺《だま》しに来ても、又はわかり切った嘘を吐《つ》いて来る人間が居ても、狼が喰い付く程にも思っていられない。「喰いたいだけ喰え」と云う風に、どこまでも可愛がって親切にして遣《や》られるので、みんな恐れ入ってしまうのである。

その時の事を頭山先生はよく話される。

「二日も三日も喰わずに居ると変な心持になるので、木の葉を喰うてみたが、あんまり美味《うま》くなかった。渋いばっかりで腹は大きくならんじゃった」

「俺は若い時に、普通の人間では詰らぬから一つ仙人になって遣《や》ろうと思うて、山奥へ這入《はい》ってみたものじゃが、とうとう仙人になり切れずにモトの人間世界へ帰って来た。俺は仙人の落第生じゃ」


満少年がモウ一つ落第したことがあった。それは、ほかでも無い。

前回に述べた通り満少年は頭山家へ来てから薪《たきぎ》を取ったり、畑仕事をしたりして家《うち》の貧乏を救おうとしたものであったが、生まれ付き身体《からだ》が大きくて力の強い満少年は、畑を打っても薪《たきぎ》を取っても三人前ぐらいの仕事をやっつけて人々を驚かしたものであったが、そんなものを売って来る段になると、全然落第であった。大根や薪《たきぎ》を担いで、終日、何も云わずに歩きまわるばかりで声を出さないのだから、誰も買って呉れないのは当り前である。とうとう仕様が無くなって、知った家の窓から泥ダラケの大根や薪《たきぎ》なぞを山の様に投げ込んで、「ホオラ。遣《や》ろう」と怒鳴って帰って来たと云うが、その時だけ大きな声が出たのだから可笑しい。あんまり笑われるので、箒《ほうき》を担いで家《うち》の中をグルグルまわりながら、「大根はいらんかア大根はいらんかア」と怒鳴る稽古をして、家中《かちゅう》の者を引っくり返るほど笑わせたこともあったが、それでも往来へ出ると、その声がバッタリ出ないから不思議であった。

頭山先生には物を売ってお金を儲けようなぞ云う気もちが生まれながらに無かったのであろう。頭山先生が仙人にもなれず、商売人にもなれなかったことは日本の為にドレダケ仕合わせであったかわからない。


その中《うち》に満少年は福岡でも有名な人参畑の高場塾へ這入《はい》って勉強することになった。

高場塾の先生は高場乱《おさむ》という有名な豪傑婆さんであったが、この婆さんの教え方は、大変に満少年の為になった事であるし、頭山先生の一生涯に取って忘れられない豪《えら》いお婆さんであった。のみならずこの婆さんは非常に変った面白い人だから序《ついで》に紹介して置く。

頭山先生はこの豪傑婆さん高場乱《おさむ》先生について次のような話を筆者《わたし》にされた。

「徳川の時代には泰平の世の中にしか役に立たない、理屈ばっかりの朱子学という漢学を日本中やっていたが、その中で筑前の黒田藩に行われていた亀井派の漢学と云うのはすこし違っていた。徳川も大名も区別は無い。日本中は天子様と人民だけである。その人民は大和魂を磨けばそれでいいと云う、実地専門の勤王一点張りの漢学であったが、この流儀の漢学者の中でも、俺の生まれた時に筑前の三傑と呼ばれている人物が居った。坂巻周太郎と、古川友五郎、高場乱《おさむ》という三人であったが、その中でも学問と人物の一番出来て居ったのがこの高場乱《おさむ》という小さな女だったから面白いではないか。

この婦人は元来、福岡藩の眼医者の家柄の娘であったが、この娘さんの時代になると一人娘じゃったので、婿を世話した者があったそうじゃが、直《す》ぐに乱子さんが気に入らんと云うて追出してしもうた。それは気に入らん筈じゃ。乱子嬢《さん》は普通の女よりも身体《からだ》の小さい、可愛らしい別嬪《べっぴん》さんの癖に、自分を女と思われるのが大嫌いであった。十六、七の時から男の通りの着物を着て、大小の刀をチャンと二本挿《さ》して、『俺は武士である』と云って威張っていたものじゃが、実際、その勇気と云い、学問と云い、心掛けと云い、相当にエライ大人の武士でも敵《かな》わない位であった。だから女と思われるのが何より嫌いで、権力の強い人間に媚びたり諂《へつら》ったりするような根性の無い、立派な女志士であった。

或る時、立派な家から呼び込まれた時に、

『自分は身体《からだ》は小さいが、この大きな胆玉《きもたま》が閊《つか》えて、この入口が這入《はい》れません。アハハ』

と笑って立去ったというのだから大したものである。

この乱子さんが年を老《と》って御維新時代になると、自分は志士だと思ったのであろう。向陵塾というものを福岡の町外れの人参畑に開いて弟子を教え、自分は男の髪に結って、男の袴《はかま》を穿《は》いて、大小を二本挿《さ》して馬に乗り、アバレ者の弟子をアト先に引連れて、福岡の町中を練り歩いたので皆、肝を潰した。『人参畑の婆さん』と云うて恐れ敬うて居ったのじゃから、ずいぶん変った婆さんであった。

むろんこの婆さんには子供が無かったので、誰かが養子を取持った。その養子というのは、前に云うた婆さんの兄弟子の坂巻周太郎の子供の応《こたろう》と云う男であった。相当に学問の出来たシッカリした人物であったが、高場家へ来るとこの婆さんを平気で『お父様お父様』と呼んでいた。乱子婆さんも平気で『オイオイ』と父親らしい返事をして居ったが、吾々はチットも不思議に思わなかった。ソレ位、男の気象になり切っていた婆さんであった。

この婆さんの弟子になって漢学の修養をした者には宮川一太郎、箱田六輔、進藤喜平太、大倉周之助、阿部武三郎、奈良原到、松浦愚《おろか》、高田義太郎、それから俺なぞで、俺が一等若かったように思う」

因《ちなみ》に、頭山先生の満少年がこのお婆さんの向陽塾へ這入《はい》った因縁は、別に這入《はい》ろうと思って這入《はい》りに来たのでは無かった。

その時分、満少年はトラホームだか結膜炎だかわからないが、眼を患って困っていたので、「人参畑の婆さんは元来、眼のお医者じゃげな。誰でも無料《ただ》で治して遣《や》らっしゃるげな」と云ったような噂を聞いて、これは面白いと思って様子を覗《のぞ》きに来たものであった。

それも満少年のことだから普通の訪問のし方では無かった。

「私は眼の悪い貧乏者ですからドウゾ無料《ただ》でお薬を下さい」

なぞと頭を下げて頼み込むような事はむろんしなかった。どうしたかと云うと、毎日日暮れ方になって、穢《きた》ない破れ着物の尻をからげて、破れ草履を穿《は》いて、頭に破れ手拭で頬冠りと云う、まるで泥棒みたような見っともない風をして、人参畑のお婆さんが漢学の講義をしている部屋の窓からヌウッと覗《のぞ》くのであった。が、そのうちに眼の事も何も忘れて漢学の講義に聞き惚《と》れているらしく、講義が済むとそのままサッサと帰って行くのであった。

これが塾生の眼に止まると、何しろ乱暴者ばかりであったから直《す》ぐに問題になった。

「アイツ。何じゃろか。眼の玉の赤い人相の悪い面《つら》に頬冠りをして、他所《よそ》の講義を覗《のぞ》くなんて無礼な奴じゃ」

「今度来たらたたきのめして追い払うて遣《や》ろう」

これを聞いたお婆さんが心配したのであろう。その次に来た時に先手を打って、

「どなたですか。お這入《はい》んなさい」

と云ったので、ノッソリと満少年が這入《はい》って来て、ヤット頬冠りを取った。タッタ一言、

「私の眼を診て下さい」

と卒直に云ったので、お婆さんは直《す》ぐに診て遣《や》って薬を呉れた。それ以来ズルズルベッタリに塾生とお客さんの相《あい》の子みたようになって、お婆さんの講義を聞くようになった。


ところが、ほかの塾生の荒くれ男たちを頭ごなしに叱り付ける豪傑婆さんの高場先生が、不思議とこの泥棒と乞食の相の子じみた満少年ばかりは軽蔑しなかった。多分一眼《ひとめ》で満少年が十分に修養の出来た人間である事を看て取ったのであろう。何時でも礼儀正しく出迎えて上座に据えて、自分が先生でありながら、「頭山さん頭山さん」「アナタアナタ」と敬《うやま》った言葉を使って居たので、それが満少年のヌーボー姿を軽蔑し切っていた、ほかの塾生たちの癪《しゃく》に障《さわ》ってたまらなかったらしい。塾生の中でも一等無鉄砲の乱暴者で、福岡、博多のゴロツキ連中も道を除《よ》けて通ったという、満少年よりも五つ六つ年上の箱田六輔という豪傑が、

「オイ。頭山。貴様は西新町の与太侍《コチャボンドノ》じゃげなネエ」

と喧嘩気味に吹っかけて来た。しかし満少年はチットモ恐れなかった。

「ウン。俺は武士《さむらい》の子じゃ。貴公《おまえ》達は昔なら俺が通る時に土下座して頭を下げる人間じゃ。土下座して頭を下げるのはアンマリ立派じゃ無いのう」

と云い返して立去ったが、その意気に呑まれたものか、流石の箱田六輔もドウモし得なかったと云う。頭山先生は今でも云って居られる。

「俺《わし》は若い時分にコッチから喧嘩なぞしかけた事は一度も無かった。しかし自分よりも強い奴が先方《むこう》から向って来た時には、必ず逆襲して向うを凹《へこ》まして来たものであった」

……と……コンナ調子で満少年はまだ年が若いなりに、向陽塾の中でも一番尊敬される人物になった。漢学の講義をさせてみると、平生ヌーボーとしているにも拘《かか》わらず、満少年一流の暗記勉強と、普通人の出来ない仙人修業のお蔭で、立派な、力強い講義をグングン遣《や》って行くので、皆頭が上がらなくなってしまった。


同時に満少年もこの婆さんを非常に尊敬していた。今の頭山先生はよくこの婆さんの事を話される。

「あまり人が知らん様じゃがエライ婆さんであった。無欲と親切よりほかには、何も持ち合わせの無い婆さんでのう。

その時の塾に集まって居った者は一人残らず、福岡藩の中でも持て余され者の乱暴な奴ばかりで、仕様の無い連中ばかりであった。ホントウの士族の子供と云ってはタッタ俺一人で、アトは足軽の子供の中でも撰《よ》り抜きのシタタカ者ばかりを、足軽の頭の中の豪傑と云われた、越智彦四郎の配下《てした》に付けて集義隊と名を付けていた。その集義隊が御維新後クズレてしまった連中の残りで、隊長の云う事なんか聞く者は一人も居なかったが、それでもこの婆さんの前に出ると、その無欲と親切に打たれて頭を上げ得る者が居なかった。或る時、塾生の奈良原到がグテングテンに酔うて帰って来たやつを、同じ塾生の伊地知卯橘《いじちうきつ》という男が捕まえて制裁の為に頭をタタキ割った。それをジット見ていると、俺の背中へ何か軽い軽い猫ぐらいの者がポカリと飛び付いて来たので、何か知らんと思って摑み下してみると、それが先生のお婆さんであった。『アナタが見て居られるのに、アンナ無茶な可哀そうな事をさせるなんて怪《け》しからん』と云うて泣いて御座るのであった。……ハハア。エラそうに見えてもヤッパリ女は女じゃナア…と思うて俺は可笑《おか》しかった」

しかしこの高場乱《おさむ》という変り者のお婆さんの漢学の講義は天下一品の勇気にみちみちたもので、聞いている中《うち》に日本魂と西洋魂の違いがハッキリとわかって来る。天子様の為……国家の為には生命《いのち》も何も要らないという、男らしい立派な魂が、身体《からだ》中にみちみちて来るので、タッタ十人ばかりしか居ない塾生の意気込みは一人々々天地を一呑みにする位、盛んなものになって来た。

これは満少年のことでは無いが、その時分の向陽塾の生徒が、どれ位、日本の国体のことを深く信じていたか。どれ位、向う見ずの勇気に満ち満ちたものであったかがハッキリとわかる面白い話があるからここに紹介する。

この話を筆者《わたし》にして聞かせた人は、今の話に出て来た奈良原到という人である。この人はお酒を飲むと乱暴をしてよく人を困らせたものであるが、心掛けはドコまでも正しい欲の無い人で、その頃から今の頭山先生と親友になって、死ぬが死ぬまで変らなかった立派な人であった。

「人参畑の婆さんの処にゴロゴロして居た書生連中は皆、福岡中で持て余されの無鉄砲者ばかりで、人参畑の書生さんと云うと皆、恐れて一縮みになって避《よ》けて通ったものであった。しかし婆さんの命令に反《そむ》く者は一人も居なかった。皆、温柔《おとな》しく順繰りに掃除や、飯爨《めしたき》や、買物のお使いをして立働いたものであった。しかし自分《わし》は初めの中《うち》はまだ子供で、飯が爨《た》けなかったので、イツモ走使いや、買物に逐《お》い遣《や》られたものであった。

自分《わし》と同じ年輩の塾生に松浦愚《おろか》という少年が居った。この男は自分の名前をつけて呉れた両親の心持を守ったものであろうか。すこし足りない位の正直者で、イクラ先生から叱られても学問が出来ないので、皆から松浦の馬鹿々々と云われて、軽蔑されたり可愛がられたりしたものであったが、それでも正直者だけに、先生から云って聞かせられた皇室のありがたい道理だけは、誰にも負けない位よくわかっていたらしい。或る時、ドエライ事を仕出かして皆をアット云わせたものであった。

この馬鹿の松浦と自分《わし》は大の仲好しで、イツも一緒にお使いに遣《や》られたものであるが、これは松浦が馬鹿力があるので重たい買物の時に都合がいい代りに、時々飛んでも無い失敗をヤラカス。釣銭を胡魔化されたり、途中で品物を落したり、そうかと思うと折角《せっかく》買って来た野菜の上に、ランプの石油缶を置いて、振りまわしながら帰って来た為に、その晩の副食《おかず》が全部石油臭くなって喰えなくなったりするので、そんな事の無い様に自分《わし》が付けて遣《や》られたものらしかった。

一番面白いのは醤油買いに行く時であった。樽を提《さ》げて行く縄をわざと左右に長くして、二人で端を引っぱってブランブランさせながら往来一パイになって行くと、通りかかった人間が町人でも百姓でも、『ソラ人参畑の書生さんが来た』と云うので、片わきに小さくなって避《よ》けて行く。それが面白いので二人とも醤油買いに行くのを楽しみにしていた。

或る時、その醤油買いの帰りに博多の櫛田神社の前を通ると、拝殿のまわり一パイに人が集《たか》っている。何事か知らんと思って近寄ってみると、長い真黒な髯《ひげ》を生やした立派な神主さんが、お祭りの時の通りの堂々たる衣冠束帯を着けて、拝殿の上から演説をしている。その頃はまだ演説というものの流行《はや》り初めで、非常に珍らしかったから松浦も自分《わし》も人を押し分けて、拝殿の真下《まっした》に来て聞いてみた。

その神主がやっているのはコンナ演説であった。

『……諸君……御維新になってから以来《このかた》、皆、西洋人の真似をして神様を敬《うやま》わなくなったのは誠に歎かわしい事である。……諸君……忘れてはなりませぬぞ。神様というものは何時でも××様以上に尊敬せねばならぬものである。

その証拠は日本の歴史を見ればわかる。遠い元弘三年の昔、九州第一の勤王家、菊池武時は、天子様に背く北条家の九州探題、少弐、大友等の三千の大軍を一戦に蹴散らかさんと、部下《てした》の軍勢、僅《わず》か百五十騎を提《ひっさ》げてこの櫛田神社の前を乗打ちして横切ろうとした。ところがこの戦いはトテモ勝てない事が神様にもわかっていたのであろう。武時の乗っている馬が鳥居の前で俄《にわ》かに四足を突張ってジリジリと後退《あとじさ》りを初めた。

これに気が附いた武時は非常に腹を立てて、馬上のまま弓に矢を番《つが》えた。

――この神様は牛か馬か。何もかも思い切って天子様の為に戦いに行く俺の決心がわからんのか――

と云うなり拝殿の扉をめがけて発矢《はっし》々々と二本の矢を射込んだ。トタンに馬が勢よく前へ馳け出したのでそのまま戦場に向ったが、案の定、非道《ひど》い眼に敗かされて、一家一族が討死するようなことになった。万一この時に武時が気が付いて馬から降りて、神様に「ドウゾ勝ちます様に」と祈ったならば、勝ったかも知れないのであるが、神様に対してコンナ御無礼を働いた為に、××様の為に戦いに行くのにも拘《かか》わらず敗けてしまった』

神主がそう云ってしまわない中《うち》に松浦と俺は拝殿に躍り上がっていた。二人で髯《ひげ》神主を蹴倒してしまった処へ、松浦が手に持っていた醤油樽で神主の頭を喰《く》らわせたので、樽が毀《こわ》れて、そこいら中が醤油の海の様になった中に、立派な装束を着けた神主が眼を眩《まわ》してウームと伸びてしまった。松浦はその樽を拝殿の中へタタキ込んで、

『罰を当てるなら当ててみろ。畜生』

と云って二人一緒に悠々と引上げたが、あの馬鹿の松浦が、日本の国体の一番わかりにくい処をドウしてアンナによく知って居ったか。皇室あっての神様であることを、あれ程によく弁《わきま》えていようとは知らなかったので自分《わし》はビックリさせられてしまった。

それから塾に帰ってこの話をすると皆、万歳を叫んで吾々二人を賞《ほ》めて呉れた。

松浦愚《おろか》が醤油樽の無くなったわけを話すと、先生の婆さんは涙を流して喜んだ。

『ようしなさった。感心々々。それでこそ日本男児じゃ。エライエライ』

と云うて松浦の手を取って押し戴いたので、松浦は金鵄《きんし》勲章でも貰《もら》ったような勢いで、皆から羨ましがられたもので

あった」云々。

こんな風にお婆さんから教育された向陽塾の生徒に、弱虫や卑怯者が一人も居ないのは当然であった。生命《いのち》もお金も何も要《い》らぬ。ただ日本の為に働いて日本男児らしく死ねばいい。西洋人を尊敬してハイカラの真似をするような奴はタタキ殺してしまえ……と云うような火の玉のような団結に皆がなってしまうのはチットモ不思議なことで無かった。

その当時の向陽塾の連中が、後《のち》に嬌志社といぅ団結を作って、その当時のイの一番の西洋風の政治を初めた総理大臣、大久保利通を殺してハイカラ政府をタタキ潰してしまぅ計画をしたり、それから後《のち》、玄洋社と名を改めてからは、板垣退助氏の自由民権の運動を扶《たす》け議会を開設しろと政府に迫ったり、大隈内閣の条約改正に反対したり、日清日露の戦争前に戦争を怖がる大臣たちをやっつけてまわったり、そぅかと思ぅと頭山満先生を親分にしている玄洋社の連中が、吾《われ》も吾もと馬賊や軍事探偵になって支那や満洲や朝鮮をあばれまわり、探りまわって、日本軍の活躍を扶《たす》けたりして、今日の日本では又、西洋風にかぶれた欲の深い卑劣な金持ちや、腰の抜けた横着な役人を生命《いのち》がけで懲らしめて、日本人の潔白な大和魂を目醒めさせようとしたりしているのは、みんなこの時のお婆さんが塾の生徒たちに教え込んだ魂が、実際に日本の為に働いたものと考えてもいいのである。

「そうじゃそうじゃ。彼《あ》の婆さんの魂が、この日本を今日のように強い国にしたと云ってもいいのじゃ。彼《あ》の婆さんの魂が、今の朝鮮、満洲から支那四百余州に行き渡り、遂には世界中に行き渡るのもそぅ遠いことではあるまい」

と頭山先生も話して居られる。

さて頭山先生のホントウの活躍はこれからであるが、ちょぅど頭山先生の少年時代のお話も終った様に思うから、ここいらで一先《ひとま》ず切上げて置く。

付言＝ホントの豪傑は皆満少年のように勉強家です。満少年の乱暴な処ばかり真似せずに、その正直な、親切な処を学んで真実《ほんとう》の豪傑になって下さい。

（ゆめの・きゅうさく／本名・杉山泰道。小説家。頭山満無二の親友杉山茂丸の長男。一八八九年生まれ、一九三六年歿。）

附録　頭山満写真集

妻峰尾と。夫妻の間には十人の子女があった。

1933年春、三男秀三の娘松子と。

70歳頃。

1931年6月2日、生家筒井家の庭にて。

渋谷区常盤松町12番地の頭山家。赤坂霊南坂の家が関東大震災で焼失した後の家。

浜の家時代。37、8歳頃。

浜の家時代。

1904、5年頃、玄洋社社員らと。前列向かって右から、末永純一郎、杉山茂丸、進藤喜平太、内田良五郎、頭山満、福本日南、月成功太郎、児玉音松、月成勲、的野半助、内田良平、大原義剛、古賀壮兵衛、武井忍助。

1904年、満洲義軍出発前の送別会記念写真。頭山の向かって右は当局との間で義軍編成の斡旋をした浦上正孝、前列右端萱野長知、左端安永東之助、その右柴田麟次郎、後列右から真藤慎太郎、小野鴻之助、福住（のち金子）克巳、福島熊次郎。

57、8歳頃家族と。前列向かって右から、五男乙次郎を抱く妻峰尾、五女岩生、二男泉、三男秀三、筒井楠雄、大藤八重子、長女タツ子夫大藤直哉、二女藤子夫筒井条之助（頭山満兄筒井亀来長男）、三女シヅカ夫松原彦介、後列右から、書生大野（のち宮崎）研吉、鷹取忠門、長男立助、妻峰尾母歌子、兄筒井亀来、頭山満、長女タツ子、二女藤子（トラキチ）、三女シヅカ、女中二名。なお四男康吉と四女発子は夭折。

金婚式内祝の記念写真。前列向かって右から、長男立助、頭山満、妻峰尾、中列右から、三女シヅカ夫松原彦介、二男泉、長女タツ子、三女シヅカ、三男秀三妻操、五女岩生、後列右から、五男乙次郎、二男泉妻喜美子、長男立助妻鶴子、枠外右から、三男秀三、長女タツ子夫大藤直哉、二女藤子（トラキチ）。

1924年11月、神戸オリエンタルホテルにて孫文と。前列向かって左端は大久保高明、後列右から、藤本尚則、李烈鈞、戴伝賢（天仇）、山田純三郎。

黄興らと鶴見の総持寺における陳其美追悼会で記念撮影。前列中央黄興、向かってその左側に頭山満、倉地鉄吉、黄興の右側に寺尾亨、一人おいて藤瀬政次郎、後列左から二人目水野梅暁、山本安夫、宮崎滔天。後列右から三人目殷汝耕、最後列右から二人目川崎万蔵。

1927年10月18日、蒋介石と東京にて。

援護したロシアからの亡命ムスリムたちと。前列向かって右から、古島一雄、頭山満、犬養毅、五百木良三、後列右から足羽清美、シャムグノーフ（在神戸）、クルバンガリー（在東京）、島野三郎。

1924年、来日したタゴールと。

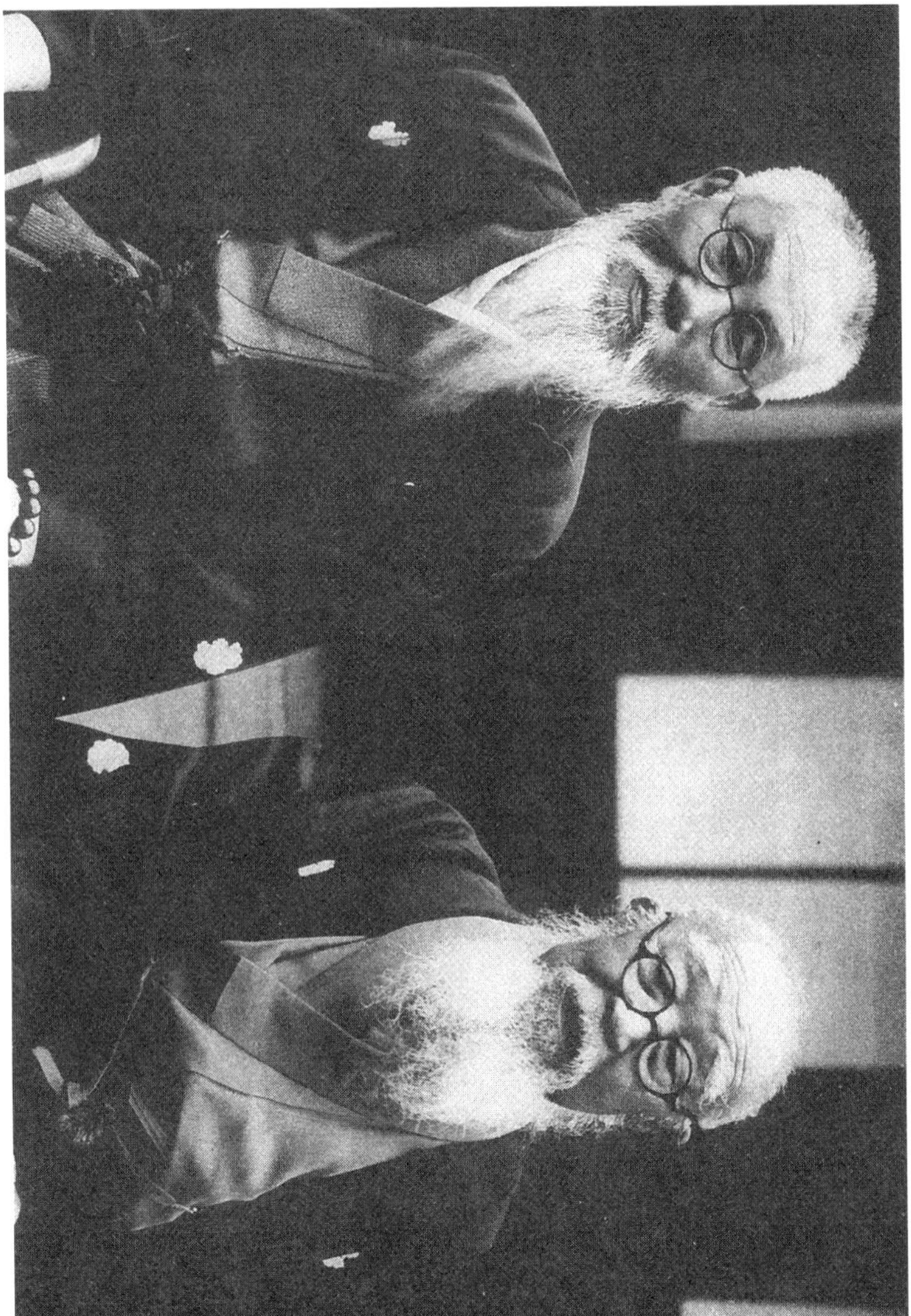

高村光雲と。

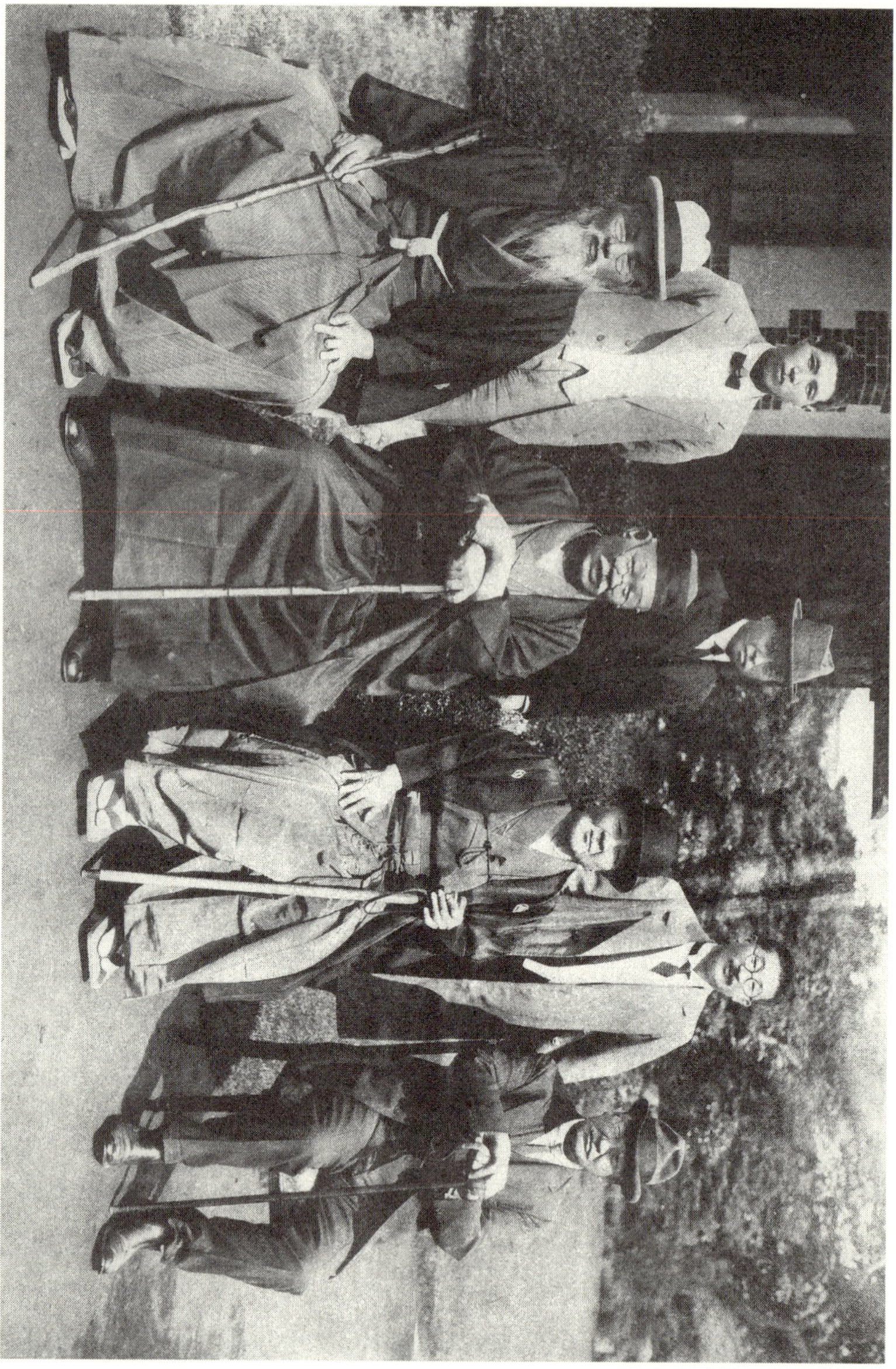

前列向かって右から、徳富猪一郎、渋沢栄一、野田卯太郎、頭山満、後列右から、柴田徳次郎、渡辺海旭、花田半助。郷里の青年柴田徳次郎、花田半助らの国士舘建設について相談の折の記念撮影。

揮毫。向かって右側は長男立助妻鶴子。

趣味とした刀剣。

珍しい破顔の写真。

1929年、南京における「故孫総理霊柩奉安祭」に国賓として蔣介石らに招待された際に上海で記念撮影。前列向かって右から、三男秀三、長男立助、頭山満、犬養毅、犬養三男健、頭山二男泉。

頭山 満（1855-1944）

筑前玄洋社のシンボルとして著名な在野の国士。明治10年内戦の時代に、内政における民権、外政における国権を課題に活動を始め、アジア復興のために中国革命志士らと連携。在野の立場で国内政界に大きな影響力を長く持ち続けた。存命中はかなりの人気を博したが、敗戦後にその位置づけは一転した。主な略歴は以下の通り。

安政2年4月12日、筒井家第四子三男として福岡に誕生。命名乙次郎。後に八郎、さらに満と改名。号は立雲。明治4年、高場塾入門。明治6年、頭山家と養子縁組（19歳）。明治8年、矯志社に加盟。明治9年、大久保利通暗殺、政府転覆意図の嫌疑で収監されて拷問を受け、翌明治10年に放免。同年末、向浜塾開設。明治12年、向浜塾を閉じて向陽社を開設、国会開設請願のために筑前共愛同衆会を組織し、翌年愛国社国会期成同盟会と改称、東京牛込左内坂に移住、東北視察の旅。明治14年、向陽社を玄洋社と改称。明治17年、甲申の変失敗で亡命してきた朝鮮独立党首領金玉均と出会い援助。明治18年、結婚（頭山31歳、峰尾16歳）。このころ杉山茂丸と出会い、以後終生親友関係。明治20年、『福陵新報』創刊。明治22年、大隈外相の条約改正阻止のため閣僚と談判。明治25年、選挙干渉運動。明治30年ころからの孫文と宮崎滔天の接触を機に、頭山・犬養毅らと中国革命志士が連携。明治44年、辛亥革命勃発に際して犬養らと中国へ。大正2年、第二革命失敗により亡命してきた孫文に隣家を世話。大正4年、亡命中のインド独立運動志士ボースの保護に尽力。大正6年、袁世凱死去後の段祺瑞内閣成立に際して頭山らの日支国民協会が援段政策反対決議。大正10年、皇太子渡欧延期上奏文（翌月皇太子渡欧）。昭和4年、孫文移霊祭への招待を受けて犬養らと参加。昭和10年、頭山・杉山締交50年祝賀会。昭和19年10月5日逝去（90歳）。

頭山満《とうやまみつる》思想集成　増補新版

＊本書は書肆心水既刊『頭山満言志録』と『頭山満直話集』を合冊化したものです

刊　行　2016年12月
著　者　頭 山　満
刊行者　清 藤　洋
刊行所　書肆心水

135-0016 東京都江東区東陽 6-2-27-1308
www.shoshi-shinsui.com
電話 03-6677-0101

ISBN978-4-906917-62-4 C0095

- **死生観** 史的諸相と武士道の立場 加藤咄堂著 島薗進解説 A5上製 二八八頁 本体三三〇〇円+税
- **味読精読 菜根譚** 前集（処世交際の道） 加藤咄堂著 A5上製 三八四頁 本体三三〇〇円+税
- **味読精読 菜根譚** 後集（閑居田園の楽） 加藤咄堂著 A5上製 二二四頁 本体二二〇〇円+税
- **味読精読 十七条憲法** 加藤咄堂著 A5上製 一六〇頁 本体二三〇〇円+税
- **現代意訳 華厳経** 新装版 原田霊道著 A5上製 三〇四頁 本体六四〇〇円+税
- **現代意訳 大般涅槃経** 原田霊道著 A5上製 三〇四頁 本体六四〇〇円+税
- **維摩経入門釈義** 加藤咄堂著 A5上製 三五二頁 本体六九〇〇円+税
- **清沢満之入門** 絶対他力とは何か 暁烏敏・清沢満之著 A5上製 三八四頁 本体六九〇〇円+税
- **仏教哲学の根本問題** 大活字11ポイント版 宇井伯寿著 A5上製 二八八頁 本体五四〇〇円+税
- **仏教経典史** 大活字11ポイント版 宇井伯寿著 A5上製 二八八頁 本体六三〇〇円+税
- **東洋の論理 空と因明** 宇井伯寿著（竜樹・陳那・商羯羅塞縛弥著） A5上製 三二〇頁 本体五九〇〇円+税
- **仏教思潮論** 仏法僧三宝の構造による仏教思想史 宇井伯寿著 A5上製 三五二頁 本体六三〇〇円+税
- **華厳哲学小論攷** 仏教の根本難問への哲学的アプローチ 土田杏村著 A5上製 一六〇頁 本体二七〇〇円+税
- **仏陀** その生涯、教理、教団 H・オルデンベルク著 木村泰賢・景山哲雄訳 A5上製 三八四頁 本体六五〇〇円+税
- **綜合日本仏教史** 橋川正著 A5上製 三八四頁 本体六八〇〇円+税
- **日本仏教文化史入門** 辻善之助著 A5上製 二八八頁 本体六四〇〇円+税

玄洋社社史 新活字復刻版 玄洋社社史編纂会
A5上製 四四八頁 本体七九〇〇円+税

玄洋社怪人伝 頭山満とその一派 頭山満・的野半介・杉山茂丸・夢野久作ほか
A5上製 三二〇頁 本体三八〇〇円+税

俗戦国策 杉山茂丸著
四六上製 六〇八頁 本体五〇〇〇円+税

其日庵の世界 其日庵叢書合本 杉山茂丸著
A5上製 三八四頁 本体四七〇〇円+税

百　魔 杉山茂丸著
A5上製 四三二頁 本体四九〇〇円+税

百　魔　続 杉山茂丸著
A5上製 四一六頁 本体六三〇〇円+税

犬養毅の世界 「官」のアジア共同論者 犬養毅・鵜崎熊吉著
A5上製 二七二頁 本体三五〇〇円+税

日清戦勝賠償異論 失われた興亜の実践理念 荒尾精著 村上武解説
A5上製 二八八頁 本体六三〇〇円+税

アジア主義者たちの声 上 玄洋社と黒龍会 頭山満ほか著 ＊品切
四六上製 三二〇頁 本体二八〇〇円+税

アジア主義者たちの声 中 革命評論社 宮崎滔天ほか著
四六上製 三二〇頁 本体二八〇〇円+税

アジア主義者たちの声 下 猶存社と行地社 北一輝ほか著
四六上製 三二〇頁 本体二八〇〇円+税

評伝　宮崎滔天 渡辺京二著
四六上製 三八四頁 本体三五〇〇円+税

滔天文選 宮崎滔天著 渡辺京二解説
四六上製 四一六頁 本体三八〇〇円+税

アジア革命奇譚集 宮崎滔天著
四六上製 三八四頁 本体三五〇〇円+税

アジアのめざめ ラス・ビハリ・ボース伝 ボース+相馬安雄+相馬黒光著
四六上製 二八八頁 本体三六〇〇円+税

革命のインド ラス・ビハリ・ボース著
A5上製 三〇四頁 本体五五〇〇円+税